国家重点学科华东政法大学法律史学科建设项目（学科代码：030102）
上海市人文社科建设基地华东政法大学外国法与比较法研究院建设项目（基地编号：SJ0709）

韩国保险法
Hanguo Baoxianfa

崔吉子 黄平 著

图书在版编目(CIP)数据

韩国保险法/崔吉子,黄平著. —北京:北京大学出版社,2013.4
ISBN 978-7-301-22379-6

Ⅰ.①韩…　Ⅱ.①崔…②黄…　Ⅲ.①保险法-研究-韩国　Ⅳ.①D931.262.28

中国版本图书馆 CIP 数据核字(2013)第 074200 号

书　　　名:	韩国保险法
著作责任者:	崔吉子　黄　平　著
责任编辑:	赵圆圆　徐　音　王业龙
标准书号:	ISBN 978-7-301-22379-6/D·3313
出版发行:	北京大学出版社
地　　　址:	北京市海淀区成府路 205 号　100871
网　　　址:	http://www.pup.cn
新浪微博:	@北京大学出版社
电子信箱:	law@pup.pku.edu.cn
电　　　话:	邮购部 62752015　发行部 62750672　编辑部 62752027 出版部 62754962
印　刷　者:	三河市北燕印装有限公司
经　销　者:	新华书店
	965 毫米×1300 毫米　16 开本　18 印张　259 千字 2013 年 4 月第 1 版　2013 年 4 月第 1 次印刷
定　　　价:	35.00 元

未经许可,不得以任何方式复制或抄袭本书之部分或全部内容。
版权所有,侵权必究
举报电话:010-62752024　电子信箱:fd@pup.pku.edu.cn

内 容 摘 要

中国最早的保险立法始于清朝末年,然由于特殊的历史原因,现今意义上的保险立法始于新中国成立之后,主要分为三个阶段:初创时期(1949—1958年)、遭受严重破坏时期(1958—1978年)、恢复与完善时期(1978年12月后)。可见,中国的保险立法起步较晚,而在改革开放后,伴随着经济的发展,保险业成为金融体系的重要组成部分,不断发展完善的。相对于保险业快速发展、保险纠纷大量发生的客观形势,保险法的发展速度相对滞后,保险立法尚不完备,有必要在现行规定与保险实践的基础上,参考与借鉴国外立法的经验,健全中国的保险法体系。

韩国于19世纪末开始正式引入近代意义上的保险制度,但20世纪初,因欠缺工业发展的基础,其保险业尚无法规模发展。直至20世纪60年代,在世界经济一体化的进程中,韩国政府开始实行开放政策。开放化的政策一方面加深了各国经济间的相互依存,另一方面,导致竞争日趋激烈,贸易摩擦亦日渐增多。由于韩国在经济运营中的应对能力不够成熟,不得不面对由此引发的外汇及金融危机。作为金融产业核心之一的保险业亦受到经济条件变化的冲击。为克服冲击,韩国政府大力扶植保险业,于法律层面,大量地制定或修改规制保险活动的相关法律,形成较为完善的保险法律体系。

较之西方国家已发展百余年的保险法,韩国保险法的发展状况与中国更具相似性,且其立法相对更为成熟。故而,笔者试图较为全面地介绍韩国保险法,与中国的保险法进行比较,以期对中国保险立法、司法起到启示借鉴的作用。

依保险合同法与保险业法是否分别进行立法,各国采取的保险立法例主要有合并立法例与分别立法例。与中国采合并立法的立法例不同，韩国保险法采分别立法例，即由保险合同法、保险业法和保险特别法三部分组成。其中，保险合同法主要置于韩国《商法》第四编，其在韩国《商法》制定30周年之际，即1991年，应保险产业大众化的发展需求，实现了全面修改；保险业法主要包括《保险业法》（制定于1962年1月15日）和《保险业法施行令》（制定于1962年2月20日）；保险特别法包括《贸易保险法》（制定于1968年12月31日）、《因火灾导致的灾害补偿和保险的相关法律》（制定于1973年2月6日）、《雇用保险法》（制定于1993年12月27日）、《汽车损害保障法》（制定于1963年4月4日）等。

保险合同法是保险法的核心，具有私法性质，相对于具有公法性质的保险业法而言，其更容易形成通用的法律制度，因而本书主要介绍韩国保险法中的保险合同法。

本书按照从韩国保险法到韩国保险合同法，从保险合同法总论到保险合同法分论，从财产保险合同及人身保险合同的总论到分论的逻辑结构，从抽象到具体，向读者清晰展示韩国保险法的法律规定、法理基础、理论争点等，使读者对韩国保险法有一个立体的认识。概言之，保险法总论部分主要介绍韩国保险制度的发展与立法例，使读者从宏观上把握韩国保险法的历史沿革与立法概况，以便其理解韩国保险法具体制度的设计；保险合同法总论部分则进入具体制度层面，以保险合同订立至消灭的过程为线索，阐释了保险合同的成立、保险合同的要素、保险合同的效力以及保险合同的变更、无效、终止与复效等内容；保险合同法分论部分进一步根据财产保险合同与人身保险合同的分类，分别介绍了对具体险种的规制，包括属于财产保险的火灾保险、运输保险、海上保险、汽车保险、责任保险等，以及属于人身保险合同的生命保险、伤害保险、疾病保险等的规制。此外，本书不拘泥于理论部分，大量引用了经典的判例及保险纠纷委员会的调解案例，以实务诠释理论、以司法补充立法之不足。

通过对本书的研读，读者可以发现韩国保险法具有如下特点，此亦是中国保险法可比较借鉴之处：

第一，立法上，体系较为完备与成熟。首先，韩国保险法采分别立法例,将保险合同法与保险业法分别立法,又因韩国采民商分立主义,故保险合同法被规定于韩国《商法》第四编,保险业法由《保险业法》与《保险业法施行令》组成。而中国采合并立法的立法例,将保险合同法与保险业监管法统一规定于《保险法》之中。合并立法的立法例存在不可避免的缺陷,即,其一,难以保证保险法的稳定性和权威性,保险业法通常会因国家政策与经济形势的变化而作出相应调整,而保险合同法相对稳定;其二,难以确定保险法的基本原则,保险合同法与保险业法为不同性质之法律,有其各自的原则,难以统一规定于保险法总则之中。故而,是否有必要采分别立法例,如何修订立法,韩国保险法均具一定的借鉴意义。其次,韩国保险合同法的分论部分就火灾保险、运输保险、海上保险、责任保险、生命保险、伤害保险等具体险种予以规定的同时,亦有保险特别法就特定险种另行规定。相比较而言,中国《保险法》的保险合同法部分仅规定了相当于韩国《商法》保险编的通则部分,立法较为简单,对于具体险种则多以行政规章、规范性文件及保险合同条款进行规制,法律效力较低,权威性不够,且彼此之间存在冲突。因此,为规范各类保险合同,建立健全的保险市场,中国有必要加强保险立法,形成完备的法律体系。

第二,纠纷解决上,为克服诉讼持续时间长、程序繁琐的缺陷,防止被保险人或受益人不能及时得到赔偿,韩国保险监督机构在其内部设置保险纠纷委员会,包括财产保险纠纷委员会和人身保险纠纷委员会,分别就财产保险与人身保险纠纷进行处理,由其作出的决定称为"调停例"。当事人接受调停决定时,该决定具有与法院判决相同的效力,从而为被保险人或受益人提供专业而有效的救济。

第三,具体制度设计上,韩国保险法与中国保险法存在相似之处的同时,亦具有一定的差异。如与中国保险法不同的是,在韩国保险法中,被保险利益的概念仅限于财产保险之中,由于人身保险中的保险标的是人,具有不可估价性,因而在人身保险中采取同意主义。而在中国,保险利益原则作为保险法的基本原则,既适用于财产保险,又适用于人身保险,换言之,在中国的人身保险中,既须有保险利益,又须有被保险人的同意,如此的双重规制是否有意义,值得读者探究。又如,韩国保险法突破传统保险责任的开始时间,规定了追溯保险与承诺前保护,即将保险责任开始时间追溯到保险合同订立前的某一时间。中国的保险法并未规定此制度,仅保险公司的保险条款有相关规定,然其规定往往不够严谨或存在矛盾,多引发纠纷。再如,对于时下热点——责任保险问题,韩国保险法作了比较全面的规定,其于《商法》第719条至第726条就责任保险人的责任、被保险人支出防御费用的负担、经营责任保险的标的、被保险人清偿等的通知与保险金的支付、保管人的责任保险、准用于再保险等内容作出了规定。中国保险法有关责任保险较为集中的规定是该法第65条、第66条,涉及责任保险人的责任、第三人直接请求权、必要费用的负担等,相对而言较为简陋。这些不同制度的设计,对中国保险法应当有一定的启示意义。

目　　录

第一编　保险合同法总论

第一章　韩国保险制度概述 …………………………………（3）
　　第一节　保险的意义 ………………………………………（3）
　　第二节　韩国近代保险制度的发展 ………………………（6）
　　第三节　韩国保险法立法 …………………………………（7）

第二章　保险合同概述 ………………………………………（14）
　　第一节　保险合同的概念与性质 …………………………（14）
　　第二节　保险合同的分类 …………………………………（18）

第三章　保险合同的订立 ……………………………………（23）
　　第一节　保险合同的成立 …………………………………（23）
　　第二节　告知义务 …………………………………………（24）

第四章　保险合同的要素 ……………………………………（39）
　　第一节　保险合同的主体 …………………………………（39）
　　第二节　保险费 ……………………………………………（51）
　　第三节　保险期间 …………………………………………（53）
　　第四节　危险与保险事故 …………………………………（56）

第五章　保险合同的效力 ……………………………………（59）
　　第一节　投保人的义务 ……………………………………（59）
　　第二节　保险人的义务 ……………………………………（66）

第六章　保险合同的变动 ……………………………………（77）
　　第一节　保险合同的变更 …………………………………（77）

第二节　保险合同关系的无效和终止 ……………………（78）
　　第三节　保险合同的复效 ……………………………………（90）

第二编　保险合同法分论

第一章　财产保险合同总论 ……………………………………（95）
　　第一节　财产保险合同的效力 ………………………………（95）
　　第二节　财产保险合同的变更 ………………………………（110）
　　第三节　被保险利益 …………………………………………（121）
　　第四节　保险人代位 …………………………………………（126）

第二章　财产保险分论 …………………………………………（152）
　　第一节　火灾保险 ……………………………………………（152）
　　第二节　运输保险 ……………………………………………（158）
　　第三节　海上保险 ……………………………………………（162）
　　第四节　汽车保险 ……………………………………………（170）
　　第五节　责任保险 ……………………………………………（186）
　　第六节　其他财产保险 ………………………………………（200）

第三章　人身保险总论 …………………………………………（216）
　　第一节　绪论 …………………………………………………（216）
　　第二节　人身保险保单记载事项 ……………………………（218）
　　第三节　人身保险与保险人代位 ……………………………（219）

第四章　人身保险分论 …………………………………………（220）
　　第一节　生命保险 ……………………………………………（220）
　　第二节　伤害保险 ……………………………………………（245）
　　第三节　疾病保险 ……………………………………………（257）

附　录 ……………………………………………………………（260）
主要参考书目 ……………………………………………………（279）
后　记 ……………………………………………………………（281）

第一编　保险合同法总论

第一章 韩国保险制度概述

第一节 保险的意义

一、保险制度的意义

人们在日常生活中会不可避免地遇到各种危险,如台风、洪水、地震、环境污染、火灾、盗窃、疾病、失业等。保险作为抵御风险的一种制度,将个人遭受的意外危险及损失集中后,再分散于社会大众,使个人损失最小化。对于危险,可采取其他措施(如储蓄)加以预防,但保险制度是抵御风险的最佳方法之一。

保险将本应由单个个人或单位承担的危险通过承保转嫁至保险人,保险人再通过经营行为将危险损失分散于全体投保人。未遭遇危险的参保人员通过支付保费,实质上为遭遇特定危险之被保险人提供了帮助,体现了互助共济的宗旨。

保险人通过收取保费建立保险基金,在发生保险责任范围内的危险事故时,保险人用保险基金实施赔付,保证被保险人在事故发生后,能够迅速恢复正常的生产或生活。需要注意的是,与财产保险之保险利益可用金钱衡量不同,人身保险针对被保险人人身,而人的身体、健康及生命无法用金钱衡量,保险人给付保险金只是对被保险人的一种经济帮助,但是,人身保险中的意外伤害保险和健康保险,具有一定的补偿性,如收入赔偿等。

有学者认为,随着社会经济的发展,保险的意义也呈现出多样化状态。除分散风险及赔偿损失两种传统意义外,现代保险亦具备其他派生意义,如积累资金、管理危险等。

二、保险的概念

韩国学说上的保险,是指以集中起来的保险费建立保险基金,用于赔偿因自然灾害或意外事故造成的经济损失,或对个人因死亡、疾病等而给付保险金的一种制度。保险人通过保险将投保人之危险集于一身,当发生保险责任范围内的危险事故时,又将危险损失分摊给全体投保人。简言之,保险的过程,即是危险由集中到分散之过程。

保险的直接功能在于,赔偿被保险人因意外危险而遭受的损失,确保经济生活的安定。因此,保险须以发生危险时,被保险人确实遭受损害为要件。所谓损害,是指就保险利益产生的财产上之不利益。若被保险人对保险标的无保险利益,则其接受赔付保险金将构成不当得利。

可成为保险对象的危险为可保危险,其要件如下:

第一,危险必须具有偶然性、突发性及不确定性。保险是针对偶然性事故而特别设计的制度,因此必然要发生或者必然不可发生的危险,均不能成为可保危险。危险之突发性,包括两层含义:其一,危险的发生排除投保人故意行为及保险标的自然损耗;其二,危险的发生及所造成的损失不可预知。危险之不确定性,是指危险发生与否及发生时间,在投保时均无法确定。可预知发生或有规律定期发生的事故不得作为保险对象,如投保人明知患有某种疾病的不得投保关于该种疾病的保险。须注意的是,危险之不确定性,是从主观上判断的,即使危险在客观上已经发生,但保险关系当事人主观上并不知道时,该危险亦可成为保险对象,如追溯保险。[①]

第二,危险具有同质性与普遍性。危险之同质性,是指参加该种类保险之投保人均可能因此危险而遭受损失。换言之,可保危险是普遍存在的,亦由此才产生普遍的保险需求,从而实现集合多数人力量互助共济的保险功能。

---

① 参见韩国《商法》第643条:保险合同可约定将合同签订之前的某一时期作为保险期间的始期。

三、保险与类似概念的区分

除保险外,现实生活中还存在其他避免不安定经济生活的制度,如赌博、彩票、储蓄、保证等,但保险具有其特殊性,以下比较述之。

(一) 保险与赌博、彩票

与保险相同,赌博与彩票也具有射幸性,即在参与的当事人中,只有少数人可能获利,具有以小钱博大利的特点。

然而,保险与赌博、彩票存在明显区别:

第一,保险的目的在于克服经济生活中的不安,以期分散损失,弥补被保险人所遭受的损害;赌博与彩票则是偶然性地追求经济利益。

第二,保险将少数人之危险由多数人分担,是人类社会以互助共济为基础分散风险的经济制度,保险人集聚保险基金,在少数人遭受损失时赔付保险金,从而实现社会生活的安定。而赌博和彩票,在大多数情况下,不是也不能成为安定社会经济生活的手段。赌博系投机行为,将原本稳定的金钱转化为不稳定的风险,在一定程度上创造或增加了危险。

第三,保险为法律所允许和鼓励;而赌博则属于违反法律和道德而应受到谴责的行为。

(二) 保险与储蓄

保险和储蓄具有类似的经济功能,即作为应对未来不确定风险的一种管理手段,二者均为追求经济生活的安定,保障未来生产及生活的正常进行。保险中的人身保险,还具有储蓄的性质。人身保险的保险费一般由两部分组成,即危险保险费和储蓄保险费。危险保险费亦称为危险成本,储蓄保险费则是投保人存放于保险公司的储蓄。长期人身保险的保险费大部分用于提存准备金,以支付将来的保险金。因此,人身保险的投保人可享受财产保险所不具备的各种有关储蓄方面的权利。

然而保险和储蓄又具有本质上的不同。保险是由多数成员组成的危险共同体,通过提供资金保障,分散风险,依靠集体的财力应对风险所造成的损失。而储蓄则是经济主体的个别储蓄,依靠个人积累应对未来风险,尽管储蓄时无须任何代价,但也可能陷入保障不足的窘境。如果个人未能存储足够的金额,在面临较大灾难时,仅仅依靠储蓄将难以弥补意外事故所造成的经济损失。因此,通过保险,可能获得更可靠的保障。

此外,储蓄人可以自由处理储蓄财产,随意变更储蓄计划;而对于保险而言,除非发生保险事故,否则投保人无法得到保险金,因此,有时将人身保险视为一种半强制性储蓄。在期限上,人身保险通常长于储蓄。

(三) 保险与保证

保险与保证的相似之处在于二者均为合同关系,但两种合同的性质不同。保险一经成立便产生独立的权利义务关系,属于双务有偿合同,保险人于保险事故发生后赔偿被保险人遭受的损失。保证合同作为主合同的附属合同,以主合同的存在为前提,其本身不能独立存在,当债务人不履行或不能履行主合同的义务时,保证人才有义务履行保证债务。

风险预期上,保险对于风险损失是有预期的;而保证,在理论上并不希望发生风险损失,保证人提供保证之前要对被保证人的有关情况进行调查,并进行充分的可行性研究。换言之,保险建立在实际可计算的预期损失基础上,而保证建立于被保证人的信用等级和履约能力上。保险造就互助机制,保证造就信用机制。

风险责任上,依据保险法律及保险合同,保险人向被保险人赔付保险金后不得向投保人追偿;而保证人依担保法向债权人履行保证债务后,对债务人享有求偿权,且保证人承诺的责任通常属于"第二性"赔偿责任。

第二节 韩国近代保险制度的发展

一、近代保险的引入

韩国历史上曾存在过一些具有相互协助性质的危险分散制度,但并不属于近代意义上的保险制度。直至19世纪末期,韩国才开始正式引入近代意义上的保险制度。

保险制度的目的在于,分散经济活动(尤其是制造业等企业活动)中可能发生的风险,其与社会经济的发展密不可分。20世纪初,处于日本侵略之下的韩国,缺乏工业发展的基础,保险产业难以规模发展。直至20世纪60年代,韩国进入工业化时期后,保险产业才获得飞跃性发展。此后的30年间,韩国保险业持续发展。当然,除了工业化发展的推动之外,政府的政策扶持也是保险业得以持续发展的主要因素。

二、保险产业法律环境的变化动向

在世界经济一体化进程中,为克服保护主义,韩国开始实行开放政策,一方面加深了国际经济社会的相互依存度,另一方面,由于各国均企图提升国际竞争力、占据国际贸易的优势地位,从而导致国际竞争日趋激烈,贸易摩擦亦日渐增多。[①]此虽为建立新的经济秩序和经济结构调整过程中所不可避免的现象,但由于韩国在经济运营中的应对能力不够成熟,引发了外汇及金融危机。为解决上述问题,韩国通过企业经营透明化、产业构造调整、内外经济政策革新等方式改革现有的经济体制。作为金融产业核心之一的保险业亦受到经济条件变化的冲击。

经济改革在法律层面上主要表现为大量的法律被制定或被修改,包括规制保险活动的商法。

第三节　韩国保险法立法

一、保险法的概念与特征

保险法是调整商业保险关系的法律规范的总称。保险法属于商事特别法,具有商事法的一般特征,简单述之:

第一,社会性。尽管保险合同依保险人和投保人之间的合意而成立,但在经济层面上,保险人实质上是通过向诸多投保人收取保险费积累资金并加以管理,这无疑将对整个国民经济产生重大影响。因此,保险与公共利益密切相关,保险业具有社会性和公共性的特征,即使是私营的保险公

---

① 参见〔韩〕徐宪济:《对外通商环境的变化和法制》,集文堂1996年版,第85页。

司,也具有准公企业的性质。①

第二,技术性。保险通过多数经济单位之集合,以合理计算为基础,集聚资金,公平负担,将风险分散于社会大众,以确保经济安定。不论财产保险抑或人身保险,保险费及保险金额的计算、保险资金的运用等,均须以数理计算为基础。保险法中多设有技术性规定,非凭一般常识所能了解。

第三,强行性。保险法属于商法,商事行为以合同自由为原则,但因保险具有社会性,所以保险法多设有强行性规定,排除当事人随意变更合同内容。如签订以他人死亡为保险事故的保险合同,须得到他人(被保险人)同意(韩国《商法》第731条第1款),本条属于强行规定,禁止当事人通过约定排除。但是,不得以保险法具有强行性而否认其商法性质。

第四,伦理性。保险合同为一种射幸合同,其被用于投机或赌博等目的时,可能产生道德风险,所以对当事人善意的要求较高。可见,作为民法帝王条款的诚实信用条款,在保险合同中,较一般民事和商事合同,将被要求得更加严格和彻底。如,由于保险标的一般由投保人持有,在保险合同订立时,保险人对保险标的的状况无法详尽知悉,此时,有赖于投保人的如实告知,如果投保人或被保险人故意或过失未告知重要事项或者告知虚假信息,保险人自知道该事实之日起1个月内或合同签订之日起3年内,可以终止合同。②

二、韩国保险法立法例

保险法由三部分组成:保险业法、保险合同法和保险特别法。

保险业法是国家对保险行业进行监督管理的法律规范。保险合同法是保险法的核心,大体上包括保险合同的一般规定、财产保险及人身保险。保险特别法是保险合同法和保险业法之外的有关保险关系的特别法律规范。

---

① 参见〔韩〕梁承圭:《保险法》,三知院2005年版,第56页。
② 参见韩国《商法》第651条(因违反告知义务而终止合同):签订保险合同时,因投保人或被保险人的故意或过失未告知重要事项或者虚假告知信息的,保险人自知道该事实之日起1个月内或合同签订之日起3年内,可终止合同。但签订保险合同时保险人已知该事实或因重大过失未能得知的除外。

各国保险法立法虽均包括保险业法和保险合同法,但模式有所不同:一种是分别立法,即将保险合同法和保险业法作为单独法律分别立法;另一种是合并立法,即将二者合并于同一法典中,统称为保险法。①

韩国采用分别立法例,其中,保险合同法主要规定于韩国《商法》第四编中,而保险业法主要包括《保险业法》和《保险业法施行令》②等。此外,还有《贸易保险法》③《因火灾导致的灾害补偿和保险的相关法律》④及《雇用保险法》⑤等保险特别法。

三、韩国保险合同法法律渊源⑥

韩国保险合同法的法律渊源包括成文法和习惯法。

成文法主要指韩国《商法》第四编(保险编)。此外,在《保险业法》《汽车损害保障法》⑦等法律中,亦存在规范保险合同的若干规定。保险活动属于商行为,不仅《商法》中有关保险的规定适用于保险合同,商事习惯法和民法中的有关规定也可补充适用。另外,在不影响强行性法规、风俗习惯、社会秩序及保险合同本质的情形下,当事人可通过合同约定其法律关系,但当事人的约定并非法律渊源。

---

① 我国保险法采用合并立法的方式,将保险合同法与保险业法统一规定于《中华人民共和国保险法》。

② 《保险业法》制定于1962年1月15日(法律第973号),先后经历多次修订,该法通过对保险业的许可、保险公司的设立、募集、运营、清算、相关保险团体等的规制,对保险业进行监督管理,推动保险业健康发展。为保障该法的实施,于1962年2月20日制定《保险业法施行令》(阁令第460号)。

③ 《贸易保险法》制定于1968年12月31日(法律第2063号),先后经历多次修订,1994年8月3日(法律第4776号)的修订删除了原有的第二至第六章,现主要内容包括:总则、贸易保险金、韩国贸易保险公社、附则。

④ 《因火灾导致的灾害补偿和保险的相关法律》制定于1973年2月6日(法律第2482号),主要涉及相关建筑所有人加入保险的义务、保险金金额以及火灾保险协会的设立及其主要义务等内容。

⑤ 《雇用保险法》制定于1993年12月27日(法律第4644号),主要内容包括:第一章总则;第二章被保险人的管理;第三章雇用稳定、职业能力开发事业;第四章事业救济;第五章育儿停职救济等;第六章雇用保险基金;第七章审查及再审查请求;第八章补则;第九章罚则。

⑥ 本书主要介绍韩国的保险合同法,故以下仅就保险合同法的法律渊源进行阐述。

⑦ 《汽车损害保障法》制定于1963年4月4日(法律第1314号),主要内容包括:第一章总则;第二章损害赔偿的保险加入等;第三章汽车保险诊疗酬价标准及纠纷调节;第四章责任保险等事业;第五章汽车损害赔偿保险事业;第六章补则;第七章罚则;第八章关于违法行为处理的特例。

（一）制定法①

除韩国《商法》以外，制定法还包括韩国《保险业法》及韩国《储蓄人保护法》等各种特别法。

1.《商法》保险编

保险合同属于保险人和投保人间的法律关系，规范该关系的基本法律是1962年制定的韩国《商法》第四编（保险编）。作为规范保险合同关系的基本法，现行韩国《商法》保险编自制定以来一直发挥着重要作用。在《商法》实行的30多年间，韩国保险产业得到了飞跃发展，但伴随韩国经济环境的巨大变化，针对现行《商法》的不足之处及存在问题的理论探讨和修改《商法》的主张从未中断。1991年12月16日，于《商法》制定30周年之际，韩国立法机关对保险编进行了全面修改。②《修改法律案审查报告书》③中阐述的修改要点如下：

（1）保险产业在大众化形势下的投保人保护

该报告指出，尽管在保险业规模化的发展之下，现实生活中保险业务逐渐大众化，但作为大型企业且进行专业化经营的保险人，与投保人的地位仍不对称。投保人根据合同条款往往无法获得预期的保险保障，从而降低了韩国国民对保险产业的信任。为缓解上述问题，必须加强对投保人利益的保护。

相关法律条款为韩国《商法》第638条之3：保险条款的交付和明示义务；第663条正文：禁止对投保人等不利益的变更，即不得通过当事人之间的特约，对《商法》的规定实施对保险人、被保险人或受益人不利益的变更，即所谓"不利益变更的禁止"。

有判例认为，在投保人未在规定时间内缴纳分期保险费的情形下，保险人未经韩国《商法》第650条所规定的"催告"即直接终止保险合同，④进

---

① 参见〔韩〕金成太：《对修改后保险合同法的领略》，大韩律师协会，《人权和正义》第191号（1992.7）。
② 大概的修改过程可参见〔韩〕李均成《修改保险法概述》，载《公告研究》1992年2月刊，第84—85页。
③ 该报告书是根据政府案，于1991年12月由国会法制司法委员会制定的。
④ 韩国保险法对保险合同的解除和终止加以区分，尽管二者均属于使保险合同消灭的制度，但保险合同的解除具有溯及力，而保险合同的终止不具有溯及力。中国保险法未区分保险合同的解除和终止，而一律规定为保险合同的解除。

而免除保险人支付保险金责任的行为,因违反《商法》第663条"不利益变更的禁止"的规定而无效。①

(2) 保险的善意性保护

修改后的韩国《商法》规定,同时或依次为被保险人因同一事故而向第三人承担的赔偿责任签订数个责任保险的,当保险金总额超过被保险人对第三人的损害赔偿额时,准用第672条和第673条的规定,即为防止被保险人不当得利,保险人按照保险金比例承担赔付责任(韩国《商法》第725条之2)。此外,明确规定了为他人签订死亡保险时,必须取得被保险人的同意(韩国《商法》第731条),以确保保险之善意性。

(3) 当事人之间的利益调整

修改后的韩国《商法》第650条(第1款修改,第2款②、第3款新设)明确规定了保险费的支付时间,修改了支付迟延的后果。③ 而且,修改后的《商法》具体规定了危险变更或增加时,保险人提高保费或者终止合同的权利(韩国《商法》第652条)。

(4) 对不符合保险现实的相关规定的修改

与保单的交付相关,修改后的韩国《商法》第640条改变了之前保险人只有在投保人要求下才制作并交付保单的消极态度,规定除未缴纳保险费的情形外,④合同成立后保险人必须即时制作并交付保单。⑤

《商法》修改之前,对于为他人的保险合同(人身保险中的他人为保险受益人),法律上未有明确规定,仅强调了签订此类保险合同的有效性(韩

---

① 参见大判92.11.24.宣告,92 da 23629;大判1995.10.13.宣告,94 da 19280;大判1997.7.25.宣告,97 da 18479。

② 有关新设第2款,在约定的期间未交付剩余保险费的,保险人可规定一定的期间催告投保人。投保人在该期间内仍未交付的,保险人可以终止合同。有以下案例:保险人催促投保人交纳迟滞保险费并给予相当时间(应纳日之日起30天)缓期缴纳的情形,是否属于省略现行法第650条规定的解除合同意思表示,从而违反第663条的规定?对此,大法院(1977.9.13.宣告,77 da 329判决)认为这种保险条款规定有效,学术界也承认其妥当性。新设立的第2款等于将这些内容加以明文规定,具体参见[韩]崔基元:《保险法》,博英社1998年版,第230页。

③ 修改法新设第650条之2专门规定了保险合同再生效时的处理,该规定修改了之前根据学说解释所有合同的法理方法,是正确的。

④ 参见修改法第649条第1款附文。

⑤ 参见韩国《商法》第640条第2款:延长或变更原合同时,保险人应将该事实记载于保单上,以此代替保单的交付。

国《商法》第639条第1款）。修改后的《商法》规定了在财产保险中如未经他人委托时应告知保险人该事实，否则不得对抗保险人的内容（同款附文），并详细规定了该他人的法律地位（同条第2款、第3款）。① 他人未交保费时，保险人须经过相当时间的催告才能终止合同（韩国《商法》第650条第3款）。为他人的保险合同中，就投保人是否可以任意终止保险合同的问题，修改后的韩国《商法》进行了完善，规定投保人只有在取得该他人同意或持有保单时才能终止保险合同（参照新设的第649条第1款附文）。②③

2．商法总则

保险行为属于商行为，故适用韩国《商法》第二编（总则）中有关商行为的基本规定。

3．其他特别法

除上述介绍外，保险合同的成文法源还包括《保险业法》中影响保险合同当事人地位的若干规定（例如《保险业法》第39条、第94条、第156条等），④《汽车损害保障法》，《因火灾导致的灾害补偿和保险的相关法律》，《强制投保的原子能损害赔偿保障法》，《煤气事故防治法》及《储蓄人保护法》等多种特别法。

（二）保险合同

1．意义

韩国《商法》对保险合同仅作了简单的原则性规定，签订保险合同时，当事人可通过协商确定《商法》未作规定的内容。保险人通常须和多数投保人签订保险合同，若每份合同均经协商签订，实为繁琐，且在签订技术型保险合同（如海上保险、企业保险等）时，因投保人缺乏专业知识，几乎不

---

① 法国法规定"保险人有权以对抗原投保人的抗辩事由对抗保险证券持有人或主张保险合同规定利益的第三人"，该规定成为将保险证券解释为有价证券的原因之一。

② 理论上保险证券必然由被投保人制定、交付，因此"保险人持有"条件的存在意义遭质疑。"持有"的表述也未必是正确的。

③ 参见调停例98-11（汽车保险）：投保人不能只持有保险证券而任意终止合同，终止合同必须得到他人的同意。

④ 保险业法应理解为兼具公法和私法性质的商法特殊法。参见〔韩〕梁承主：《保险法》，三知院2005年版，第63页。

可能逐个协商,因此在实务中,保险人通常事先准备好标准合同,若无特殊情形,即按该标准合同签订协议,称为附合合同。当保险合同无韩国《商法》第663条(禁止对投保人等不利的变更)的限制性规定时,优先适用合同约定,无合同约定的依照《商法》的有关规定。在实务中,合同的重要性不言而喻。尽管合同单方面强化了保险人的地位,然而正是这些合同补充了韩国保险法,并使其现代化、合理化。

2. 种类

保险合同可分为普通保险合同和特别保险合同。普通保险合同为一般的、典型的保险格式合同。于普通保险合同上补充添加详细内容的格式合同,称为特别保险合同。特别保险合同只是另外附加了个别细部内容,即,虽然在内容上有别于典型的普通保险合同,而在法律性质上,则与普通保险合同无异。与此不同,在海上保险和企业保险中,仅在个别特定保险合同人之间,对普通保险合同内容进行个别变更、增加或排除的,称为特别保险合同。特别保险合同属于个别约定,故优先适用。

3. 学说

普通保险合同规定了保险关系当事人间的权利义务,同时亦有制约双方当事人的作用。在实务中,制定合同的保险人对保险合同的内容了解详尽,而投保人往往对相关内容并不了解,且投保人通常并无机会与保险人进行协商,故对于该类合同的约束力问题,素有分歧。

有学者认为,该合同的约束力来源于当事人的意思,合同系因当事人合意产生,于当事人间存在约束力。双方对合同内容未明示的,不受拘束。另有学者则认为,该约束力来源于合同的法规效力,即保险合同已经得到监督部门认可,并且具备社会合理性,只要当事人无特殊意见,则在一定范围内具有约束力。为使合同具有法律规范效力,此说又细分为制度法说、自治法说及商习惯法说等。

第二章 保险合同概述

第一节 保险合同的概念与性质

一、保险合同的概念

根据韩国《商法》第638条,保险合同,是指一方当事人支付保险费,同时约定当财产、生命或身体遭受不确定事故而产生损害时,对方支付一定保险金及其他给付的合同。

保险合同为保险制度的重要环节,两者具有密不可分的联系,具体表现如下:

第一,保险合同为保险制度的组成部分。保险制度是为应对偶然的经济损失而产生的制度。从保险制度的构成看,保险制度是由保险人和投保人之间形成的保险关系集合而成。换言之,保险合同为保险制度的构成单位。

第二,保险合同以私法的权利、义务论为中心。保险合同以加入保险的当事人及关系人在私法上的权利、义务的合理分配问题为核心。通过研究保险制度的法定组成部分,即保险合同的法律性质,不仅可以为保险纠纷的解决提供指南,还可以完善保险制度的结构。

第三,团体性的考虑。一般而言,保险合同关系以保险人为中心,投保人间不存在任何直接法律或经济关系。但是,严格而言,投保是具有同种危险的经济主体有意识地、自发地结合,共同应对危险的行为,因此,投保人间也会形成一定的间接或者迂回的关系并相互影响,此即谓保险之团体性。

二、保险合同的性质

保险合同具有合同的一般属性。但基于保险制度的特殊性,保险合同亦有其特性:①

（一）诺成合同

诺成合同,是指双方当事人意思表示一致即可成立的合同,该类合同无须标的物的实际交付。韩国《商法》第638条之2规定:"1. 无其他约定时,保险人应自收到投保人填写的投保要约书和相当于全部或部分保险费的金钱之日起30日内,向对方作出承诺与否的通知。但人身保险的被保险人需要体检的,该期间自接受体检之日起开始计算。2. 在第1款规定的期间内,保险人怠于作出承诺与否的通知的,视为已承诺。3. 在保险人收到投保人填写的投保要约书和相当于全部或部分保险费的金钱之后,在作出承诺之前,发生保险合同规定的保险事故的,如无拒绝要约的正当理由,保险人应当承担保险合同规定的责任。但人身保险合同的被保险人应当体检而未体检的除外。"由此可知,仅需当事人的合意,保险合同即可成立,口头合同亦可。保险费收取与否并非合同的成立要件。对于韩国《商法》第656条规定的"保险人的责任自其收到首期保险费时开始",只是明确保险人责任的开始时期。

大法院1997.9.5.宣告,95 da 47398判决:"……保险合同是当事人一方支付约定保险费的同时,对方承诺当财产或生命、身体遭受不确定事故时支付一定保险金,从而发生效力的不要式诺成合同（《商法》第638条）,其内容并不局限于保险合同的规定,只要当事人就特别的保险条款和其他事项达成合意就产生效力……"②

值得注意的是,保险实务中,在原则上由投保人发出要约,保险人作出承诺。保险人长期组织和管理"互助共济"制度,一旦发生保险事故即赔付保险金,故将承诺权集中于保险人,便于其作出慎重、合理的判断。此与

---

① 韩国法规定下的保险合同的性质与我国法律规定下的保险合同的性质并无二致。
② 同旨参见大法院1998.9.8.宣告,97 da 53663判决。

一般合同,如买卖合同中,双方当事人(出卖人、买受人)任何一方均可作出要约及承诺的规定不同。

就投保人的要约,保险人经过认真审查后决定是否承诺。原则上,保险合同于保险人作出承诺时成立,但是,为了保护投保人,韩国于1991年修改了《商法》,并新设了保险人承诺前的保险保护。

(二) 不要式合同

商事合同可分为要式合同和不要式合同。要式合同的成立须以特定方式为要件,不要式合同无须特定方式即告成立。韩国《商法》第638条之3规定:"1. 签订保险合同时,保险人应向投保人交付保险约款,并告知其主要内容。2. 保险人违反第1款规定的,投保人自保险合同成立之日起1个月内,可以撤销该合同。"根据上述规定可以得出:在韩国,保险合同的成立不以书面形式为要件,只要投保人和保险人双方意思表示一致即可,即保险合同属于不要式合同。保险单和其他保险凭证的交付,属于合同成立后保险人应履行的义务,其虽可作为保险合同的证明,但并不表明保险合同以交付此类单证为成立要件。

大法院1996.7.30.宣告,95 da 1019 判决:保险合同是依当事人间的意思合意而成立的诺成合同,不要求特殊的书面形式,因此,签订保险合同时制作、签发的保险单或变更合同内容时制作、交付的背书仅为保险合同的证明,即依此认定保险合同的成立与否。认定保险合同当事人及保险合同的内容时,除了保险单外,还可以综合考虑合同签订的经过,关于保险费的负担者等的约定及接收其单据的当事人等。①

(三) 射幸合同

"射幸"的本义为"碰运气"。民法中,与实定合同相对应,射幸合同指当事人一方付出代价所获得的仅为一个机会,可能因此获得数十倍的利益,也可能无利益可获,该类合同的效力在合同订立时无法确定。

典型射幸合同包括保险合同和赌博合同。保险合同在订立时存在极

---

① 相同意旨还可参见大法院1992.10.27.宣告,92 da 32852 判决;大法院2003.4.25.宣告,2002 da 64520 判决。

大的不确定性,在合同存续期间,如果发生合同约定的保险事故,被保险人从保险人处获得的赔偿金可能远远超出其支付的保险费;如未发生保险事故,投保人支付的保险费则可能无任何收益。对于保险人来说,当发生保险事故时,其赔付的保险金额可能大于其收取的保险费;如果无保险事故发生,则保险人享有收取保险费的权利,而无赔付保险金的义务。可见,保险事故发生的偶然性决定保险合同具有射幸性质。

（四）双务合同

双务合同,是指合同当事人双方互为权利义务主体,一方的权利为对方的义务。保险合同为双务合同。

首先,就单个保险合同而言,投保人的义务是支付保险费等,而保险人的义务是承诺发生约定保险事故时赔付保险金;其次,就全部保险合同而言,投保人履行义务所支付的保险费和保险人承诺赔付的保险金相对应并互为条件,双方当事人均承担一定的法律义务。因此,保险合同亦适用民法中双务合同的相关规定,如同时履行抗辩权等。

（五）有偿合同

有偿合同,是指当事人为对价给付的双务合同。双务合同当事人约定互为债务主体,互为对价给付,因而双务合同均为有偿合同,但并非所有的有偿合同均为双务合同。

保险人承诺发生危险事故时赔付保险金,投保人支付保险费,存在对价关系,故保险合同属于有偿合同。需要注意的是,"尽管与投保人的保险费支付义务属于确定性义务不同,保险人赔付保险金的义务在事故发生时才产生,属于附条件的、不确定的义务,但是从危险团体的整体看,保险人时刻处于承保危险之中,并以此作为保险费的对价。"[1]投保人的目的,可

---

[1] 〔韩〕梁承圭:《保险法》,三知院2005年版,第86页;〔韩〕崔基元:《保险法》,博英社1998年版,第64页。部分学说在说明有偿性时认为,以显示的内容性、实质性代价关系（危险承担）为标准,而在说明双务性时又认为,以显示的功能性、外形性代价关系为标准并且认为,"有关保险费债务的牵连性债务属于附条件的保险金支付债务"。但是己见认为,上述观点只有当条件成立（保险事故发生）时才可能发生牵连关系,构成保险团体的多数合同中只认定了部分双务性,属不当。此外,关于保险金比保险费数额大得多的说法,无从根据,因此该观点有受批判之余地。同时参见〔韩〕孙珠瓒:《商法（下）》,博英社1997年版,第495页;〔韩〕郑灿炯:《商法讲义（下）》,博英社2000年版,第486页。

理解为于发生事故时即可受领保险金之期待,以排除对将来经济生活的不安,故保险费的对价可以说就是危险的承担。①

(六) 附合合同

商事合同可分为协商合同与附合合同。附合合同又称格式合同,是指合同条款事先拟定,当事人只能就该条款作出愿意接受或者不愿意接受的选择,保险合同通常属于附和合同。韩国《商法》第638条之3规定,签订保险合同时,保险人应向投保人交付保险条款,并告知其主要内容。保险单或其他保险凭证是订立保险合同通常采用的书面形式,是合同成立和存在的证明。

(七) 商行为性

保险以当事人自愿、合意为成立要件,是保险公司以营利为目的的商行为。在商事保险活动中,参加保险的投保人和保险人,须按照法律规定和双方的约定行使权利,履行义务。投保人支付保险费,保险人则对被保险人因保险事故的发生所遭受的损失,承担赔付保险金的责任。

第二节 保险合同的分类

一、财产保险合同和人身保险合同

依据保险标的的不同,韩国《商法》将营利保险分为财产保险和人身保险。财产保险是约定以因偶然事故造成的被保险人在财产上的损害为保险标的的保险。韩国《商法》中规定的财产保险包括火灾保险、运输保险、海上保险、责任保险以及汽车保险,②在实务中,还存在航空保险、失窃保险、信用保险等险种。

人身保险,是指以自然人的生命或身体之上所发生的事故为保险事故

---

① 德国通说也认为,保险费属于"危险承担"自身存在功能性牵连关系。这样的论点最终也是产生于保险合同的射幸保险性。相同意旨参见〔韩〕李基泺:《保险法·海商法学》,博英社2008年版,第48页。

② 参见韩国《商法》第四编第二章。

的保险。人身保险可分为生命保险(又可分为以生存为保险事故和以死亡为保险事故两种情形)、伤害保险、疾病保险、退休保险等,但韩国《商法》仅将人身保险分为生命保险和伤害保险两类。①

二、定值保险合同和不定值保险合同

以保险价值在保险合同中是否预先确定为标准作此划分。

定值保险,是指双方当事人在订立合同时已确定保险标的的保险价值,并将其明确记载于保险合同的保险。② 不定值保险,是指双方当事人在订立合同时未预先确定保险标的的保险价值,而仅于保险合同中载明保险事故发生后根据实际价值确定损失额进行赔偿的保险。③

二者的区别在于:对于定值保险,不论事故发生时保险标的的保险价值为多少,只要保险标的因保险事故而全损,保险人均须以已确定的保险价值为基础计算保险金;对于不定值保险,当保险标的遭受保险事故时,以事故发生时保险标的的实际价值为标准计算损失额。

定值保险合同主要适用于海上保险、货物运输保险及以艺术品、矿石标本等不易确定价值的财产为保险标的的保险的情形。不定值保险合同适用于大多数财产保险。

人的生命和寿命无价可估,因此人身保险无此分类。人身保险是定额保险,即当事人预先约定保险金额,一旦保险事故发生,保险人即按该数额赔付保险金。需要注意的是,定额保险和定值保险并非同一概念。

三、足额保险合同、不足额保险合同和超额保险合同

以保险金额与保险价值的关系为标准作此划分。根据保险制度原理,保险标的的实际价值为确定保险金额的依据,只有当保险金额等于或大体相当于保险标的的实际价值时,保险才能被认定为合理。但是在保险实务

---

① 参见韩国《商法》第四编第三章。
② 参见韩国《商法》第670条:"当事人双方已确定保险价值的,推定该价值为保险事故发生时的价值。但该价值明显超过事故发生时价值的,应以事故发生时的价值为保险价值。"
③ 参见韩国《商法》第671条:"当事人双方未确定保险价值的,应以事故发生时的价值为保险价值。"

中,基于各种原因,保险标的的实际价值与保险金额不一致的情形极为平常,由此出现足额、不足额和超额保险合同的界定与适用问题。

足额保险合同又称为全额保险合同,是指保险金额等于或大体相当于保险价值的合同。所谓保险价值,是指保险标的用金钱评估的价值。对于定值保险合同,其特指合同中载明的财产价值;对于不定值保险合同,则指因保险事故发生而遭受损害的实际财产价值。在足额保险合同中,保险事故发生时,保险标的全部损失的,保险人按保险金额全部赔偿;保险标的部分损失的,保险人按实际损失进行赔偿。足额保险合同的被保险人既可以获得充分的保险保障,又不会支付不必要的保险费。

不足额保险合同,是指保险金额低于保险价值的合同。韩国《商法》第674条规定:"签订不足额保险合同的,保险人应按保险金和保险价值的比例承担赔偿责任。但当事人另有约定的,保险人应以保险金额为限承担损害赔偿责任。"

超额保险合同,是指保险金额大于保险价值的保险合同。韩国《商法》第669条规定:"1.保险金额显著超过保险标的的价值时,保险人或投保人可请求减少保险费或保险金。但保险费的减少仅对未来生效。2.第1款规定的价值,应以保险合同签订时的价值为标准计算。3.保险期间,保险价值显著减少的,适用第1款的规定。4.第1款的情形,因投保人欺诈而签订保险合同的,该合同无效。但保险人可请求自合同签订时起至得知欺诈事实时的保险费。"

四、单保险合同和复保险合同

以保险人的数量为标准作此划分。

单保险合同,是指投保人就同一保险标的、同一保险利益、同一保险事故、同一保险期间与一个保险人订立的保险合同。

复保险合同,是指投保人就同一保险标的、同一保险利益、同一保险事故、同一保险期间分别与两个或两个以上保险人订立的保险合同。复保险合同的构成要件为:投保人与两个或两个以上保险人分别订立保险合同,且上述保险合同的保险标的、保险利益、保险事故和保险期间相同。①

五、原保险合同和再保险合同

以保险人承担责任的次序为标准作此划分。

原保险合同,是指保险人对被保险人直接承担保险责任的合同。在原保险合同中,保险人对被保险人因保险事故发生而遭受的损害直接承担赔偿责任,这种责任具有"原始"性质。

再保险合同,是指保险人将其承担的保险业务以承保的形式全部或者部分转移于其他保险人而订立的保险合同。②

六、个别保险合同和集合保险合同

以保险合同保障的对象为标准作此划分。

个别保险,是指为满足个人或家庭的需要,以自然人或个别财产为保险标的的保险。

集合保险,是指以多数人或多个财产为保险标的的保险。如以一个家庭或一个工厂的全部劳动者为被保险人的意外伤害保险;以特定建筑内的所有动产为保险标的的火灾保险等。③ 集合保险将保险标的视为单一体,只存在一份保险合同,故其与团体保险不同。即集合保险合同实际上是一份总保险合同,该合同向团体中的众多成员提供保险保障。随着韩国经济体制改革的不断深入,商业保险的作用不断加强,集合保险将有更大的发展空间。

七、任意保险合同和强制保险合同

以保险合同的实施方式为标准作此划分。

---

① 参见韩国《商法》第672条第1款:就同一保险标的、同一保险事故,同时或依次签订数个保险合同的,如果保险金总额超过保险价值,各保险人应按各自保险金的比例承担赔偿责任。
② 参见韩国《商法》第661条:"保险人可就应承担的保险责任与其他保险人签订再保险合同。再保险合同不影响原保险合同的效力。"
③ 参见韩国《商法》第686条(集合保险标的):集合的物体概括作为保险标的时,被保险人的家人和使用人的物也包含在保险合同的标的中,此时可以认定保险是为其家人或者使用人签订。

任意保险是投保人与保险人在平等互利、等价有偿原则的基础上,通过协商,采取自愿的方式签订的保险合同。任意保险的加入为非强制性,大部分商业保险为任意保险。具体而言,自愿原则体现在:投保人可自行决定是否参加保险及参加何种险、投保金额和起保时间;保险人可决定是否承保、承保条件及保费等等。保险合同成立后,双方当事人应该认真履行合同规定的义务。除另有规定外,投保人可以中途退保。

强制保险,是指依法律强制加入的保险,社会保险即为强制保险。此外,某些带有社会政策性质的商业保险亦为强制性保险,如机动车损害赔偿责任保险等。

第三章 保险合同的订立

第一节 保险合同的成立

投保人发出投保要约,经保险人同意承保,并就合同的条款达成协议时,保险合同即成立。

保险合同为不要式、诺成合同。保单仅为证据单证,保险合同成立与否、合同当事人及合同内容等非以保单为基准,而是依当事人的意思表示和签约时的情况加以确定。原则上,保险人对投保人的要约为承诺时,保险合同即告成立。

一、投保人的要约

要约是投保人向保险人提出保险要求的意思表示。由于保险合同具有格式性,投保人的要约一般采用书面形式——投保单。

投保单一般由保险人事先印制,具有统一格式。一方面,投保单是投保的意思表示,经保险人承诺后,保险合同方可成立;另一方面,投保单是投保人履行告知义务的依据,投保人须对投保单中所列问题逐一回答,保险人询问关于保险标的或者被保险人有关情况的,投保人必须如实告知。

二、保险人的承诺

承诺是保险人同意投保人提出的保险要约的意思表示。保险人接到投保人的投保单后,经过核保,若完全接受,即构成承诺;若有条件地接受,则构成反要约。

韩国《商法》第638条之2第1款规定:"无其他约定时,保险人应自收到投保人填写的投保要约书和相当于全部或部分保险费的金钱之日起30日内,向对方作出承诺与否的通知。但人身保险合同的被保险人需要体检的,该期间自体检之日起开始计算。"第638条之2第2款规定,保险人怠于在前款规定的期间内,作出承诺与否的通知的,"视为已承诺",此为承诺拟制。第3款规定:"在保险人收到投保人填写的投保要约书和相当于全部或部分保险费的金钱之后,在作出承诺之前,发生保险合同规定的保险事故的,如无拒绝要约的正当理由,保险人应当承担保险合同规定的责任。但人身保险合同的被保险人应当体检而未体检的除外。"在这种情况下,由保险人负责举证拒绝承担给付保险金责任的正当事由。承诺拟制和第3款规定的目的在于保护被保险人。

保险合同为诺成合同,因此,除非合同另有约定,不以保险单的交付为合同成立要件。保险单或者暂保单的作用在于:(1)作为保险合同的证明文件,保险单是在保险合同成立后由保险人签发的,用以证明保险合同的存在及其内容,亦为双方当事人履行合同的依据。(2)制作并交付保单是保险人的法定义务,保险合同成立后,保险人应立刻制作并交付保险单。保险单灭失或显著毁损时,投保人可请求保险人重新制作并交付保单。

第二节 告知义务

一、告知义务概述

(一)概念

告知义务,是指在签订保险合同时,投保人或被保险人有义务向保险人诚实地告知重要事项。此处的重要事项,是指足以影响保险人决定是否承保以及以何种条件订立保险合同的事实。根据韩国《商法》第651条之2规定:"保险人书面质询的事项,推定为重要事项。"

(二)告知义务的必要性

法律之所以规定投保人负有告知义务,深层次的原因在于,双方当事人对保险合同约定的危险信息掌握不对称。

保险制度以对危险的适当评估和收取相应的保险费为前提条件。如果无法正确评估危险,保险人的经营就会陷入困境。但在实务中,保险人和投保人对危险信息的掌握程度是不平衡的。这是因为,投保人直接支配和管理保险事故发生对象(保险标的)的危险情况以及被保险人的生命和身体状况。投保人单方面掌握上述信息,保险人只能根据投保人提供的信息进行危险评估。此外,保险人需要处理大量的保险合同,由于费用或技术限制,仅凭其单方面努力很难确保信息的正确性,假若投保人故意隐瞒,保险人更无法获悉真相。因此,如果投保人利用双方信息的不对称,恶意隐瞒或提供虚假歪曲的信息,会造成保险人巨额保险金不当流出,其经营状况也会遭受重大打击。为此,保险法规定投保人提供危险信息时,必须诚实正直,这也是保险合同最大诚信原则的体现。

(三)告知义务的法律依据及其法律性质

1. 法律依据

就告知义务的法律依据,韩国学界大致存在以下几种理论:

第一,根据合同法理产生的观点。该观点又可分为意思一致论、一般错误论、担保论、诚实信用论和善良风俗论等。

第二,根据保险人和投保人之间的特殊关系产生的观点。该观点又分为最大善意论、平等论和保险合同的特殊性论等。

第三,从保险活动的经济特性出发寻找依据的观点。如危险共同体论和技术性基础论等。

通说采危险测定论(或技术论)。[①] 根据该论,将可能遭遇相同种类和内容危险的被保险人作为一个团体,在该团体内,根据保险事故发生的概率计算保险费率,并实现保险金总额和保险费总额的均衡,以保证该团体顺利发挥分散风险的作用。为了实现这种均衡,保险人本应直接调查所有保险标的的危险状态,但因保险合同数量众多,保险人无法对所有合同的情况一一调查,且由于危险事项可能涉及投保人的隐私,保险人难以正确、完整地调查。因此,保险法要求投保人承担相应的告知义务,以帮助保险

---

① 我国多数学者亦主张危险测定论。

人正确地掌握保险标的的危险状态。

2. 法律性质

告知义务不属于保险合同义务,它不是保险合同签订后投保人必须承担的义务,而是签订保险合同的前提条件。告知义务与普通的合同义务不同,违反合同义务,权利人可诉诸法律请求义务人强制履行或损害赔偿;而违反告知义务的,权利人不能请求义务人强制履行或损害赔偿,法律仅对义务人课以不利益,以达到间接要求投保人履行告知义务的效果。

在保险合同中,如果投保人或被保险人不履行该告知义务或者瑕疵履行该告知义务的,保险人无法强制要求其履行,仅可终止保险合同。①

3. 与通知义务的关系

告知义务要求投保人或被保险人在保险合同成立之前将危险信息告知于保险人。而投保人的通知义务是指,保险合同成立后危险增加时的通知义务和保险事故发生时的通知义务。这是因为,保险标的处于一定危险状态之中,当该危险发生显著变化或增加时,保险人和投保人之间的对价均衡关系就会遭到破坏,投保人有义务将这一变化通知保险人。

韩国学者一般认为,告知义务和通知义务的性质不同,前者为间接义务,后者为合同附随义务。②

二、告知义务的当事人

(一)告知义务人

根据韩国《商法》第 651 条的规定,投保人和被保险人承担告知义务。③ 投保人为数人时,各自承担相应的告知义务。此处,被保险人包括财产保险中的被保险人和人身保险中的被保险人。然须特别注意的是,人

---

① 参见韩国《商法》第 651 条:签订保险合同时,若因投保人或被保险人的故意或过失而未告知重要事项或者告知虚假信息的,保险人自知道该事实之日起 1 个月内或合同签订之日起 3 年内,可以终止保险合同。但签订保险合同时保险人已知该事实或因重大过失未能得知的除外。
② 参见〔韩〕金星泰:《保险法讲论》,法文社 2001 年版,第 211 页。
③ 我国《保险法》仅规定了投保人的告知义务。然当投保人与被保险人非为一人时,投保人往往难以知悉被保险人的有关情况,从而导致保险人无法确定是否同意承保或是否需要提高保费。基于诚实信用原则,应当规定被保险人的告知义务。

身保险的受益人不属于告知义务人。

在利他保险中,被保险人可能并不知晓合同签订的事实,从而无法履行告知义务。被保险人未履行告知义务且不存在过错的,保险人不可主张被保险人违反告知义务。在此情形下,投保人应该承担告知义务。

投保人的代理人也应承担告知义务。在投保人的代理人履行告知义务时,除本人应告知的事项外,还应告知自己已经知道或可以知道的事项。[1]

(二) 告知的受领权人

1. 原则

告知义务人必须向保险人或有权为保险人受领告知的人履行告知义务。一般情况下,代理保险人签订保险合同的保险代理人享有告知受领权。保险中介人无权签订保险合同,因而不享有告知受领权。

2. 保险医师

在人身保险中,保险医师属于与保险人存在雇佣或委托关系的辅助组织,其职责是诊断被保险人的健康状况,提供用于核保的资料。[2] 保险医师无权签订和变更保险合同,也无权受领保险费。但是鉴于医师的职业性和专业性,无论与保险人之间存在雇佣关系还是委托关系,医师均被认定为告知受领权人。

3. 保险募集人

在通常情况下,保险募集人从事劝说他人购买保险、制作投保书并受领投保人所交纳的首期保险费等行为。韩国通说和判例均认为,保险募集人仅有权受领保险费但无权签订保险合同。因此,保险募集人不属于告知义务受领权人。但有学者认为,保险募集人应属于告知义务受领权人,便于更好地保护投保人的利益。[3]

---

[1] 参见〔韩〕梁承圭:《保险法》,三知院 2005 年版,第 118 页。
[2] 参见大法院 1976.6.22.宣告,75 da 判决。
[3] 参见〔韩〕金星泰:《保险法讲论》,法文社 2001 年版,第 213 页。

三、告知事项

（一）重要事项的意义

如前所述，告知义务人的告知事项限于保险合同中约定的重要事项。此处的重要事项，是指影响保险人决定是否承保以及以何种条件承保的事实。如果保险人事先知道该事实，则可能拒绝签订保险合同，或以不同的条件签订保险合同，如提高保险费等。可见，判断何为"重要事项"非常重要，但在实践中如何判断却十分困难。

由于告知义务人通常不具有相关的保险专业知识，难以判断何为重要事项并将其完整地告知保险人，保险人也可能因此遭受损害。故在实务中，保险人通常于投保书中设立质询表，就属于告知义务的重要事项向告知义务人进行询问，告知义务人作出相应回答，从而实现告知。保险人在书面质询表中列出的事项推定为重要事项（韩国《商法》第651条之2）。在质询表之外但属于重要事项的，投保人亦应告知。[①]

大法院1999.11.26.宣告，99 da 37474判决：被告在癌症治疗结束的5年后，在经检查癌症有可能再次发作但尚未确诊的情形下，签订了人寿保险合同。在签订合同时，被告声明过去的5年内没有癌症病史，但是，关于其5年前罹患癌症并有可能再次发作的事实，被告未告知保险人。本院认为，癌症治疗结束后定期前往医院检查的期间，尽管在通常意义上不属于癌症治疗期，但其属于保险合同所规定的预防癌症的期间。同时，被告的病历、自我感觉以及医生有关癌症有可能再次发作的检查等均表明其癌症有再次发作的可能，所以，尽管投保书未列举该质询事项，其亦应属于测定被告生命是否有危险所必须告知的事项。被告并未告知该事实，故违反了告知义务。

对于何种事项属于应该告知的重要事项，并无特定的判断标准，有关

[①] 参见大法院1969.2.18.宣告，68 da 2082判决；大法院1993.4.13.宣告，92 da 52085、52092判决；大法院2001.1.5.宣告，2000 da 40353判决；大法院2004.6.11.宣告，2003 da 18494判决。

判例认为,应当根据个别合同的具体客观情况加以判断。①

(二) 重要事项的种类

1. 客观事实

所谓客观事实,是指保险标的所处的客观情况,即评估危险状况所必要的客观资料。

(1) 财产保险中的客观事实

财产保险中的客观事实,是指与保险标的有关的客观事由。如在火灾保险中,客观事实是指保险标的的材质、构造及周边环境;在汽车保险中,则是指汽车的样式、注册地及用途等。根据判例,保证保险合同中主合同的内容也属于重要事项。

大法院 1987.6.9. 宣告,86 daka 216 判决:②为工程承包合同的履行签订保证保险合同时,工程金额和施工期间等属于承包工程的内容且属于判断保险事故发生与否的基准,因此属于应该告知的重要事项。

(2) 人身保险中的客观事实

在人身保险中,被保险人的年龄、性别和病历等均属于告知事项。"被保险人的父母在合同订立时是否在世、健康与否、是否患病与病因、死亡原因以及死亡日期等,均被认为是现代医学上预测被保险人健康状态所必需的重要事项。"③此外,中风和高血压等治疗事实,癌症、结核病、精神病等主要疾病,怀孕事实以及流产经历等均属于重要事实。

但轻微的神经衰弱、扁桃体炎、痊愈的性病等对判断健康并无重大影响的轻微疾病等,不属于重要事项。

调停④例 87-49(87.8.26 伤害保险纠纷):被保险人 2 岁时因胳膊受伤留下轻微残疾。但根据其持有普通第一类驾驶证并已驾车 7 年的事实可

---

① 参见大法院 1997.9.5. 宣告,95 da 25268 判决。
② 同旨参见大法院 1998.6.12. 宣告,97 da 53380 判决;大法院 2002.7.26. 宣告,2001 da 36450 判决。
③ 参见大法院 1969.2.18. 宣告,68 daka 2082 判决。
④ 调停是指保险监督机构内部的保险纠纷委员会(包括财产保险纠纷委员会和人身保险纠纷委员会)就保险纠纷进行的处理,当事人接受调停决定的,该调停决定则与法院判决具有相同的效力,当事人不接受的,则可以向法院提起诉讼。

以认定,被保险人右手的残疾不属于会给日常生活造成影响的轻微事实,因此不属于需要告知的重要事项。

2. 主观事实

主观事实,是指判断告知义务人的道德性和诚实性所必需的事实。如与其他保险人签订同类保险合同时,投保书是否曾被拒绝,或者是否存在因同类保险合同所发生的保险金请求事实等。

(1) 法定告知事项

财产保险合同中另有被保险人的情形(利他财产保险),投保人必须告知未受他人委托的事实,未告知的,不得以他人不知已签订保险合同的事实为由对抗保险人(韩国《商法》第639条第1款)。

(2) 与其他保险人签订同种保险合同的事实

与其他保险人签订同种保险合同的事实,亦属于必须告知的重要事项。如在财产保险中,就相同的保险标的与数个保险人签订保险合同时,投保人应向每个保险人告知各个保险合同的内容(韩国《商法》第672条第2款)。

(3) 中途终止或拒绝承保的事实

就同种保险合同,存在被其他保险人中途终止或拒绝承保等事实的,也属于必须告知的重要事项。

(4) 保险金请求事实

过去曾投保相同险种并请求过保险金的事实,属于保险人核保时判断投保人投保动机应慎重考虑的事项,故必须告知。

(三) 部分告知的问题

应告知的事项为多项时,原则上应全部告知。告知义务人隐瞒部分事项的,不论已告知事项是否真实,均认定为违反告知义务。

四、告知时期和方法

(一) 告知时期

原则上,告知义务应在保险合同订立前履行。在投保要约发出后、保险合同成立之前获知的事实,亦应告知。保险合同成立后发生的危险事故,属于通知义务的内容。

遗漏了部分应当告知的事项,但于合同成立之前进行更正、补充的,视为未违反告知义务。此外,必须接受健康检查的,告知期间至接受医生的健康检查为止。实务中,保险合同亦可约定告知期间可以延长至保险人责任开始之时。

(二)告知方法

原则上,履行告知义务的方法不受限制,即告知义务人可以任何方法告知。告知义务人可回答质询表,亦可口头陈述重要事项。尽管在保险合同中常常记载"告知事项,除记载于保险合同外,不得对抗保险人",但学者认为,口头告知同样有效。①

实务中,保险人通常在投保书的背面制作相关主要信息的提问目录,要求投保人据实回答。该表中所提问题,推定为重要事项(韩国《商法》第651条之2)。

投保人未完整回答质询表中的提问而留下空白栏时,视为违反告知义务。但有学者认为,在某些情形下,保险人负有催告义务人告知的义务。

(三)复效后的告知义务

在人寿保险等长期性保险合同中,可能出现因投保人延迟支付保险费而导致合同失效的情形,为维护投保人的利益,保险法规定了在一定条件下使该保险合同复效的制度(韩国《商法》第650条之2)。此时,投保人和被保险人仍需再次履行告知义务。

五、违反告知义务的要件与效果

(一)违反告知义务的要件

1. 未告知或未如实告知重要事项

追究告知义务人违反告知义务的前提条件是,存在未告知或未如实告知的事实。具体判断以保险合同成立当时为准,并由保险人承担举证责任。

---

① 参见〔韩〕金星泰:《保险法讲论》,法文社2001年版,第221页。

韩国《商法》规定,在质询表中列举的问题推定为重要事项,但并非质询表以外的事项均不重要,对于质询表以外的重要事项,义务人仍需告知。此为立法应完善之处。

2. 告知义务人的故意、重大过失

未告知或未如实告知必须是基于告知义务人的故意或重大过失。

故意,是指明知未告知重要事项或明知告知的事项不真实。须特别注意的是,故意并不要求告知义务人具有欺诈等积极的欺骗意图。

重大过失,是指因重大过失而未告知重要事项。具体而言,是指投保人已知应告知的事实,但因显著不注意未能判断该事实的重要性或者无法获知该事实属于重要事项的情形。此处对于后者的情形,即告知义务人因重大过失未能获悉重要事项而未予告知时,是否违反告知义务则存在争议。对此有肯定论和否定论两种观点,目前学说和法院判例均采肯定论,即构成告知义务的违反。[①]

通说认为,应由保险人对告知义务人因故意或重大过失而未予告知或虚假告知的事实承担举证责任。

3. 违反告知义务与保险事故之间具有因果关系

告知义务人违反告知义务并不一定免除保险人给付保险金的义务。如果违反告知义务与保险事故的发生并不存在因果关系,保险人仍需承担保险金给付义务。即告知义务人隐瞒重要事实或告知虚假事实的行为未对保险事故造成影响的,保险人必须给付保险金(韩国《商法》第655条附文)。[②]

根据民事诉讼法和大法院的判例,应由告知义务人举证证明告知义务的违反和保险事故的发生之间不存在因果关系。当然,关于举证责任分配的相关规定并不具有强制性,保险合同当事人可约定由保险人承担举证责任。

大法院1997.10.28.宣告,97 da 33089 判决:[③]就举证责任,当事人之

---

① 参见〔韩〕金星泰:《保险法讲论》,法文社2001年版,第224页。
② 参见调停例78-27(1978.11.1保险纠纷)。
③ 同旨参见首尔中央地方法院2004.10.28.宣告,2004 na 21069 判决。

间存在特殊约定的,除存在特殊事由外该约定有效。举证责任人必须证明违反告知义务与保险事故的发生之间不存在因果关系。

大法院 1997.10.28. 宣告,97 da 33089 判决:案情概要:被保险人与被告(农业合作组织)签订了人寿保险合同,约定被保险人因保险事故死亡时受益人可获得保险金 3 亿韩元。在签订保险合同时,被保险人未告知其一只眼睛失明的事实。根据《道路交通法施行令》第 45 条第 1 项的规定,一只眼睛失明者不得取得第一种类驾驶证。但本案中的被保险人持有第一种类驾驶证,并于凌晨 5 点左右因单方过失追尾前方货车后死亡。事后,其受益人请求被告赔付保险金,被告以被保险人违反告知义务为由拒绝赔付。原审法院认为,尽管被保险人左眼失明后仍然于夜间驾驶车辆,但并未发生交通事故。因此,很难认定被保险人左眼失明对本案中保险事故的发生造成影响,并且被告也无法证明违反告知义务与保险事故的发生之间存在因果关系。故支持原告的主张。大法院判决:根据日常经验,在一只眼睛失明的情况下于夜间驾驶车辆高速行驶时,与双目正常的情形相比,其视野受限,影响与其他车辆之间距离的测定并更容易感到疲劳。同时,《道路交通法施行令》第 45 条第 1 项的规定, 只眼睛失明者不得取得第一种类驾驶证。而本案中的被保险人却持有第一种类驾驶证,该行为不仅本身违法而且可以对事故的发生造成影响。此外,保险事故因被保险人的单方行为所造成,相对方不负任何责任。上述事实均可以认定保险事故的发生与被保险人一只眼睛失明之间存在因果关系。故支持被告的主张。

大法院 1992.10.23. 宣告,92 da 28259 判决:①案情概要:从事夜总会服务业的女服务员在签订保险合同中谎称自己是家庭主妇。其后,该女服务员于某日凌晨 5 点在日本的夜总会一条街遭遇车祸身亡。事后,受益人请求被告给付保险金,被告以被保险人违反告知义务为由拒绝给付。原告(受益人)主张,根据经验,即使被保险人在日本的夜总会工作,也并不能认为其发生交通事故的概率大于家庭主妇。因此,尽管被保险人未告知其

---

① 参见大法院 1997.10.28. 宣告,97 da 33089 判决;首尔中央地方法院 2004.10.28. 宣告,2004 na 21069 判决。

从事夜总会服务业的事实,也并不会对保险事故造成任何影响。判决要点:根据本案中交通事故发生的时间、地点等特殊事由看,可以充分认定保险事故与被保险人所从事的职业之间存在因果关系。故支持被告的主张。

(二)违反告知义务的效果

保险人以告知义务人违反告知义务为由要求免于保险责任的,应首先终止保险合同(韩国《商法》第655条)。合同终止对将来发生效力,因此保险人无须返还终止时止的保险费,但人寿保险的保险人应向投保人返还保险单的现金价值(韩国《商法》第736条第1款)。此外,保险事故发生后,保险人依据韩国《商法》第650条、第651条、第652条和第653条的规定终止保险合同的,保险人不承担支付保险金的义务,已支付的,可请求返还(韩国《商法》第655条)。

1. 终止合同的意思表示

仅存在违反告知义务的事实,保险合同并不当然无效。保险人须首先作出终止合同的意思表示。无论保险事故是否发生,保险人均可以对方违反告知义务为由作出终止保险合同的意思表示。

2. 终止的相对方

终止的意思表示应向投保人或其代理人作出。投保人死亡的,应向投保人的继承人或继承人的代理人为该意思表示。

大法院1989.2.14.宣告,87 da 2973判决:人寿保险的保险人以对方违反告知义务为由终止合同的,应向投保人或其继承人(或二者的代理人)为终止合同的意思表示。因此,除保险合同的特殊约定外,向保险受益人为该意思表示的,无效。

3. 终止权的限制

(1)保险人的故意、重大过失

韩国《商法》第651条但书规定,即使告知义务人违反了告知义务,但如果保险人已知该事实或因重大过失未能得知的,无权终止合同。如果告知义务人已向保险人的代理人履行了告知义务,即使该代理人未向保险人告知该事实,亦推定保险人已获悉该事实。

投保人承担保险人存在故意或重大过失的举证责任。

（2）除斥期间

签订保险合同时,因投保人或被保险人的故意或过失未告知重要事项或者告知虚假信息的,保险人自知道该事实之日起1个月内或合同签订之日起3年内,可以终止合同。在人寿保险实务中,上述保险人行使合同终止权的除斥期间通常被缩短为1年或2年。

（3）判例上的限制

大法院判例认为,对保险条款未尽交付或说明义务的保险人,无权以违反告知义务为由终止保险合同。

大法院1997.9.9.宣告,95 da 45873判决:保险人、代理保险人签订合同的代理人以及保险募集人在签订保险合同时,有义务向投保人或被保险人具体、详细地明示或说明保险合同中所记载的保险内容、保险费率以及投保书中所记载的变更事项等重要内容。上述人员未予明示、说明的内容,不得主张为保险合同的内容。因此,告知义务人违反保险人未予明示、说明条款的告知义务时,保险人不得以对方违反告知义务为由终止保险合同。

六、民法规定的重复适用问题

如前所述,违反告知义务的要件十分严格,保险人欲主张对方违反告知义务十分困难。因此,当存在商法上的相关限制时(如超过终止期间、投保人主张违反告知义务与保险事故的发生不存在因果关系等),保险人可否认为告知义务人的未告知或不实告知属于民法所规定的错误或欺诈,主张不适用商法而适用民法的规定,请求撤销合同并拒绝支付保险金?对于该问题,韩国保险法学界主要存在三种观点:

第一,重复适用论。该学说基于民法和商法的规定在依据、要件、效果等方面的区别,主张可以重复适用商法和民法。韩国保险实务曾采用该学说。

第二,否定适用民法论。商法中告知义务的基础是保险合同的团体性、技术性等特殊性质,因此在适用商法的范围内应排除民法的适用。此外,相较商法上违反告知义务而终止保险合同的效果,民法上因错误或欺诈而撤销合同,会导致合同因撤销而溯及至自始无效,保险人须归还前期收取的保费,因此,从保护保险人的角度,应排除民法有关错误或者欺诈规定的适用。

第三,错误、欺诈区别论。该观点认为,因告知义务人的错误而导致未告知或虚假告知时,如果重复适用民法关于错误的规定,对告知义务人过于苛刻,应予排除。但如果告知义务人确实存在欺诈行为时,重复适用民法并无不妥。①

在韩国保险实务中,当告知义务人存在欺诈行为时,法院判决认为可以适用民法。

大法院1991.12.27.宣告,91 da 1165 判决:②签订保险合同时,在投保人违反告知义务的行为属于欺诈时,保险人除可依据商法的规定终止合同外,还可根据民法的一般原则撤销该保险合同。

七、告知义务制度的合理化

(一)对告知内容为相关说明的重要性

前文已经阐述了告知义务人所要告知的"重要事项"的含义,但实际上,普通投保人很难明确哪些事项属于重要事项。这也是关于告知义务存在诸多保险纠纷的原因。因此,纵使告知义务是基于诚实信用原则而产生的义务,商法也未规定保险人有对告知的相关内容进行说明的义务。但学者普遍认为,如果可能,保险人在签订保险合同时,应对告知义务作明确说明,以保证告知义务人正确告知。③

(二)保险人催告义务的必要性

前已提及,告知义务人在填写质询表时,可能出现留有空白栏或作出模糊回答的情形。有学者认为,此时应规定保险人在核保时负有催促告知义务人正确告知的义务。④

---

① 参见〔韩〕梁承圭:《保险法》,三知院2005年版,第129页。
② 同旨判例参见大法院1998.6.12.宣告,97 da 53380 判决;大法院2002.7.26.宣告,2001 da 36450 判决。
③ 参见〔韩〕金星泰:《保险法讲论》,法文社2001年版,第240页。
④ 同上。

1. 积极的质问

告知义务人在回答质询表时,可能作出模糊回答甚至不回答,因此,保险人在核保前必须催促告知义务人正确告知。[1] 曾有判例认为,只有当保险人的积极提问未得到确认时,才能主张告知义务的违反。如果保险人未进行积极提问,作为保险人之过错,极有可能导致不能主张投保人或被保险人违反告知义务。但此观点值得商榷。

调停例84-36(84.11.8伤害保险纠纷):经营电池商铺的投保人在要约书中记载自己的职业为某电池商铺的法定代表人。投保人的商铺同时经营电池销售及维修业务,保险人在签订保险合同时应当知道投保人兼营维修业务的事实。即使保险人当时确实不知道这一事实,但如果该事实属于判断危险因素及测定危险的重要事项,保险人应催促投保人详细告知其经营内容,保险人未予催促,属于保险人的重大过失。此时,保险人不得主张投保人违反告知义务。

2. 羞耻心和告知义务

对于告知义务人因羞耻心而不愿完全告知的特殊事由(如个人隐私部位的疾患),保险人亦应进行积极提问,否则不得主张告知义务人违反告知义务。此外,对于质询表中告知义务人留下的空白栏,曾有观点认为应推定告知义务人的答案为否定。在某些情况下,告知义务人未填写或者明显错误填写的,保险人应当再次催促其正确告知,以期确认信息。此时保险人的再催促义务,符合保险法发展的国际趋势。

(三)赋予质询表法律效力

进行大量保险业务的保险人根据经验,可比较准确地确定重要事项的范围,并制作质询表。投保人可通过完成质询表而履行告知义务。因此,应尽量将重要问题记载于质询表上。为了改善质询表在告知义务制度中的作用,可从以下几个方面进行研究:

1. 推定力

质询表的制作与保险合同的效力无关。关于质询表的效力,法律并无

---

[1] 参见〔韩〕金星泰:《保险法讲论》,法文社2001年版,第240页。

明文规定。韩国通说和判例①认为,保险人在质询表中提出的问题推定为重要事项,1991年修改后的韩国《商法》(第651条之2)也规定:"保险人书面质询的事项,推定为重要事项。"②但这些规定尚不足以解决与质询表相关的问题。

2. 列举的效力

关于重要事项,现行法规定,无论保险人是否以书面形式(质询表)提出,告知义务人应当全部告知。即告知义务人不得以某一事项未被列举而提出抗辩,原因在于,列举仅具有正向推定为重要事项的效力,而不具有反向推定不需要告知的效力。

告知义务人的告知义务并不局限于诚实回答质询表中所列问题,但除质询表外,告知义务人又很难判断哪些事项是应当告知的重要事项,尤其在保险人以未提问的重要事项主张告知义务人违反告知义务时,投保人通常较为被动。

考虑到这一情形,立法开始表现出更为积极的态度,即除赋予质询表推定效力外,还要求保险人将告知事项限定在质询表中。这是因为,告知的重要事项由具有丰富经验的保险人事先运用相关技术,全部列举于质询表中。以此在客观上事先确定告知事项的范围,且在防止投保人遭受不利方面亦不无裨益。

一般认为,保险人在处理众多保险合同的过程中,已经充分具备了判断重要事项范围的经验。因此,立法有必要借鉴德国模式强化对投保人的保护。即将保险人明示或者书面质询的事项认定为重要事项,对该类事项,要求投保人书面告知。但对于保险人未明确质询的事项,只有保险人证明告知义务人存在恶意隐瞒时,才可主张投保人违反告知义务。③

---

① 参见大法院1969.2.18.宣告,68 da 2082判决;大法院1993.4.13.宣告,92 da 52085、52092判决;大法院2001.1.5.宣告,2000 da 40353判决。

② 英国MIA第18条第3项也规定,保险人没有提问的事项不必告知。即减少危险的事项,保险人知道或视为知道的事项,保险人放弃信息获取事项,根据明示、默认担保不必告知事项。

③ 参见德国《保险合同法》第18条。

第四章 保险合同的要素

第一节 保险合同的主体

通说认为,韩国保险合同主体有三方:当事人、关系人及保险辅助人。严格言之,三者中只有当事人及关系人是保险合同的主体,但因保险辅助人对保险合同的订立或履行有密切关联,因此一并述之。

保险合同的当事人为投保人和保险人。值得注意的是,与普通合同多为当事人为自己利益而订立相比,保险合同亦可为他人利益而订立。所谓为他人利益的保险合同,是指投保人以自己的名义,为他人利益而订立的保险合同。其形态又因财产保险和人身保险而有所不同。在财产保险中,其形态为投保人以他人为被保险人;在人身保险中,其形态主要有二:(1)投保人以自己为被保险人,指定第三人为受益人;(2)投保人以他人为被保险人,指定第三人为受益人。

保险合同的关系人为被保险人及受益人。在保险合同中,投保人、被保险人、受益人,三者有时同一,有时分而为二,有时分而为三。此处需要注意的是,在韩国保险法中,被保险人和受益人均为保险合同中约定的、在保险事故发生时请求、受领保险金之人,但在财产保险中为被保险人。在人身保险中,被保险人和受益人均可提出请求。

一、保险合同的当事人

(一)保险人

保险人,又称保险事业者,是指与投保人订立保险合同并经营保险业务的各种组织。保险人通过收取保险费,建立保险基金,开展保险业务,于保险事故发生时承担赔付保险金或其他给付的责任。

由于保险人赔付保险金的义务,具有较强的公共性和社会性,社会影响力甚为广泛,因此为确保其赔付能力,各国通常对保险人设置一定的资质要求,韩国保险法亦同。

根据韩国《保险业法》第9条的规定,保险人须为符合一定资本金、必要的专业人员和设备、经营计划是否合理和健全、大股东资质等要求①的股份有限公司、相互公司②以及外国保险公司,由金融监督委员会③许可,方可经营保险业。需要注意的是,在韩国保险业法上,根据保险公司的性质以及经营方式等,对资本金的要求亦有不同。原则上要求保险公司缴纳300亿元以上的资本金后方可经营保险业。但也存在一些例外:(1)对于经营机动车保险、火灾保险等单一品种的保险,可在50亿元以上的范围内,由总统令另行规定资本金的数额;④(2)通过电话、邮件、计算机等通信手段经营的,保险公司缴纳200亿以上的资本金即可从事经营活动;⑤(3)对于相互公司,没有资本金的要求,而是以社员缴纳的保险费设立风险基金。

(二)投保人

投保人,是指与保险人订立保险合同并按照合同负有支付保险费义务的人。投保人可为自然人或法人。

1. 投保人须有民事行为能力

签订保险合同作为一项法律行为,要求申请订立保险合同的投保人具备法律行为的主体资格要件。

2. 在财产保险中,投保人对保险标的须具有被保险利益

保险标的是被保险利益的载体,韩国《商法》第668条规定:"保险合

---

① 参见《保险业法》第6条。
② 相互公司是指以经营保险业为目的,依据《保险业法》设立的、以投保人为公司社员(会员)的公司。参见《保险业法》第2条。
③ 金融监督委员会是在总理领导下的行政咨询机构,在银行、证券、保险和信贷领域行使独立的金融监督和规范职能。金融监督委员会在有关金融监督的重大事项上进行商讨和表决。
④ 参见《保险业法》第9条第1款。
⑤ 参见《保险业法》第9条第2款。

同的标的,限于可以金钱计算的利益。"保险合同保障的并非保险标的本身,而是在保险事故发生后,该保险标的上的被保险利益不受损害。若受保险合同保障的是与己无关的第三人利益,则投保人虽负有向保险人交纳保费的义务,却不对保险标的享有权利,保险事故的发生对其亦无影响,从而可能导致道德风险的发生。唯有投保人对保险标的具有被保险利益,即为自己的利益或者与自己有关的利益投保时,投保人的权利义务才能对等,方能防范道德风险。

值得注意的是,与中国保险法的规定不同,在韩国保险法中,被保险利益的概念仅限于财产保险中。① 被保险利益,是指被保险人对保险标的所具有的法律上认可的经济利害关系,而在人身保险中的保险标的是被保险人的人身,无法用金钱衡量。但是,如果不对人身保险中投保人和被保险人之间的关系设置任何要求的话,则可能出现以获取保险金为目的的犯罪行为。为防范以他人生命投保而引发的道德风险,韩国采"同意主义",即要求签订以他人的死亡为保险事故的保险合同时,须经该他人的书面同意。②

3. 投保人作为保险人的合同相对方享有权利并承担义务

投保人作为保险合同的当事人,无论是为自己的利益抑或为他人的利益订立的合同,依照韩国《商法》第650条第1款的规定,"保险合同签订后,投保人应立刻交付全部或首期保险费"。

应当注意的是,在利他保险合同的情形,虽然约定受领保险金的人非投保人本人,但保单交付请求权、保险费减额、返还请求权、合同终止权等保险金请求权以外的权利和保险费缴纳义务仍属于投保人。③

---

① 我国《保险法》于一般规定、人身保险合同、财产保险合同中,分别就保险利益作出了规定(《保险法》第12条、第31条、第48条)。此外,在人身保险合同中亦规定了被保险人的"同意",而实务中人身保险的"保险利益"有被"同意"原则吸收之嫌。因而,为了避免重复适用,宜借鉴韩国的立法方式,将保险利益概念仅限于财产保险合同之中,而人身保险合同则采"同意主义"。

② 参见韩国《商法》第731条第1款(他人生命的保险):签订以他人的死亡为保险事故的保险合同时,须经该他人的书面同意。

③ 此时,投保人为多数人(共同投保人)的,每个投保人负连带保险费缴纳义务(韩国《商法》第57条第1款)。

二、保险关系人

(一) 被保险人

被保险人,是指财产或者人身受保险合同保障,并享有保险金请求权的人。被保险人在财产保险和人身保险中的含义不同。在财产保险中,被保险人是被保险利益的主体,若发生保险事故可请求保险金。在人身保险中,被保险人充当保险事故的客体,相当于财产保险中的保险标的。

1. 被保险人是保险事故发生时遭受损失之人

保险事故必然发生在被保险人的财产或者人身之上,因此,被保险人在保险事故发生时所遭受的损失,为保险合同保障的对象。

2. 被保险人是享有保险金请求权之人

保险事故发生后,被保险人取得请求保险人给付保险金的权利。该请求权的行使在财产保险和人身保险中亦有所不同。在财产保险中,被保险人可以自己行使赔偿请求权,被保险人死亡的,其赔偿请求权可由其继承人享有并行使。在人身保险中,尤其是以死亡为保险金给付条件的生命保险中,被保险人在保险事故发生后无法自己行使保险金给付请求权,可由受益人受领保险金。

3. 被保险人可由投保人担任

被保险人与投保人既可同为一人,又可分属两人。在同为一人的情形下,投保人是为自己的人身或财产投保,订立为自己利益的保险合同。在分属两人的情形下,一般而言,投保人是为他人之利益而订立保险合同,而在人身保险中,投保人以他人为被保险人,但经被保险人同意指定投保人为受益人时,仍属于为自己利益的保险合同。

4. 未满15周岁、心神丧失或心智薄弱者不能成为生命保险合同的被保险人

韩国《商法》规定,将未满15周岁、心神丧失或心智薄弱者作为被保险人的生命保险合同,即使得到被保险人之同意,亦属绝对无效。根据保护

判断能力不完全的人群①之立法宗旨,无行为能力人的同意对保险合同效力不发生影响。

(二) 受益人

受益人,是指在人身保险中由投保人根据保险合同的指定,享有保险金请求权并获得保险金的人。

1. 受益权的性质

受益人的保险金请求权属于固有权利,并非继受取得。死亡保险金不属于被保险人死亡后的遗产,而是为受益人的利益而设定的债权。自被指定为受益人之时,受益人即原始取得保险金请求权,但保险事故发生之前,该保险金请求权仅具有潜在性。因为保险合同属于射幸合同,保险人是否需要支付保险金完全取决于保险事故是否发生,受益人只有在保险事故发生后,才真正实现受益权的实质内容——请求给付保险金等债权请求权。因此,受益人的保险金请求权并非自保险合同成立后即可行使并转化为现实的财产权,需要进行阶段性的分析,即在保险事故发生前,受益权表现为期待权,在保险事故发生后,该权利才转变为现实的财产权。

2. 受益人资格

在法律上,受益人仅为单纯享受利益者,其履行能力或者财产状况对保险合同的成立不发生影响,因此仅需具有权利能力,即可为受益人。同时,受益人也无须与被保险人具有特殊关系,即受益人无须拥有被保险利益,与财产保险中具有保险金请求权的被保险人不同。此外,受益人可以为一人,亦可为数人,为数人时,投保人可在保险合同中指定受益顺序。此外,在利他人身保险中,根据保险合同的约定,受益人在没有为受益的意思表示时也可以取得保险金请求权。

3. 受益人的权利与义务

受益人不是合同当事人,故其不具有除保险金请求权以外的保险合同上的其他权利,如保单交付请求权,保险费减额、返还请求权,合同终止权,

---

① 我国的保险法亦禁止为无行为能力人投保以死亡为给付条件的人身保险,但是父母可以为未成年子女投保以死亡为给付条件的人身保险,但保险金总额受到限制,即不得超过国务院保险监督管理机构规定的限额。

终止还款请求权,保单现金价值返还请求权等。若受益人与投保人不为同一人,受益人理应不承担任何义务,仅在投保人被宣告破产或不及时交纳保险费,且受益者不放弃受益权时,才承担交纳保险费的义务。此外,保险受益人在被保险人死亡后有告知保险人该事实的义务。

4. 受益人的产生方式

一是订约时由投保人指定,并在保险合同中载明。二是订约后投保人行使受益人变更权或指定权,即在保险合同存续期间,投保人可以变更其最初指定的保险受益人。基于意思自治原则,法律允许投保人作出此类变更,且变更受益人时,无须前受益人的同意。① 三是根据法律规定补充产生。投保人未指定受益人即死亡的,以被保险人为保险受益人,投保人未变更受益人即死亡的,受益人的权利即最终确定;②受益人在保险存续过程中死亡的,投保人可以重新指定新的受益人,投保人未重新指定受益人即死亡的,以受益人的继承人为受益人;③投保人行使前述指定权之前发生保险事故的,以被保险人或受益人的继承人为受益人。④

需要注意的是,在人身保险中,属下列情形之一的,投保人指定或变更受益人时,须得到被保险人的同意:(1) 将被保险人以外的第三人指定、变更为受益人的;(2) 在利他人身保险中,受益人将经被保险人同意而成立的保险合同的相关权利转让给被保险人以外的其他人的情形。⑤

如上所述,韩国保险法中受益人的决定权在于投保人,但被保险人的同意亦为对投保人决定权的限制。相比而言,在中国保险法中被保险人的

---

① 参见韩国《商法》第733条第1款。
② 参见韩国《商法》第733条第2款。
③ 参见韩国《商法》第733条第3款。我国保险法上,受益人先于被保险人死亡,而又没有指定其他受益人时,保险金将作为被保险人的遗产,由其继承人继承。我国保险法与韩国保险法存在差异的原因在于,我国保险法上受益权作为人身权利,以请求保险金时受益人生存为前提,受益人一旦死亡,受益权即归消灭。而韩国商法中规定的受益权作为一种财产性权利,可以被继承。
④ 参见韩国《商法》第733条第4款。
⑤ 参见韩国《商法》第731条(他人生命的保险):1. 签订以他人的死亡为保险事故的保险合同时,须经该他人的书面同意。2. 将因保险合同产生的权利让与非被保险人时,与第1款相同。参见韩国《商法》第734条(保险受益人指定权等的通知):1. 签订合同之后指定或变更保险受益人的,如果未通知保险人,投保人不得以此对抗保险人。2. 第731条第1款的规定,准用于第1款的指定或变更。

权利范围更广,对于投保人指定的受益人,既可以不同意,又可以进行变更,甚至可对已经同意的受益人进行变更。①

关于投保人指定受益人之后是否有权变更受益人,各国存在两种立法例:一种为保留主义,即投保人或被保险人指定受益人时,应同时声明保留其变更权,否则一经指定即无权变更;另一种为直接主义,即投保人或被保险人指定受益人后,除声明放弃外,保留变更权。韩国采直接主义,即无论保险合同签订前后,只要在保险事故发生前,投保人均可变更受益人。即除放弃指定权等特殊意思表示外,应视为投保人保留了变更受益人的决定权。

在保险事故发生后,受益人的保险金请求权即被确定。

三、保险辅助人

所谓保险辅助人,是指协助保险合同当事人办理保险合同有关事项者。主要包括以下几类:

(一)保险代理人

保险代理人,是指持续代理特定保险人办理保险合同、签订业务,或为保险人和投保人签订保险合同提供中介服务的商人。保险代理人可以为个人或法人,但均需依规定在金融服务委员会注册登记后方可营业。②

1. 保险代理人的分类

根据有无签约代理权分为两类,有签约权者为签约代理人,无签约权而仅提供中介服务者为中介代理人。

由于财产保险的合同期限一般较短,需要迅速签订,故在财产保险中,大部分保险代理人属于签约代理人。反之,生命保险等人身保险合同多为长期合同,且在签订合同过程中,需对被保险人进行身体检查并作出技术

---

① 在中国,指定和变更受益人的权利人在本质上归于被保险人,投保人在指定和变更受益人时都要受到被保险人的制约。(参见许崇苗、李利:《最新保险法适用与案例解读》,法律出版社2009年版,第185页。)我国《保险法》第39条规定:人身保险的受益人由被保险人或者投保人指定。投保人指定受益人时须经被保险人同意。第41条第2款规定:投保人变更受益人时,须经被保险人同意。

② 参见韩国《保险业法》第87条第1款:保险代理人应区分个人或法人,并根据总统令的规定向金融委员会进行登记。

判定,保险人需慎重考虑是否承保,因此保险代理人一般为中介代理人。

2. 保险代理人的权限

签约代理人与中介代理人权限的区分主要在于有无签约代理权。如果保险代理人具有签约权,则可认定其同时拥有告知受领权、保险费受领权,合同变更、终止权等。签约代理人的其他权限,依其与保险人之间的具体约定而定。

(1) 签约代理权

签约代理人享有签约代理权,即以保险人的名义与投保人签订合同,约定合同内容,其法律后果直接归属于保险人。获得签约代理权需经保险人的委托授权,通常情况下该授权为书面授权并应签订授权委托书。

(2) 保费受领权

保险代理人通常具有保费受领权。一般情形下,保险代理人代理保险人向投保人出具临时性收费凭证,待保险代理人将保费上缴于保险人后,换取正式的保险单证并转交投保人。保险代理人承诺为投保人代纳保险费时,发生与投保人实际支付保险费相同的法律效力,而非保险代理人将保费实际缴纳于保险人时才发生效力。

大法院 1995.5.26. 宣告,94 da 60615 判决:当承认保险代理人的保险费受领权时,若保险代理人约定代为缴纳并已向投保人交付收据,即便事实上并未代为缴纳,其效力与已缴付保险费相同。并且保险代理人代保险人跟投保人签订保险合同后,依其保费受领权,从投保人处受领首期保险费的同时,可以约定代为受领第 2 次、第 3 次等继续发生的保险费。即便保险代理人挪用、侵占了保费,受领仍对保险人发生效力。

(3) 其他权限

当事人主张有关签订合同的意思表示存在瑕疵、受欺诈、受胁迫或因某一事由而受到影响的,进行判断时,应以保险代理人的行为为基准。①

---

① 参见韩国《民法典》第 116 条第 1 款(代理行为的瑕疵):如因意思欠缺、欺诈、胁迫、知道或因过失未能得知的事实使意思表示的效力受影响,该事实的有无以代理人为标准而判断。韩国《商法》第 646 条(代理人知情的效果):委托代理人签订保险合同的,代理人已知的事由视为本人已知。相同意旨,可参见〔韩〕李基洙:《保险法·海商法学》,博英社 2008 年版,第 55 页。李基洙教授认为也适用表见代理规定。

（4）限制

未经投保人或被保险人的特定授权,保险代理人不得代为承认或拒绝其请求或确定损失额,亦不可充当诉讼代理人。

3. 表见代理

保险代理人被撤销授权之后,保险人仍然默认其继续从事中介行为或代理签订保险合同的,即表面上显示具有代理权,并且根据已知事实不能认定投保人投保时已知该代理人被撤销授权的,可认定投保人签订保险合同时有理由相信该保险代理人具有代理权。根据韩国《民法典》第129条关于表见代理的规定,在此种情形下,保险合同有效。

（二）保险经纪人

保险经纪人,是指为投保人与保险人签订保险合同提供中介服务的独立商人。保险经纪人并非保险人的雇员或代理人。[①][②] 保险经纪人制度主要适用于海上保险。在英国等国家的保险业务中,保险经纪人扮演着极为重要的角色,在订立保险合同的过程中起着重要的媒介功能。

保险经纪人在功能方面类似于保险代理人中的中介代理人,皆不具有合同签订代理权。两者的区别在于,中介代理人是为特定保险人持续提供中介服务的辅助人,其在接受保险人委托后提供中介服务;而保险经纪人提供中介服务的对象为不特定的多数人。

成为保险经纪人,须通过金融监督院的考试,并获得金融监督委员会的许可。韩国《保险业法》第92条第2款规定,保险经纪人不得成为保险公司的职员,保险经纪人在为保险合同的签订提供中介服务时,不得兼营保险公司、保险营销员、保险代理人、保险精算师以及保险公估人的业务。

保险经纪人制度在韩国并未得到广泛采用,但近来出现繁荣之势。[③]

---

① 参见韩国《保险业法》第2条第10款:保险代理人是指根据第87条登记的,代理保险会社,且能够签订保险合同的人(包括非法人社团及财团)。

② 可见,韩国的保险经纪人与中国不同。我国《保险法》第118条规定:保险经纪人是基于投保人的利益,为投保人与保险人订立保险合同提供中介服务,并依法收取佣金的机构。

③ 有关保险经纪人权利、义务的详细论述,可参见全佑铉:《保险经纪人的法定地位相关研究》,首尔大学1999年法学博士论文。

(三) 保险营销员

根据韩国《保险业法》的规定,保险营销员,是指隶属于保险公司、保险代理人、保险中介人的,为签订保险合同提供中介服务的人。①

保险营销员制度主要适用于人身保险中,保险营销员处于保险经营的第一线,代保险人向投保人介绍保险品种,劝诱其投保。任何保险公司皆不得委托属于其他保险公司的保险营销员,保险营销员亦不得为所属保险公司以外的保险公司提供中介服务。

保险营销员享有劝诱投保人投保,向保险人传递投保人的投保单以及受领初期保险费、签发收据的权利,②但保险营销员无保险合同签订权、保险费收取延期权、合同复效权以及终止权等。

在保险营销员的上述权利中,对于其是否具有告知受领权的争议最多。例如,甲从 A 保险人和某保险营销员丙处收到要约,邀请甲为其夫投保。其夫丁遭遇了交通事故且刚做完开腹手术,故甲称要等其夫完全康复后再投保。但丙欺骗甲,称此种情况下也可投保,甲遂为其夫投保。然丙在投保书的告知栏处将丁记载为健康的人,并向投保人和被保险人隐瞒了该事实,在签名盖章之后丙收取了保险费,并将收据交付于甲,至此,甲与 A 保险人签订了以丁为被保险人的人寿保险。但在保险合同签订三个月后,丁因营养不良、小肠切除、呼吸停止及心脏麻痹等原因而死亡。甲随即以发生保险事故为由请求保险人赔付保险金,但 A 保险人以投保人违背告知义务为由拒绝。A 保险人的做法是否有根据?

这里只引用大法院的基本判示,详细内容在告知义务一节中有相关论述。

法院 1979.10.13. 宣告,79 da 1234 判决:③向劝诱其投保的人讲述既往病史,并不能说明已经告知于被告。

由此可知,理论、判例一致否认保险营销员的合同缔结权及保费受领

---

① 参见《保险业法》第 2 条第 9 款:保险营销员是指从属于保险会社、保险代理人或者保险中介,根据第 85 条登记的在签订保险合同过程中从事中介活动的人(包括非法人社团及财团)。

② 参见大法院 1989.11.28. 宣告,88 daka 33367 判决;大法院 2006.4.27. 宣告,2003 da 60259 判决。〔韩〕崔基元:《保险法》,博英社 1998 年版,第 83 页。

③ 同旨参见大法院 2006.6.30. 宣告,2006 da 19672,19689 判决。

权。保险营销员已知、不知或未能得知告知事项,不能视为保险人已知、不知或未能得知。因此,上例中保险人 A 可以终止保险合同,拒绝赔付保险金。

有观点认为,在建筑物火灾保险或机动车保险等定型化保险中,保险营销员具有签订代理权,亦应具备告知受领权。为了保护投保人,应通过立法明文规定保险营销员的相应权限,①但在现行制度下此种主张并无根据。②

然而,在现实生活中,保险营销员往往打着保险公司的旗号,容易使投保人误认为他们具备合同缔结的代理权或告知受领权,进而使投保人遭受不利益。

调停例曾依据表见代理法理认定保险募集人具有合同签订权,③但其合理性遭到质疑。④

调停例 86-10(86.2.25 机动车综合保险):向保险营销员签发印有保险公司印章的保险费发票,即可视为授予该募集人签订合同的代理权,即使该募集人就保险责任开始时间达成的约定超越代理权范围……仍有正当理由可以认为募集人具有代理保险公司决定上述内容的权限,根据表见代理的法理,保险公司负有赔付保险金之责任。

(四)保险人的雇员

保险人对其雇员的职务行为应当承担相应的民事责任。须注意的是,保险公司的"办事处"不能独立处理公司的基本业务,只能在本公司、分公司的指挥监督下处理日常性、限制性的辅助业务。此外,办事处一般无法提供保险费发票,亦难以成为表见代理人。

---

① 参见〔韩〕崔基元:《保险法》,博英社 1998 年版,第 82 页。
② 相同意旨,参见〔韩〕郑灿炯:《商法讲义(下)》,博英社 2000 年版,第 495 页;〔韩〕孙珠瓒:《商法(下)》,博英社 1997 年版,第 504 页。梁承圭教授指出,虽然立法论上较为妥当,但仍需慎重,参见梁承圭:《保险法》,三知院 2005 年版,第 99 页。
③ 与此相关,参见〔韩〕崔基元:《保险法》,博英社 1998 年版,第 80 页;首尔地法 1989.7.7. 宣告,88 daka 49476 判决。
④ 李基洙教授认为,作为立法论应认定保险营销员的签订代理权、告知受领权,但是目前应通过雇主责任、表见代理法理予以解决。参见〔韩〕李基洙:《保险法·海商法学》,博英社 2008 年版,第 56—57 页。

此外,对于保险公司的资金借贷,判例认为,借贷行为在原则上要经过主管长官的事前承认,办事处负责人的资金借入行为不属于职务行为,因此判决保险公司不承担该行为产生的法律后果。①

(五)保险医生

保险医生,是指在生命保险中,与保险人具有雇佣或委托关系,对被保险人的身体、健康状态进行检查、诊断并提供医学意见的医生。保险人根据保险医生的意见决定承保与否。

与保险营销员类似,保险医生与保险人之间一般为雇佣关系或有偿委任关系,但保险医生并不具备保险代理权,不从事保险业务,因此保险医生不具有合同签订权、保险费受领权等。但是,基于工作性质,在一定情况下可认定保险医生具有告知受领权,②因此在履行告知义务过程中,保险医生的故意、重大过失等同于保险人的故意、重大过失。③

(六)新型辅助方式

随着计算机、通信技术日益发达,通过网络或通信销售方式订立保险合同的情形日益增多。在通过特殊技术订立合同的保险业务中,传统的保险辅助人逐渐被淘汰,保险人可通过电话或网络等直接与投保人签订合同。但是,新型的交易方式易引发法理难以解决的新问题,比如合同中约定的交付、说明义务的履行方法等。

大法院1999.3.9.宣告,98 da 43342,43359判决(要点):邀约订立保险合同的指南书中仅抽象、概括地介绍了条款内容,该条款内容又非保险合同的一般、共同性内容,故不能仅凭上述指南书的交付就说明保险人已经履行了对条款的说明义务,或者认为投保人已经知道其内容而免除保险人之说明义务。可见,有关保险条款的明示、说明义务的要求,不得因较低

---

① 参见大法院1979.11.13.宣告,79 da 1324判决。
② 相同意旨,可参见〔韩〕郑灿炯:《商法讲义(下)》,博英社2000年版,第496页;日本判例(大审院1919.9.9),在投保人第一次告知后和保险人作出承诺前这段时间内,保险人与保险医生之间的委托关系已经解除的,如果告知义务者不知该事实,进行第二次告知,仍被认定为有效告知。
③ 当保险医生存在恶意、重大过失时,亦有观点认为未违反告知义务,参见〔韩〕孙珠瓒:《商法(下)》,博英社1997年版,第505页。

的保险费率或保险合同的签订方式的不同,而被予以免除或者不同于通常订立保险合同的情形。

在以通信方式签订保险合同的情形,不能仅凭载明应由保险人介绍的条款内容概要和免责事由的邀约书邮寄给投保人即认为保险人已履行了有关条款的说明义务。这一方面韩国立法尚不完善,有学者建议应针对电子商务这类辅助方式制定专门的规定。①

第二节 保 险 费

保险费,简称保费,是指投保人向保险人交付的,作为保险人承担保险责任的对价。保险合同作为有偿合同,为获取保险保障,需由投保人支付相应对价,即保险费。保险费亦是保险人积累保险基金的来源。未约定交付保险费的保险合同无效。保险合同签订后,投保人应立刻交付全部或首期保险费。②

一、计算方法

鉴于保险费与多数投保人之间存在直接利益关系,且具有公益性,若过高会打击投保积极性;若过低则有过度竞争之嫌,不利于保险行业的安定性。因此,保险费率适当与否对保险业乃至国民经济的影响甚大。保险业法对于保险费的计算依据(韩国《保险业法》第5条第3款第4项)及适当性(韩国《保险业法》第189条之2)加以规制,根据保险种类规定了不同的保险费率。近年来,随着保险市场的开放化,保险费率也将逐步走向市场化。

保险费主要取决于保险危险、保险金数额及保险期间等因素。通常,保险人依据概率论科学计算保险费率。保险金数额越高,承担风险越大,

---

① 参见朴恩京:《利用网络的保险合同的法定研讨》,载《京城法学》第8号(1999),第41页以下。
② 参见韩国《商法》第650条第1款(保险费的交付和迟延的效果):保险合同签订后,投保人应立刻交付全部或首期保险费;投保人未交付保险费的,如果无其他规定,自合同成立之日起经过2个月,视为该合同解除。

承保时间越长,投保人所应当缴纳的保险费就越多。

二、保险费的分类

（一）纯保险费和附加保险费

纯保险费,是保险人准备赔付保险金的部分,即被保险人获得保险保障的部分,又称责任准备金。附加保险费,是指保险人经营保险业所需费用。

（二）一次性缴纳保险费和分期保险费

在财产保险中,保险合同通常约定不同的分期缴纳比率,比如,分四期缴纳时约定每次缴纳的百分比为35%、30%、25%、10%。在生命保险中,被保险人的死亡概率逐年提高,保险费本应随被保险人年龄的增长而递增,但在实务中,为方便投保人缴纳保费,一般规定整个保险期间内缴纳同等的保险费,即均衡保险费方式。①

分期缴纳保险费,又可分为以下两种情形:②

第一,首期保险费。支付该费用,保险人责任才开始发生。

第二,继续保险费。未支付该费用,已经开始的保险人责任则不再继续。

如果未支付首期保险费或未支付继续保险费将会立即消灭保险关系,对投保人而言过于严苛,因此韩国《商法》规定保险人应催告投保人缴费并给予一定的宽限期,③在该宽限期内,保险关系仍然存续。

三、保险费的债权特性

保险人可依债务不履行的一般原则行使保险费请求权。但是鉴于保险属于投保人自发应对危险的一种方式,如果投保人不缴纳保险费,则意

---

① 参见〔日〕田边康平:《现代保险法》,东京文真堂1987年版,第274页。
② 关于其他分类参见〔韩〕梁承圭:《保险法》,三知院2005年版,第103—104页;〔韩〕崔基元:《保险法》,博英社1998年版,第91页以下。
③ 参见韩国《商法》第650条第2款(保险费的交付和迟延的效果):在约定的期间未交付剩余保险费的,保险人可规定一定的期间催告投保人。投保人在该期间内仍未交付的,保险人可以终止合同。

味着其不再愿意通过保险的方式应对危险,若仍然强迫其继续参保,反而有违保险的本意,所以在实践中几乎未发生保险人行使保费请求权的案例。不过,依据韩国《商法》,投保人未支付保险费的,除了保险人保险责任不发生(韩国《商法》第656条)、保险合同终止等效果(韩国《商法》第650条第1、2款)外,保险人亦可从应赔付的保险金中扣除未缴纳的保险费(韩国《商法》第677条)。① 有关保险费的支付问题将在第四章保险合同的效力部分作为投保人义务详细论述。

第三节 保 险 期 间

一、概念

保险期间,是指保险人的保险责任从开始至终止的期间,因此也被称为"责任期间"或"危险期间"。在保险期间内发生保险事故的,如果是财产保险,则保险人赔偿保险金;如果是人身保险,则保险人支付保险金。保险期间应与保险合同期间、保险费期间加以区分。②

(一)保险期间与保险合同期间

保险合同期间又称为保险合同有效期间,即保险合同存续期间。保险合同系诺成合同,双方达成合意即可成立,但依据韩国《商法》第656条的规定,无其他约定的,保险人责任自其收到首期保险费时开始,因此可能出现合同虽成立但保险期间却未开始的情形。为避免纠纷,当事人常于保险合同中明确约定保险期间开始及终止的时间。

(二)保险期间与保险费期间

保险费期间是计算保险费的基础单位期间,亦称为危险测定期间。保

---

① 不仅如此,立法例中也有案例否定(《法国保险法典》第75条第1项)或限制(《瑞士保险契约法》第20、21条)生命保险费的请求可能性。

② 保险期间又应与保险约款中的"损害赔偿期间"(Indemnity Period)加以区分。在休业保险(Business Interruption Insurance)中,当事先规定发生保险事故时成为赔偿对象的启动中断或休业期间的限度时,该期间就是损害赔偿期间。比如,保险期间为1年并且规定损害赔偿期间为2年时,在保险期间内发生保险事故就会产生休业损害,唯独作为赔偿对象的休业期间为事故发生后的2年。

险费以约定的保险金为基准,以平均事故发生率为基础计算得出。保险费期间与保险期间常常一致,但有时,一个保险期间也可分为多个保险费期间,故两者并非完全等同。

二、保险期间的确定方法

保险期间,通常根据当事人的约定予以确定。[①] 其方法一般为从特定日持续一定的期间,如财产保险可为1年,人身保险则一般为5年或5年以上;亦可依一定事实的持续期间加以确定,如"由甲港至乙港的航海时间"。[②] 在终生保险中,则并不确定具体的终期,期间的计算适用民法的一般规定。

作为例外,有时也可能依据法律规定确定保险期间。近代保险制度原则上实行保险费先付主义(正如前述,保险人的责任自投保人支付首期保险费时发生)。如对于运输保险,韩国《商法》第688条规定,保险期间为接收运输物至货交收货人时止;此外,韩国《商法》第699条和第700条特别规定了海上保险中保险期间的始期及终期。

三、保险期间与保险人责任

保险期间是保险人承担责任的期间,保险期间之外发生的保险事故,即使在其发生时保险合同仍然存续,保险人亦不承担赔付责任;反之,在保险期间内发生保险事故时,即使损害后果发生在保险期间后,保险人仍应承担责任。[③] 例如在火灾保险中,火灾的发生,在通常情况下,自起火至灭火需持续一定期间,例如签订合同时间为下午3点,下午2点保险标的物着火直到下午6点被灭火,由于保险人的责任是以"保险期间内发生的火灾"造成的损害为对象,因此,虽然火灾持续至保险期间开始后,但因其发生在保险期间开始之前,故保险人不承担责任。相反,如果火灾从保险期间终止日下午2点起发生,于下午6点熄灭,因保险标的在保险期间内起火,所以,尽管损害后果在保险期间终了后产生,只要火灾和损害之间存在

---

① 三星火灾的案例:Air Show活动保险的保险期间为一个星期。
② 三星火灾承保的航空表演的保险期间为一个星期。
③ 相同意旨,可参见〔韩〕郑灿炯:《商法讲义(下)》,博英社2000年版,第499页。

相当的因果关系,保险人仍应承担保险金赔付责任。

四、保险期间的例外

(一) 承诺前的保护①

韩国《商法》第638条之2第3款规定,在保险人收到投保人填写的投保要约书和相当于全部或部分保险费的金钱之后,作出承诺之前,发生保险合同规定的保险事故的,除非有正当理由,保险人应当承担保险合同规定的责任。但人身保险合同的被保险人应当体检而未体检的除外。该规定是在特定条件下,为保护投保人合理期待利益而设定的政策性规则。

(二) 追溯保险和追及保险

根据保险特性,保险人责任开始时期可以溯及至保险合同成立之前,或规定合同成立之日起经过一定期间后责任才开始。

1. 追溯保险

一般保险期间自合同成立时或成立后开始,但有时,合同的效力亦可溯及至合同成立之前,此为追溯保险,又称溯及保险。② 溯及保险与承诺

---

① 中国保险法没有就"承诺前保护"作规定,然在保险实务中,保险公司多在保险合同中就"承诺前保护"又称"暂保协议"作出相关约定。但由于保险公司制作的保险条款欠缺严谨性,往往在"承诺前保护"的适用上产生矛盾,从而引发保险纠纷,如2004年的信诚寿险案。中国可借鉴韩国的立法,将"承诺前保护"在保险法中予以明确。

② 参见韩国《商法》第643条(保险的溯及力):保险合同可约定将合同签订之前的某一时期作为保险期间的始期。在英美法中,溯及保险约款称为"lost or not lost"条款。关于溯及保险的两种立法方式,参见〔韩〕孙珠瓒:《商法(下)》,博英社1997年版,第516页。我国《保险法》第14条规定:保险合同成立后,投保人按照约定交付保险费,保险人按照约定的时间开始承担保险责任。在该条规定中能否解读出追溯保险的规定,存在争议。有观点认为,保险人按照约定的时间开始承担保险责任,按照文意解释,该约定时间必须在保险合同成立后,因而,我国《保险法》尚未对追溯保险作出规定。参见奚晓明主编:《〈中华人民共和国保险法〉保险合同章条文理解与适用》,中国法制出版社2010年版,第63页。同时,我国《海商法》第224条规定:订立合同时,被保险人已经知道或者应当知道保险标的已经因发生保险事故而遭受损失的,保险人不负赔偿责任,但是有权收取保险费;保险人已经知道或者应当知道保险标的已经不可能因发生保险事故而遭受损失的,被保险人有权收回已经支付的保险单。该条亦不能理解为《海商法》中关于追溯保险的规定。然我国《最高人民法院关于审理海上保险纠纷案件若干问题的规定》第10条规定:保险人与被保险人在订立保险合同时均不知道保险标的已经发生保险事故而遭受损失,或者保险标的已经不可能因发生保险事故而遭受损失的,不影响保险合同的效力。这是我国司法界第一次以司法解释形式明确规定了追溯保险的存在及其效力。但是,就《保险法》和《海商法》而言,仍未明确规定,应当予以完善。

前的保护不同,前者为当事人作出承诺后,保险期间追溯至承诺前,后者为当事人未为承诺,而法律予以特殊保护。溯及保险的价值在海上运输开始(船舶起航)后投保海上货物险的情形中体现得尤为明显。如果禁止在航海途中投保或禁止溯及至保险合同成立之前,当事人极有可能因事故的确切发生时点产生不必要的纠纷。

原则上,若保险事故在合同签订时已经发生或不可能发生,该合同无效,不存在溯及保险的问题,但韩国《商法》第644条但书规定,在当事人善意时,保险合同有效。但是,合同签订时已经发生或不可能发生保险事故导致保险合同无效时,保险费返还与否应考虑合同当事人的主观事由。①

2. 追及保险

与溯及保险相反,当事人约定,合同成立若干日后保险期间开始起算的,为追及保险。② 该保险多见于疾病保险合同,其目的是为了避免道德风险。

第四节 危险与保险事故

一、危险

保险的产生源于人类应对各类灾害风险的需要,危险存在是保险成立的前提,无危险即无保险。危险一词有多种含义,主要有以下三种:其一为偶然事故发生之可能性,如有火灾或死亡之危险,此为文意解释;其二为表示偶然事故发生可能性的概率,如韩国《商法》第652条阐述的"危险显著变更或增加";其三为未来可能发生并使特定主体遭受损害的偶然事件。后两种含义属于保险意义上的解释。

当危险具体化为事故时,即发生保险事故。保险人承保的危险范围通

---

① 投保人、被保险人就保险事故的发生存在恶意时,合同无效,投保人无权要求返还保险费(韩国《商法》第648条)。参见〔韩〕郑灿炯:《商法讲义(下)》,博英社2000年版,第499页。

② See Weyers, Versicherungsvertragsrecht, Rn. 222. 尤其适用于疾病保险等。参见〔韩〕崔基元:《保险法》,博英社1998年版,第99页。

常由保险合同予以确定。投保人可以通过特别约定或者另立合同的方式追加投保的危险,并相应追加支付保险费。另外,应区分"不保危险"与"免责事由"。

二、保险事故

保险事故,是指保险合同中约定的,保险人应承保的事由,例如火灾保险中火灾的发生,死亡保险中被保险人的死亡等。保险事故是偶然性危险的具体化,其种类必须明确写入保险合同,以确定保险人的责任范围。

危险转化为保险事故应具备以下要件:

第一,须为可能。即该危险必须存在发生的可能,否则保险将失去意义。

第二,须不确定。即危险的发生处于不确定状态。不确定的情形有三:(1)事故发生与否不确定,保险所承保的事故并非必然发生或不发生,处于或然状态;(2)事故何时发生不确定,某些事件虽属必然发生,但其发生时间无法准确预知,如人的生老病死;(3)事故所导致的后果不确定,事故发生将造成多大损失亦无法预知,例如台风、海啸等。危险仅需满足其中一种情形即可。

第三,须将来发生。保险事故须为将来的事故,即其发生须在保险合同订立之后。在保险合同订立时,危险已经发生或者已经结束的,保险合同无效,但亦有例外,如危险虽然已经发生或已经结束,但当事人并不知情的,不在此限,即"追溯保险"。

大法院 2002.6.28.宣告,2001 da 59064 判决:尚未缔结保险合同时已发生保险事故的,除保险合同的双方当事人及被保险人不知情,视为保险合同无效。韩国《商法》第644条的规定是依据保险事故必须为不确定,即保险的本质所作出的强制性规定。因此,按照当事人之间的合意缔结违反该规定的保险合同也归于无效。

保险事故大体分为人的行为及意外事件两种。前者可分为第三人行为及投保人行为,第三人行为无论适法或违法,皆得为保险事故。但投保人行为导致保险事故发生的,若该行为违法(如自行放火),保险人不负赔偿责任。

　　保险事故的发生对象,在财产保险中称为"保险标的",通常是指属于有体物的动产及不动产;在人身保险中称为"被保险人",是指以自己的生命和身体加入保险的自然人。

第五章　保险合同的效力

第一节　投保人的义务

一、交付保险费

保险费是保险人承担保险责任的对价,是投保人的主要义务。然保险合同作为诺成合同,不以保险费的实际交付为成立或生效要件。合同成立并生效后,保险人即有权请求交付保险费。

投保人应当按照合同约定的方式、时间、数额向保险人交付保费,兹分述于下:

(一)交付的义务人

保险费应由投保人依合同约定交付,不论是利己或者利他保险合同,投保人均负有交付保险费的义务。但对于利他合同,存在以下例外:韩国《商法》第639条第3款规定,在利他保险合同中,投保人负有交付保险费的义务,但当投保人被宣告破产或未及时支付保险费时,如果该他人未表示放弃合同权利,保险人也可请求该他人交付保险费。此外,保险费也可以由他人代为交付,保险人不得因他人代交而拒绝受领,代交人与投保人之间形成借贷关系,但投保人仍为合同当事人,非因他人代交而被取代。

(二)交付的请求权人

保险合同一经成立,保险费的交付即成为保险人可以请求履行的债权。问题在于,如果保险费交付义务人向保险代理人为给付的,是否发生交付保险费的效力?即保险代理人是否享有保险费受领权?对于该问题,大法院判例承认保险代理人具有保费受领权。此时,保险代理人代为缴纳保费的行为与投保人向保险人交付保险费具有相同效力。① 详见第三章（保险合同的要素）保险代理人部分。

（三）保险费的交付方式

保险费的交付方式包括一次交付和分期交付两种。实务中，财产保险通常为一次交付，而人身保险通常采取分期交付方式。韩国《商法》第650条规定，保险合同签订后，投保人应立刻交付全部或者首期保险费；投保人未交付保险费的，如果无其他约定，自合同成立之日起经过2个月，视该合同解除。在保险合同约定期间内未支付剩余保险费的，保险人可催告投保人在一定期间内缴纳保费。若在该期间内，投保人仍未支付保费的，保险人可终止保险合同。为特定他人投保的情形，投保人延迟支付保险费时，保险人需催告该他人在一定期间内支付保险费，未经催告，不得解除或终止合同。

（四）保险费的数额

保险费以保险金和危险发生概率为计算基础，由保险合同当事人约定。约定的保险费，非经当事人合意，不得依一方意思随意变更。有关保险费的增减，分述于下：

1. 保险费的增加

韩国《商法》第652条规定，保险期间，投保人或被保险人获知保险事故发生的危险程度显著变更或增加的，应立刻通知保险人。保险人自收到通知之日起1个月内，可请求增加保险费或终止合同。

韩国《商法》第653条规定，保险期间，因投保人、被保险人或保险受益人的故意或重大过失导致保险事故发生的危险程度显著变更或增加的，保险人自得知该事实之日起1个月内，可请求增加保险费或终止合同。

2. 保险费的减少

韩国《商法》第647条规定，签订保险合同时当事人预料会发生特别危险而确定保险费的，如果在保险期间，该特别危险已经消除的，投保人可请求减少保险费。

---

① 参见大法院1987.12.8.宣告,87 daka 1793,1794 判决。

第五章　保险合同的效力

韩国《商法》第669条第1款规定,保险金显著超过保险标的的价值时,保险人或投保人可请求减少保险费和保险金。

（五）保险费未付或迟延的法律效果

保险费的交付并非保险合同的生效要件,投保人与保险人的意思表示达成一致,保险合同即告成立并生效,特别约定以保险费的交付作为保险合同生效要件的除外。要言之,保险费未支付的效果应遵循合同不履行的规定,但人身保险中保险费的交付甚为特殊,另有特别规定,兹分别述之:

1. 财产保险的保险费未付或迟延的法律效果

（1）一次性或者首期保费未付或迟延的法律效果

保险合同签订后,投保人须立刻交付全部或首期保险费。投保人在约定期间内未交付保险费的,若无其他规定,自合同成立之日起2个月,投保人仍未支付保费的,则视该保险合同已解除。此外,韩国《商法》第656条还规定,若无其他约定,投保人交付保险费之时,保险人的保险责任开始。反言之,如果投保人不支付保险费,保险人的保险责任将不开始。

（2）续期保费未付或迟延的法律效果

财产保险中,若约定以分期方式交付保险费,则陆续到期的保险费即为确定的债务。投保人在合同约定时期内未支付分期保险费时,保险人可催告投保人在合理期间内交付,投保人未交付的,保险人可终止保险合同。此外,韩国《商法》第677条规定,在一定条件下,保险人也可从应支付的保险金中扣除未缴纳的保险费。

2. 人身保险的保险费未支付或迟延的法律效果

人身保险保险费多采分期支付方式,人身保险合同首期保费未付的效果与财产保险首期保费未付的效果相同,但是,未持续缴纳剩余保险费的情形与财产保险有所不同。韩国《商法》第650条之2规定,未持续缴纳保险费致使保险合同失效的情形,保险合同已终止但未返还保费时,如果投保人在一定期间内支付迟延保费和利息的,则可请求恢复该保险合同效力,即"保险复效"条款,将已失效的保险合同恢复到未失效时的状态。

二、危险变更或增加的通知义务

在保险期间内发生保险合同所载的危险变更或增加的情形,投保人或被保险人应于知悉后立即通知保险人。韩国《商法》第652、653条具体规定了两种情形。所谓通知,是指合同当事人一方或关系人(如被保险人),将足以影响保险人危险估计的事项向保险人说明的行为。合同成立之前的说明称为"告知",合同成立后的说明则称为"通知"。"告知"旨在确立合同成立时的对价平衡关系,而"通知"则是为了维持合同存续过程中的对价平衡关系。

保险合同建立在保险人负担保险标的的风险与投保人支付保险费的对价关系的基础上,但事物的发展常常使已承保的保险标的面临各种变化。当危险显著增加时,原保险合同所约定并估价的危险被现实所改变,如果继续维持原保险合同,势必打破之前确立的对价平衡,使保险人负担其未曾预计的危险,影响其偿付能力进而危及经济安定。危险显著增加使保险合同的交易基础发生根本性动摇,为恢复保险合同的对价平衡,可依情势变更原则,调整合同内容。鉴于投保人或被保险人最易了解危险的变动,因此要求其承担通知义务。

此外,投保人或者被保险人履行危险增加的通知义务亦有利于保险人采取相应措施应对危险。保险人并不掌控或占有保险标的,若保险标的的危险程度显著增加,势必提高保险事故发生的概率,使保险人承担的风险与收取的保费失去平衡。投保人或被保险人履行通知义务后,保险人可以重新了解并评估危险,从而对危险增加采取措施加以管理,尽量消除危险发生的可能性。

(一)危险变更或增加的积极要件

构成危险增加,须具备下列三要件:

1. 显著性

从法理角度而言,危险增加使保险合同的基础发生动摇,如果继续按原合同履行,将导致权利义务的不对等,显失公平。但微小或一般的危险增加,并不会对保险事故的发生产生较大的影响,所以需要通知的危险增加,必须达到原合同所不能容忍的程度,即具有显著性。在实务中,须达到除非增加保费,否则保险人不愿履行原合同的程度。

2. 持续性

危险变更或增加的状态须持续一段时间,但该变更或增加的危险须未导致事故的发生。此处需考虑两种情况:一是危险变更或增加发生后又消失的情形,持续性要求危险的变更非一时性的改变,如果变更或增加后随即恢复原状的,不属于危险增加;二是该重要危险变更或增加一经出现即引发危险事故的情形,持续性在时间上相对于"瞬间性"而言,即危险显著变更或增加后,在极短的时间内即导致保险事故的发生,不涉及危险变更或增加通知义务。

3. 不可预见性

危险的变更或增加,须属于订约时未能预见且未能评估者。如果危险增加的情况已为保险人所预料并评估的,不影响双方的对价平衡关系,不能认定为危险增加。判断危险状况的改变是否具有不可预见性,须考量该保险的种类性质及保费计算的基础。

(二)危险变更或增加的消极要件

以下情形,投保人不承担危险变更或增加的通知义务:

1. 为履行道德义务而致危险增加

履行道德义务本身属于互助互济的行为,法律不得对人们发挥善良天性的行为横加归责。因履行道德义务而引起的危险增加由保险人承担保险责任,一方面有助于鼓励人们发扬善良道德,另一方面亦彰显保险制度蕴含的道德性本质。

2. 为减轻或避免损害的必要行为

为减轻或避免保险事故而实施的行为导致损失时,从利益平衡的角度看,更有利于保险人;从全体投保人组成的社会团体看,则属于主观上减少或避免事故发生的善意行为。法律上免去此类危险增加的通知义务在于,鼓励人们的善意行为以减少损害的发生,有利于减少保险事故造成的社会财富损失,增进社会财富的积累。

3. 保险人所知或应知

通知义务旨在使保险人知悉未预计的危险变更或增加,并据此重新估计危险,恢复对价平衡。保险人已知的危险变更或增加无须再为通知。此时,如果保险人以投保人未尽通知义务推卸保险责任,则显失公正。保险人依通常的注意义务应知或无法推诿为不知的危险变更或增加,亦免除投保人的通知义务。原因在于,保险人应知而未知的可以推定保险人在主观上存在过失,此时免除义务人的通知义务,既符合法律不保护过失的精神,又体现保险的最大诚信原则。

(三)通知的法律效果

投保人合理履行通知义务后,保险人有何法定权利？主要有两种立法例:一是终止权模式,如《日本商法典》规定,对于可归责于投保方之危险增加,自该事件成就时保险合同自动终止;二是选择权模式,对于危险之增加,保险人可请求增加保费或终止合同。

韩国采选择权模式。韩国《商法》第652条规定,保险期间,投保人或被保险人获知保险事故发生的危险显著变更或增加的,应立刻通知保险人。保险人自收到前款通知之日起1个月内,可请求增加保险费或终止合同。

投保人或被保险人将危险显著变更或增加的信息据实通知后,保险人始得主张和行使基于危险增加而产生的相关权利。至于保险人是否行使以及如何行使其权利,属于处分权的范畴,法律未作强制性规定。法律仅规定了保险人权利行使的除斥期间。保险人在知悉该风险并重新估价后,可以在除斥期间内决定是否继续承保。保险人认为可继续承保的,可以对危险变更或增加的部分加收保费,救济其因风险增加所承受的不利影响;保险人认为不可继续承保的,可请求终止保险合同。

(四)违反的法律效果

韩国《商法》第652条第1款规定,怠于通知者,保险人自得知该事实之日起1个月内,可以终止保险合同。该条规定了违反通知义务的法律效果。应通知而未为通知,破坏了保险法的最大诚信原则,故对于未履行通知义务的义务人,要求其承担不利的法律后果。

大法院2011.7.28.宣告,2011 da 23743,23750判决:火灾保险约款中规定,投保人缔结合同后,危险显著增加而投保人不履行及时通知义务的,保险人可以此为由终止保险合同,但应在自保险人应当知道之日起1个月内行使该权利。这是为了防止投保人因不知保险人是否行使终止权而处于不安的状态。终止权的起算点并不是保险人知道危险增加事实之日,而是保险人知道投保人不履行通知义务的事实之日。本案中,投保人向保险人主张不存在危险显著增加的事实或者不知道该事实的存在,尚不能确定其违反了通知义务。此时,保险人仅对投保人违反通知义务存在怀疑,并不能就此断定其具备终止权,因此不能认定保险人可以终止保险合同,只有当保险人通过调查,确认投保人存在违反通知义务的客观证据后,才能行使终止权。

三、危险发生的通知义务

根据韩国《商法》第657条规定,危险发生的通知义务,系指在保险合同有效期内,发生合同所约定的保险事故的,投保人或被保险人、受益人得知该保险事故发生后,应立刻通知保险人。保险人可迅速采取必要的措施以防止损失扩大或减轻损失,并着手调查损害的具体情况以确定损失的程度,保证被保险人、受益人迅速获得理赔。如因义务人怠于通知而致损失增加的,保险人不承担该增加部分的赔付责任。

(一)意义

保险合同所约定的保险事故发生时,保险标的通常不在保险人的控制范围内,如果投保人或被保险人怠为通知,有贻误时机而致损失扩大之虞,或造成调查取证困难,使保险人利益遭受损害。为平衡当事人利益,现代保险法确立了危险通知义务,旨在通过解决危险信息的不对称以控制道德风险,保证保险交易公平,最终实现保险业的长远发展。

(二)通知义务人

出险通知义务的履行主体比危险增加通知义务的履行主体更具争议性,其中争议的焦点在于,在人身保险中受益人是否负有出险通知义务。德国、日本将义务人限定为投保人和被保险人。而韩国《商法》第657条规定:"投保人或被保险人、保险受益人得知保险事故发生的,应立刻通知保险人。投保人或被保险人、保险受益人怠为第1款的通知导致损失增加的,保险人不承担该增加损失的赔偿责任。"①

出险通知义务制度的目的在于,方便保险人根据投保人或被保险人通知的情况,及时调查事故的发生原因及损害范围,并采取必要的补救措施,防止损失进一步扩大。但对于投保人和被保险人为同一人的,若发生保险事故致投保人(被保险人)伤亡,无法或无人履行通知义务时,受益人如果不通知保险人,则违背了出险通知义务的本旨。基于诚信原则,纯粹享有保险合同利益的受益人也应承担此"善意义务"。因此,除投保人和被保险人负有通知义务外,受益人亦应为通知义务人。

(三) 通知期限

韩国《商法》第 657 条规定,保险事故发生后,义务人应立刻通知保险人。即发生保险事故后,义务人如能及时通知,应及时为通知义务。如果怠为通知,则违背最大诚信原则,违反了通知义务。

(四) 违反通知义务的后果

投保人、被保险人或者受益人若未及时履行通知义务,应如何处理?各国做法不尽相同,根据韩国《商法》第 657 条第 2 款的规定,因怠于通知而致损失扩大者,就损失扩大部分,保险人不承担保险责任,但不能据此终止保险合同。

第二节 保险人的义务

保险合同一经成立,保险人即负有法律规定及合同约定的义务。主要包括交付保险单,保险事故发生后赔付赔偿金和必要时返还保险费等义务。

一、保险单的交付义务

保险单,是记载保险合同主要内容的凭证,由保险人签字后交付给投

---

① 我国《保险法》亦有类似规定,该法第21条规定:投保人、被保险人或者受益人知道保险事故发生后,应当及时通知保险人。因故意或者重大过失未及时通知,致使保险事故的性质、原因、损失程度等难以确定的,保险人对无法确定的部分,不承担赔偿或者给付保险金的责任,但保险人通过其他途径已经及时知道或者应当及时知道保险事故发生的除外。

保人。保险合同为诺成、不要式合同,保险单的交付并非保险合同的成立要件,仅具有证明保险合同存在及其内容的作用。

(一)保险单的制作、交付义务

修改前的韩国《商法》规定,保险人应根据投保人的请求制作、交付保险单。1991年该条款修改为即使投保人未请求,保险人亦应立即制作、交付保单。即保险合同成立后,保险人应即时制作保险单并交付投保人。[1] 但投保人未缴纳全部或首期保险费的,保险人无此义务。[2]

此外,韩国《商法》第640条第2款规定,延长或变更保险合同时,保险人将该事实记载于保单上,以此代替保单的交付。此所谓"延长"者,仅指在一定条件下延长保险期间,不包含保险合同结束后更新的情形。

(二)保险单的异议

1. 保险单的记载事项

保险单系要式证券,须记载特定事项,且由保险人盖章或签名。[3] 韩国《商法》按照保险种类分别规定了各种保险单应记载的事项。兹以财产保险为例(韩国《商法》第666条),其必要记载事项为:"(1)保险标的;(2)保险事故的性质;(3)保险金额;(4)保险费及其支付方式;(5)约定保险期间的,其起止日期;(6)合同无效与失权的事由;(7)投保人住所、姓名或商号;(8)保险合同的年月日;(9)保险单的制作地、制作日期。"

须注意的是,在财产保险合同中,被保险人既为被保险利益的主体,又为保险金请求权人,属于重要事项。但在上述财产保险证券的特定事项中,并未将被保险人列为应载事项。在一般财产保险中,投保人和被保险人通常为同一人,投保人的信息(投保人住所、姓名或商号)即为被保险人的信息,不会影响被保险人享有权利。但是,在利他财产保险中,投保人和被保险人非系同一人,如果在保单中未记载被保险人的信息,可能导致在争议发生时,被保险人无法行使相应的权利。因此,有观点认为,此系重大

---

[1] 参见韩国《商法》第640条第1款。
[2] 参见韩国《商法》第640条第1款但书。
[3] 修改前的韩国《商法》只认可保险人的记名盖章,但考虑到海上保险单等均通过签字发行这一实务惯例,1992年修改为盖章或签字。

立法漏洞,需改正。①

另外,在财产保险分则中,则按火灾保险(韩国《商法》第685条)、运输保险(韩国《商法》第690条)、海上保险(韩国《商法》第695条)、汽车保险(韩国《商法》第726条之3)等不同的保险种类,追加规定了应记载的事项。

2. 保险合同当事人的异议权

韩国《商法》第641条规定,保险合同的当事人,可约定自保险单交付之日起一定时期内(不得超过1个月)提出保单内容正确与否的异议,即异议约款。② 保险单属证据证券,其内容具有事实上的推定力,故当保险单所记载的事实与实际达成的协议不一致时,当事人可提出异议。③ 为保证法律关系的安定,韩国《商法》规定了提出异议的期间。

(1) 异议期间经过的效果

异议条款所规定的异议期间经过后,当事人可否提出异议?韩国通说认为,有异议条款者,只能在约款规定的期间内提出异议,期限届满后保险单的记载事项产生确定性效力,但有明显错误的除外。④

(2) 未设定异议条款时,可否提出异议

有观点认为,依据私法上的一般原则,合同当事人得随时提出有关合同内容之异议。⑤ 对此,以下案例持肯定态度:当事人在保险单交付(1984年9月)时未提出任何异议,待保险单约定的年金支付开始时(1993年),保险人才以保险单记载有误为由延迟支付年金,该案中,法院支持该异议

---

① 参见〔韩〕金星泰:《保险法讲论》,法文社2001年版,第251页。
② 我国保险法仅就保险人的说明义务作出了明确的规定,并未规定当事人的异议权或异议期间。实务中,往往在保险合同或保险单上约定当事人的异议权。
③ 参见大法院1992.10.27.宣告,92 da 32852判决;大法院1988.2.9.宣告,87 daka 2933判决。
④ 相同意旨,可参见〔韩〕徐贞甲:《主席实务商法纵览》,弘文馆1978年版,第773—774页;〔韩〕梁承圭:《保险法》,三知院2005年版,第137页(有明显错误时也不认定保险单上的权利、义务);〔韩〕李基洙:《保险法·海商法学》,博英社2008年版,第86页;〔韩〕蔡夷植:《商法讲义(下)》,博英社1996年版,第426页。
⑤ 参见〔韩〕郑灿炯:《商法讲义(下)》,博英社2000年版,第516页。对此还有观点认为,当实际交付的保险单与当初协议不同,且投保人长期缴纳保险费的,认定当事人之间"按照保险单记载发生变更的新合同"成立。参见〔韩〕蔡夷植:《商法讲义(下)》,博英社1996年版,第477页。

的成立。

调停例93-35(93.8.27终身年金保险纠纷)：即使保险单上记载的年金支付开始日期为1993.2.25(属于2003.2.25的错误记载)，但鉴于保险单的效力不同于一般合同，作为证据证券的保险单对于保险合同内容的认定并不起绝对确定的作用，仅起推定作用……而且通过该保险合同、保险指南、商品说明书等可得知该记载内容为错误事项，因此投保人的主张没有理由。

(3) 相关争议

为保障保险单记载事项的正确性，韩国《商法》第641条规定："保险合同的当事人可约定自保单交付之日起一定期间内，可就该保单的内容提出异议。该期间不得超过1个月。"但该规定不仅可能对投保人造成不必要的限制，而且也可能导致投保人之间的不公平。因此，有观点建议，可将韩国《商法》第641条修改为："当投保人因可归责于自己之事由，未在规定时间内提出异议的，保险合同得依保单记载内容而确定。"另有观点建议，可删除该条款而依据一般原则处理。

(三) 保险单之再交付

韩国《商法》第642条规定，"保险单灭失或存在显著毁损时，投保人可请求保险人重新交付保单，该保单的制作费用由投保人承担。"所谓灭失，包括偷盗、丢失等相对灭失。虽然投保人可通过其他方法来举证保险合同的内容，但持有保单者，可依保单的推定力行使合同的相关权利，所以本条旨在于保护投保人的利益。

(四) 网络保险买卖中保险单的交付问题

通过电子商务，例如网络方式签订保险合同的，在保险单交付方面存在诸多法律问题。如投保人通过电脑接收保险人提供的保险单后，使用自己的打印机打印出来的保单，能否成为有效的保险单？韩国《商法》第666条规定，保险单必须有保险人的盖章或签字方为有效，因此尚难以认定打印保单的有效性。对于前述问题，须通过完善电子签名等法律制度加以解决。

此外，在电子保单的情形下，不能排除投保人或第三人伪造、变造保险单的可能性。对于该问题,需考虑计算机安保技术并设立法定标准。

二、赔付保险金的义务

保险金支付义务和损害补偿义务(韩国《商法》第638条)①是保险人最重要的义务,其赔付内容依定值保险和不定值保险有所不同。赔付义务于保险期间内发生保险合同约定的保险事故时产生,②保险事故于保险期间内未发生或于保险合同终止后发生的,保险人不负保险金赔付义务,亦不负保险费返还义务。尽管在储蓄型保险中有返还部分保险金的情形,然其本质不属于赔付义务的履行。此外,对于财产保险,还要求必须因保险事故发生损害。

调停例84-3(84.1.24 火灾保险纠纷):投火灾险的建筑物因火灾灭失的情形,对该火灾事故负有赔偿责任的承租人将灭失的建筑物恢复原状的,可以认为被保险人对保险人的保险金请求权消灭。

(一)赔付方式

1. 保险金

保险人在原则上以给付金钱的方式,即以给付保险金的形式履行赔付义务。保险金的具体确定方法,因保险合同的类型而异,一般由当事人在保险合同中详细约定。在生命保险等定额保险中,保险金额与保险金一致。

2. 现物赔偿

韩国《商法》第638条规定,保险人的给付形式有"支付一定的保险金或为其他给付"。鉴于给付保险金的形式,易引发为骗取巨额保险金而制造保险事故等道德危险,且存在保险金受领人将保险金用于非灾害修复的

---

① 对于保险人赔偿义务的存在与否,即拒绝支付保险金适当与否,保险金请求权人对于保险人的拒绝支付行为,一般是通过诉讼的方式解决。鉴于起诉的诉讼费成本,从消费者保护甚至保险监督的立场出发,规定了保险人提出保险金支付债务不存在的确认之诉。此外,《保险监督规定试行细则》第76条第3款规定,保险人等在执行调停申请案件中就该案件起诉的,应向金融监督院长报告,从而抑制了债务不存在之诉的滥用。

② 此外,在保险合同成立之前,承担保险合同责任的"承诺前保险保护制度"(韩国《商法》第638条之2第3款但书,参照第6章)为例外。参见责任保险期限,大法院1988.6.14.宣告,87 daka 2276判决;大法院1995.9.15.宣告,94 da 17888判决。

其他用途的可能,在韩国法律和实务中,规定了以非金钱形式、现物或恢复原状的方式履行保险责任的方法。在特定情形下,保险人基于社会政策的考量,亦可选择现物赔偿的方式,如以受灾建筑物的再建等现物给付替代保险金的给付。又如火灾保险等情形,保险人可采取提供同一规模、材质的建筑材料或重新建造住宅等方式履行保险责任。韩国《火灾保险一般约款》第15条规定,保险公司对损害的部分或全部,可以再建筑、修理或现物赔偿的方式来代替保险金的支付。再如意外伤害保险中,保险人可通过向被保险人支付手术费、药费等方式来代替保险金的支付。韩国《自有汽车财产保险约款》第54条亦规定,经被保险人同意后,可通过汽车的修理或代用品的交付来代替保险金的支付。

(二)补偿范围

保险事故发生后,保险人应向被保险人或受益人支付一定的保险金或为其他给付。保险金的数额,在人身保险中为保险合同所列的保险金额;在财产保险中须依实际所遭受的损害加以确定,最高额不得超过保险合同中所记载的保险金额,但亦有例外。

1. 损害防止费用

韩国《商法》第680条规定,投保人和被保险人应尽力防止损害的发生,因此而支出的必要或有益的费用和赔偿金,即使超过保险金额,仍应由保险人承担。此时损害防止所需费用不受保险金额的限制,详细内容在财产保险通则中论述。

2. 逾期利息

保险人延迟支付保险金的,原则上逾期利息也属于其赔偿范围。[①]

调停例89-2(89.3.24 财产保险纠纷):依据有关保险约款的规定,保险公司应在接受保险金请求资料后3日内支付保险金,需要调查、确认支付事由的,应在10日内支付,否则保险人承担自应支付之日起至实际支付日为止的依据贷款利率所确定的逾期利息。鉴于本案保险合同并未规定

[①] 参见韩国《保险监督规定》第44条规定,原则上财产保险金应自事故通知之日起30日内支付,逾期仍未支付的,保险人应承担依约款贷款利息所确定的逾期利息。

因调查机构进行调查等不可归责于保险公司的事由而引起的逾期可以免责,因此不得免除调查机构调查期间逾期利息的支付。

(三) 赔付义务的履行

1. 履行期间

保险人在收到保险事故发生的通知后(韩国《商法》第 657 条第 1 款),除另有约定外,应自保险金金额确定之日起 10 日内履行赔付义务(韩国《商法》第 658 条)。保险人在一般程序(比如事故的通知、损害的证明等)结束后,需在保险合同约定或法定期间内支付保险金,①但有时也可根据具体情况支付临时预付款。②

2. 履行地

关于保险人赔付义务的履行地,韩国《商法》无特别规定,因此在保险合同中未约定履行地的,应按韩国《民法典》第 467 条规定的一般原则,确定履行地为债权人即保险金请求权人的营业场所或住所。

(四) 保险金请求权的时效③

1. 时效期间

韩国《商法》第 662 条规定,保险金请求权的消灭时效为 2 年。但韩国学界对责任保险中被害人对保险人的直接请求权的时效,素有争议。由于对直接请求权本质的理解存有差异,存在保险金请求权说和损害赔偿请求权说等对立观点。根据不同的观点,保险金请求权的时效期间亦不同。该问题将在责任保险的章节中进行探讨。

2. 时效的起算点

(1) 一般情形

根据韩国《民法典》第 166 条第 1 款的规定,消灭时效自可行使权利时

---

① 但有观点认为,在未确定应支付保险金的期间内,保险人故意推迟损害调查期间的,10 日这一支付期限可能毫无意义。参见〔韩〕郑灿炯:《商法讲义(下)》,博英社 2000 年版,第 526 页。相关判例有大法院 1981.10.6.宣告,80 da 2699 判决;大法院 2006.1.26.宣告,2002 da 74954 判决。〔韩〕崔基元:《保险法》,博英社 1998 年版,第 198—199 页。

② 参见《私人用汽车保险约款》第 19 条。一般为相当于推定保险金的 50% 的数额(《保险监督规定》第 44 条第 3 款)。参见《汽车损害赔偿保障法》第 13 条(对被害人的借款)。

③ 关于时效的起算点,参见〔韩〕孙珠瓒:《商法(下)》,博英社 1997 年版,第 541 页。

起算,因此保险金请求权的消灭时效的起算点应为保险事故发生之时。

大法院 1977.2.13.宣告,96 da 19666 判决:韩国《商法》第 662 条只规定 2 年内不行使保险金请求权时消灭时效完成,而未对保险金请求权消灭时效的起算点作任何规定,所以只能适用韩国《民法典》第 166 条第 1 款有关消灭时效起算点的规定,即"消灭时效自能够行使权利时起算"。保险金请求权在保险事故发生前只是抽象权利,只有当保险事故发生时才变成具体权利,因此除有特殊事由外,应解释为在原则上保险金请求权的消灭时效的起算点为保险事故发生之时。

但是,有判例认为,如果客观上无法确认保险事故的发生时间,起算点应为"知道或应知道保险事故发生时"。① 也有判例认为,依韩国《商法》第 658 条规定的通知保险事故发生的,消灭时效的起算点应为"确定应支付保险金数额之日起 10 日"的次日。②

首尔高法 1976.6.25.宣告,76 da 1016 判决:保险金请求权自保险事故发生通知保险人时至韩国《商法》规定的延期期间 10 日后的第二天开始计算,除另有规定外,消灭时效为 2 年。

(2) 生命保险情形

在生命保险中,当事人可以约定某一特定时期为时效的起算点。大法院认为,此为方便投保人的程序性约定,确定该时效的起算点时不得不利于投保人。值得注意的是,对于保险人以调查事故为由延迟支付保险金,后又主张时效完成的情形,判例认为,如果保险人对保险事故发生与否存在的争议并无过失,则将请求支付保险金之日起至保险人拒绝支付保险金之日的期间包含在时效期间内,并不违背诚信原则。③

(3) 利他保险合同情形

在利他保险合同中,保险金请求权人往往无法得知保险事故发生的事实。此为主观上"不能够行使权利",所以通常认为时效起算点为知道事

---

① 参见大法院 1997.11.11.宣告,97 da 36521 判决。
② 对此,也有观点认为,另外约定保险金支付日期的,仅属于保险金支付方法的规定,而消灭时效应从保险事故发生时起开始计算。参见〔韩〕蔡夷植:《商法讲义(下)》,博英社 1996 年版,第 525 页。
③ 参见大法院 1998.3.13.宣告,97 da 52622 判决。

故发生之日。

大法院 1993.7.13. 宣告, 92 da 39822 判决:除有特殊事由外, 在原则上保险金请求权的消灭时效起算点为保险事故发生之日。但当保险金请求权人因无过失而未得知事故发生时,若其时效亦从保险事故发生时开始计算则极不利于保险金请求权人,不仅违背社会正义和公平理念,且有违消灭时效制度的存在目的。可见,此时其时效应自保险金请求权人知道或应知道保险事故发生时起算。①

但是,上述判例的观点在时效理论的角度存在争议。原因在于,韩国《民法典》第166条第1款规定的"能够行使权利时",并未考虑主观上之不能,②所以上述判决的妥当性遭到质疑。

(五)赔偿后的保险关系存续问题

在保险期间内,损害连续发生时,保险合同关系是否得以存续,以及如何存续,取决于当事人之间的约定。通常在人身保险等定额保险中,一旦支付保险金,保险合同即终止。在财产保险中,发生全损并支付保险金全额的,一般亦认为保险合同结束。但在一定情形下,根据不同的保险种类,亦可规定保险人的责任减少至相当于剩余的保险金额,即之后的保险金额为扣除上一次事故支付的保险金后的余额(递减主义),如汽车责任保险等;③或者通过保险金额的自动恢复使保险关系得以存续,即约定每次事故以当初约定的保险金额为基准进行赔偿(全额主义)。在全额主义的情形下,发生保险事故后,投保人应有终止合同的权利。④

---

① 同旨参见大法院 2005.12.23. 宣告, 2005 da 59383,59390 判决。
② 根据以往判例,"不能行使权利时",是指法律上的障碍,换言之,事实上的障碍不能中断消灭时效。即"未能知道事实上权利的存在或权利行使可能性的,即使该未知不存在过失,但这些事由也不属于法律上的障碍"。参见大法院 1984.12.26. 宣告, 84 nu 572 判决;大法院(全合)宣告,91 da 32053 判决;大法院 2011.7.14. 宣告, 2011 da 19737 判决。
③ 参见《私人用汽车对人赔偿责任保险一般约款》第45条:保险公司应赔偿的损害属于全部损害或等于保险金额全额的,保险合同关系在保险事故发生时终止。
④ 参见韩国《商法》第649条第2款。

三、保险费返还义务[①]

有如下情形之一的,保险人应返还已受领的全部或部分保险费。[②]

(一) 返还事由

1. 未履行保险单交付、说明义务导致合同被解除

韩国《商法》第 638 条之 3 规定,保险人签订合同时没有正确履行保险单的交付、说明义务的,投保人可以解除合同。依据韩国《民法典》第 141 条的规定,合同一旦解除,保险人应将全额保险费返还给投保人。

2. 事故发生前投保人的任意终止

韩国《商法》第 649 条第 1 款规定,保险事故发生前,投保人可以任意终止全部或部分保险合同。当事人之间无其他约定,投保人得请求返还未到期的保险费。

3. 保险合同的全部、部分无效

韩国《商法》第 648 条规定:"保险合同全部或部分无效时,投保人和被保险人善意且无重大过失的,可请求保险人返还全部或部分保险费。投保人和受益人善意无重大过失的,亦同。"如火灾保险标的——建筑物因城市规划被拆除或因洪水灭失的,属于非因投保人过错导致保险合同无效的情形,保险人应当返还相应保费。反之,若保险合同因可归责于投保人的事由而无效的,则保险人无须返还保险费。

4. 告知、通知义务的违反等

投保人等因违反告知义务(韩国《商法》第 651 条)和通知义务(韩国《商法》第 652 条)致合同终止的,根据合同条款,保险人需要返还终止之后的保险费。

但是,如果违反告知义务的情形属于民法规定的欺诈行为(韩国《民法典》第 110 条),亦可依民法解除合同,但解除具有溯及效力,合同将自始

[①] 另外,作为保险人的义务还涉及利益分配义务。参见〔韩〕郑灿炯:《商法讲义(下)》,博英社 2000 年版,第 527 页。该问题在分论"人身保险"中将进行详述。

[②] 参见〔韩〕孙珠瓒:《商法(下)》,博英社 1997 年版,第 545 页;〔韩〕梁承圭:《保险法》,三知院 2005 年版,第 148—150 页;〔韩〕郑灿炯:《商法讲义(下)》,博英社 2000 年版,第 527 页。

无效,保险人应返还全额保险费。但保险合同属于继续性合同,要求返还全额保险费实为不当,因此,对于上述情形,适用韩国《民法典》第110条的规定并不妥当。

(二)返还的相对方

在一般情形下,保险费应返还于投保人。但当投保人未缴纳保险费,而由其他义务人缴纳时(韩国《商法》第639条第3款),应向谁返还保险费存在争议,但对于该问题学说研究甚少。有学者认为,若应返还的保险费金额相当于由其他义务人缴纳的保险费,则应将保费返还给该其他缴纳义务人。①

(三)时效

依韩国《商法》第662条的规定,保险费返还请求权与保险金请求权的时效相同,均为2年。

---

① 参见金星泰:《保险法讲论》,法文社2001年版,第293页。

第六章　保险合同的变动

保险合同属于继续性合同,在保险期间,有发生保险合同内容变更或合同自身效力消灭等的可能。保险合同的变动包括保险合同的变更、无效、终止、复效,本章将分别探讨保险合同在变更、无效、终止、复效情形下的法律关系。

第一节　保险合同的变更

一、合意变更

保险合同基于意思自治原则成立,当事人在保险期间可终止原合同或签订新合同。当事人也可根据需要变更旧合同的内容,如扩大承保危险的范围、追加保险标的以及变更保险期间、保险费等。值得注意的是,在财产保险中"保险标的的转让"可能导致保险合同当事人地位的转移,详细内容可参见"财产保险合同的变更"一章。

保险合同的变更须合同当事人双方共同为之,禁止合同一方任意变更。

调停例 83-26(1983.8.10 长期火灾保险纠纷):保险人在保险合同成立之后任意变更合同内容的情形。保险公司员工与投保人确定保险合同内容并收取规定保险费后,为了特定目的,在未得到投保人同意下任意修改合同内容,签发、交付保险单,尽管投保人在保险事故发生前对此未提出任何异议,也不能视为该变更内容当然对投保人产生拘束力。

非保险合同当事人的第三人变更合同的,亦无效力。

调停例 89-21（1989.3.27 火灾保险纠纷）：与非合同当事人的第三人之间达成的有关保险合同变更的协议或者安排，不发生变更合同的效力，唯有合同当事人的意思变更，方为有效。

经当事人合意变更保险合同的，为防止日后发生纠纷，应依韩国《商法》第 640 条第 2 款的规定，在保险单中载明变更后的内容并重新交付。

二、其他

保险费由保险合同明文规定，在原则上不得依当事人一方意思表示而变更。但韩国《商法》规定，若预料的特别危险已经解除或发生其他特别事由时，可请求减少保险费。主要包括两种情形：① 保险合同当事人预料会发生特别危险并确定保险费后，如果该预料的特别危险在保险期间内已经解除的，投保人可请求减少危险解除之后的保险费（韩国《商法》第 647 条）；② 保险价值在保险期间内明显减少的（韩国《商法》第 669 条第 3 款），投保人有权请求减少保险费。

保险费减少请求权属于形成权，其效力只针对将来发生，所以不影响之前已经经过的保险期间收取的保险费，保险费的减少从下一个保险费期间开始起算。保险费减少事由的举证责任由投保人承担。

另外，韩国《商法》第 653 条规定，因可归责于投保人之事由导致危险变更或增加的，保险人可自知道该事实之日起 1 个月内请求增加保险费或终止合同。按照韩国《商法》第 652 条的规定，因不可归责于投保人之事由导致危险变更或增加的，投保人（被保险人）应自知道该事实之日起通知保险人。保险人可于收到该通知之日起 1 个月内，增加保险费或终止保险合同。

第二节　保险合同关系的无效和终止

一、当然无效

保险合同成立后，如果出现下列情形，保险合同当然无效。对于投保人支付的保险费,依据韩国《商法》第648条的规定,若投保人、被保险人（或人身保险中的投保人、受益人）善意且无重大过失,可请求返还全部或部分保险费。

（一）违反公序良俗的保险合同

投保人以不当取得保险费或以赌博为目的签订保险合同的,属于韩国《民法典》第103条规定的违反善良风俗以及其他社会秩序的行为,合同无效。相关判例如下:

首尔地法1999.6.10.宣告,98合议庭70264判决（要点）:鉴于该案保险合同的投保人兼被保险人甲未听取保险营销员之劝告,在短期内（注:1993—1996年）主动签订多个保险合同（注:除本案保险合同外,被保险人在同一时期内签订了39个人身保险合同）,可以认为投保人签订合同的动机不正常。此外,甲因签订多个保险合同使其每月所承担的保险费明显超出其月收入,虽然甲另有财产,但仍不足以说明其签订合同纯粹是为了应对生命、身体偶然可能遭受的事故。另外,甲签订的多份保险合同承保之保险事故具有类似性,且除本案例外,甲曾发生过类似的保险事故。就本案保险事故,甲怠于行使注意义务,未能事先避免事故的发生或尽著减小损失的程度。此外,本案的事故经过还存在其他疑问。综上,应认定甲以不正当获取保险金为目的签订该案保险合同,若要求保险公司对此类合同支付保险金,不仅有放任保险制度的滥用之虞,且会助长投保人通过保险事故牟取利益的私心。因此,根据韩国《民法典》第103条有关违反善良风俗以及其他社会秩序的规定,该保险合同无效。

（二）保险事故已发生或发生不能

保险事故须属于可能发生的危险,即以物理上不可能发生的和已经发生的事故为保险标的签订的保险合同无效（韩国《商法》第644条本文）。兹以案例述之:

人身保险纠纷调停例86-32判定（1986.6.24）:被保险人先后接受共达7次的视力检查,证实其处于失明状态,但其隐瞒该事实投保,随后以被平时睡姿不规矩的女儿（4岁）踢中其右眼导致失明为由,申请保险合同所约定的后遗障碍保险金6000万韩元一案,因保险事故在签订保险合同之前已经发生,所以,根据韩国《商法》第644条的规定,该保险合同无效。

劳动者灾害赔偿责任保险调停例81-7判定(81.5.29):投保人于签订保险合同2日前,在海外因飞机火灾事故死亡,该事实在合同当日通过国内早间报纸以及广播进行报道,当事人系知道事故发生之事实而签订了保险合同,根据韩国《商法》第644条规定,该保险合同无效。①

依据韩国《商法》第644条的规定,原则上,保险事故在合同签订之前已经发生或不可能发生的,保险合同无效,但当事人双方和被保险人不知情的除外(韩国《商法》第644条但书)。该但书规定在于保护善意不知情的投保人和保险人。此外还规定在特殊情况下保险合同的效力溯及至保险合同的成立之前,即使在合同签订时保险事故已经发生,仍然不影响其效力,如在海上货物运输保险中所承认的溯及保险。②

(三)被保险利益的欠缺

被保险利益是财产保险合同的基本要素。原则上整个保险期间都需存在被保险利益,在特殊情形下要求至少保险事故发生时存在被保险利益。欠缺被保险利益的财产保险合同当然无效。

欠缺被保险利益的类型主要有两种:一是保险标的不存在或已于合同成立之前灭失,但投保人不知该事实而投保的情形;二是投保利益属于违法利益的情形,如以毒品等法律严禁品投保。以上两种情形,都不宜认定投保人存在被保险利益,故合同无效。详细内容可参见"被保险利益"一章。

(四)因欺诈签订的超额、重复保险合同

韩国《商法》第669条第4款规定,在财产保险中,因投保人的欺诈,保险合同约定的最高赔偿额明显超过被保险利益的金钱价值(超额保险)时,该合同无效。保险人可请求自合同签订至知道该事实时止的保险费。③

另外,韩国《商法》第672条第3款规定,因投保人的欺诈签订的重复

---

① 参见韩国保险公司:《财产保险判定例集》(1978.3—1984.11),第19—20页。
② 尽管没有明文规定,但当溯及保险无效时,就保险费返还与否应考虑恶意合同当事人的主观事由。
③ 参见〔韩〕郑灿炯:《商法讲义(下)》,博英社2000年版,第537页。

保险,亦属无效。①

（五）以他人为被保险人的人身保险

在人身保险中,有下列情形之一者,保险合同无效。详细内容参见"人身保险"一章。

1. 以他人的死亡签订的保险合同

韩国《商法》第 731 条第 1 款规定,以他人的死亡作为保险事故的保险合同,须事先得到该他人即被保险人的同意。生死两全保险亦须取得被保险人的书面同意。② 如未获得被保险人同意的,则该保险合同无效。

值得注意的是,对于团体保险,修改前的韩国《商法》规定,团体代表人将团体成员作为被保险人签订死亡保险时,亦须事先取得每个被保险人的同意。但在实务中,团体根据团体规章将全部或部分成员作为被保险人签订死亡保险合同所涉及的道德危险较少,取得每个成员的同意不具实际意义,故 1991 年修改后的韩国《商法》第 735 条之 3 排除了第 731 条同意要件的适用。③

2. 将权利转让给被保险人之外的人

韩国《商法》第 731 条第 2 款规定,将为他人订立的保险合同产生的权利转让给被保险人以外的其他人时,须取得被保险人的同意。否则,该保险合同无效。

3. 以无同意能力之人作为被保险人的死亡保险合同

韩国《商法》第 732 条规定,以未满 15 岁、心神丧失者或心智薄弱者的死亡作为保险事故的,不论被保险人同意与否,保险合同均无效。该条款旨在保护判断能力欠缺的人群。④ 但是需要注意的是,第 732 条的规定具有特殊性,不适用于其他人身保险。⑤

---

① 但在上述两种情形下,保险人仍可请求至其知道该事实为止时的保险费,从而在一定程度上抑制投保人的欺诈诱因。
② 参见〔韩〕孙珠瓚:《商法(下)》,博英社 1997 年版,第 665 页；〔韩〕郑灿炯:《商法讲义(下)》,博英社 2000 年版,第 671 页。
③ 参见韩国《商法》第 735 条之 3（团体保险）:根据团体规章以团体的全部或部分成员为被保险人签订生命保险合同的,不适用第 731 条的规定。
④ 相同意旨,参见〔韩〕郑灿炯:《商法讲义(下)》,博英社 2000 年版,第 672 页。
⑤ 参见韩国《商法》第 739 条（准用规定）:伤害保险,准用有关生命保险中除第 732 条（为未满 15 岁者等的合同的禁止）之外的规定。

二、依据民法而无效

(一) 韩国《民法典》第 103 条规定的无效情形

保险合同亦属私法上的债权合同,违反民法原则的保险合同当然无效。其中,违反韩国《民法典》第 103 条规定的善良风俗以及其他社会秩序的合同无效。

(二) 韩国《民法典》第 110 条规定的取消

投保人违反告知义务,且符合民法规定的错误、欺诈情形的(韩国《民法典》第 109 条、第 110 条),保险人能否依据民法的规定撤销该保险合同,尚有争议。韩国通说及判例认为,投保人有欺诈行为的,不能重复适用韩国《民法典》第 110 条的规定,否则将导致保险合同自始无效,对保险人不利。

三、当然终止[①][②]

发生下列事由的,保险合同当然终止。

(一) 延付首期保险费 2 个月以上

韩国《商法》第 650 条第 1 款规定,合同成立后 2 个月,投保人仍未支付全部保险费或首期保险费的,视保险合同已解除。根据同条第 2 款的规定,如果在约定支付继续保费时,投保人未补交保费的,保险人可以催告其限期支付,仍未支付的,保险人可以终止保险合同。须注意的是,本条为任意性规定,当事人可约定排除或限制适用。

(二) 保险标的灭失(被保险利益的消灭)

1. 保险事故以外的事由引起的灭失

(1) 绝对灭失

在财产保险中,一旦保险标的绝对消灭,保险合同即告终止。如保险合同未承保的危险(例如投火灾险的建筑物因洪水灭失)或免责事由(例

---

① 参见〔日〕田边康平:《现代保险法》,东京文真堂 1987 年版,第 62—64 页。
② 我国保险法中未区分解除与终止,我国《保险法》中所出现的"解除合同"的 11 个条款对"解除"概念有两个层次的运用。详细参见温世扬、吕筠:《略论保险合同的解除》,载李劲夫主编:《保险法评论》第 1 卷,中国法制出版社 2008 年版,第 94 页。

如被保险人纵火)等导致保险标的全部灭失时,保险事故发生的可能性已经不存在或被保险利益已绝对消灭,保险合同终止。同样,仅对特别危险投保的保险,若该特别危险已经解除,则保险事故发生的可能性亦不存在,保险合同当然终止。

(2)相对灭失

保险标的的相对消灭,即被保险利益的转让。在财产保险中,根据韩国《商法》第679条的规定,被保险利益转让时,保险合同并非当然失效,而是推定保险标的受让人成为被保险人,保险合同仍可存续。① 详细内容于"财产保险合同的变更"中阐述。

2. 保险事故引起的灭失

财产保险中,在保险期间内发生保险事故的,保险合同是否终止?如果保险事故致保险标的全部灭失,且保险人据此支付全额保险金的,因保险合同的目的已达到,保险合同关系在原则上即告终止。

但在保险实务中,考虑到各类保险合同的特殊性,难以认定保险合同一律终止。如火灾保险约款规定,在支付部分保险金时,保险合同存续;②在责任保险中,若未限制保险期间内的保险事故数量,则支付保险金并不导致合同终止,在原则上保险合同将存续至保险期间结束为止。③ 此外,若数次部分损失所支付的保险金累计超过保险金额时,当事人可约定保险合同终止,亦可约定合同存续(保险金自动复原主义)。

在人身保险中,被保险人死亡的,保险合同即告终止。在死亡保险或意外伤害保险中,一旦发生死亡或伤害(保险事故)的情况,保险人即需支付保险金,保险合同目的即实现,保险合同即告终止。生存保险合同中或以死亡为保险人的免责事由的,因保险事故发生的可能性已不存在,保险

---

① 但在机动车保险中,由于被保险人和该机动车之间以危险度为前提成立保险关系,规定机动车的受让人须经保险人的同意后,方能承继保险合同的地位(韩国《商法》第726条之4第1款)。

② 参见《火灾保险约款》第19条第1款规定,当支付部分保险金时合同存续。

③ 参见《责任保险约款》第52条。

合同亦终止。①

（三）保险人宣告破产后满3个月

韩国《商法》第654条第2款规定,保险合同自保险人宣告破产之日起3个月后丧失效力。为了应对保险公司破产或无力支付保险金的情况,韩国《保险业法》第131条之2规定,如果金融委员会认定保险人的破产或无力支付保险金的情况可能严重侵害投保人利益的,可以限制保险人的合同缔结权,命令其暂停支付全部或部分保险金以及采取其他必要措施。

（四）保险期间届满

当合同规定的保险期间届满时,保险合同当然终止,未发生保险事故或未给付满期保险金的亦同。但生命保险中的生存保险,在被保险人生存期间内,不会出现保险期间届满的情形。

四、依当事人意思的终止

韩国《商法》第649条第3款规定,合同终止的,保险人只需返还相当于剩余保险期间内的保险费,即终止不具有溯及效力。以下依据不同主体（投保人、保险人）简单论述保险合同的终止事由。

（一）投保人的撤销和终止

1. 任意终止

韩国《商法》第649条第1款和第3款规定,投保人有权在保险事故发生前任意终止保险合同,并向保险人请求返还剩余保险期间的保险费。但须注意的是,在利他保险中,受领保险金者为投保人以外的其他人,如果任由投保人终止合同的话,将会损害他人的利益,因此韩国《商法》第649条第1款但书对投保人的终止权加以一定的限制。

2. 保险人未交付保险格式条款及未履行说明义务

1991年修改后的韩国《商法》第638条之3规定,保险人具有交付约款并说明其内容的义务,保险人违反该义务的,自合同成立后的1个月内,

---

① 尽管对于以"生存"为保险事故的生命保险,保险合同终止的条件亦同。但是一般会根据约款的规定,按一定基准支付给付金。

投保人有权撤销该保险合同。投保人撤销合同的,保险合同失效,保险人应返还全额保险费。

3. 保险人破产后3个月之内的终止

为保护投保人,韩国《商法》第654条规定,保险人宣布破产后3个月之内,投保人有权终止保险合同。

但是,为应对保险人支付不能的问题,韩国《保险业法》第140条规定了特别对策,即通过保险合同概括性转让的方式,继续维持保险合同的关系。①因此,实际上通过终止保险合同处理保险关系的余地并不大。

此外,韩国《保险业法》规定,对于保险人破产时的相关债权,投保人较其他债权人有优先受偿权。韩国《保险业法》第32条(投保人等优先取得权)第1款规定,除其他法律另有规定外,投保人或其他保险金受领权人,就为了被保险人而积累的金额,有权从保险公司的总资产中优先取得;第33条(对预托资产的优先偿还权)第1款规定,投保人或其他保险金受领权人,就为了被保险人而积累的金额,有权从保险公司依据本法在金融机构预托的资产中优先受偿。

(二)保险人终止

1. 韩国《商法》第655条规定的终止

韩国《商法》第655条规定,在保险事故发生后,保险人有权以延迟支付保险费(韩国《商法》第650条)、告知义务的违反(韩国《商法》第651条)、危险的显著变化或增加(韩国《商法》第652条、第653条)等为由终止保险合同,以下详述之。

(1)续期保险费的未支付②

根据韩国《商法》第650条第2款规定,经过合理期间的催告后,投保人仍未支付保险费的,保险人有权终止保险合同。

但是,一直以来,存在所谓"失效约款"的约定。即不依据上述条款的

---

① 参见韩国《保险业法》第140条:1.保险公司可通过缔结合同的方式,将责任准备金的计算基础相同的保险合同全部概括性地转让给其他保险公司。2.保险公司可以在第1款的合同中确定转让公司资产。但是,对于被金融委员会认定属于为保护保险公司债权人所必要的资产的,应该保留。

② 仅限于该情形,保险合同可以复效。

规定,而是在保险合同中约定一定的犹豫期间,该犹豫期间结束后,即使未经催告,亦未作出终止的意思表示,合同仍然丧失效力。对于该类"失效约款",之前判例认可其效力,但近来,大法院的态度发生了根本性转变,全面否认了"失效约款"的效力。①

（2）告知义务的违反

有关告知义务的违反,前"告知义务"一节已作讲述,在此不赘述。

（3）危险的变更、增加

韩国《商法》第652条以及第653条规定,危险显著变更或增加时,在一定条件下,保险人有权在1个月内请求增加保险费或终止保险合同。保险人请求终止保险合同的,将不承担支付保险金的责任,对已支付的保险金,亦可请求返还。

2. 韩国《商法》第655条所规定的终止的特殊之处

（1）继续合同与通常的终止

保险合同基于当事人之间的信赖而成立,且在一般情形下,保险合同具有继续性,当事人双方长期受保险合同的约束。作为继续性合同,保险合同关系的终止在原则上不具有溯及效力,否则既会导致保险活动的异常复杂和混乱,又无现实意义。因此,在继续性合同中,终止只对将来产生影响。即合同自作出该终止的意思表示时丧失效力,且终止的效力不溯及至终止之前。终止之前的法律关系完全有效,终止之前发生的保险事故,保险人应承担保险金给付责任,保险人已给付保险金的,原则上亦无权请求返还。

（2）限制性溯及效力

合同终止的溯及效力,亦存在例外情形。即所谓"限制性溯及效力"。具体而言,因某些特定事由而终止保险合同的,即使保险事故在终止之前发生,保险人亦不负支付保险金的责任,如果已经支付了保险金,保险人可要求被保险人予以返还。上述保险合同终止的特别效果,在解决因投保人违反告知义务（韩国《商法》第651条）或危险变更、增加（韩国《商法》第652条、第653条）而终止合同可能发生的问题时,具有重要意义。

---

① 参见大法院 1995.11.16.宣告,94 da 55852 判决。

第六章 保险合同的变动

在韩国商法中就保险合同的终止效力作此例外规定的原因主要有以下两方面：

第一，在实务中，对于违反告知义务等韩国《商法》第651条所规定的事由，往往在保险事故发生后，保险人确认该事故过程中才能发现。即保险人接到保险事故申报（申请保险金）后，为确定保险金的支付与否而进行事实调查时才会发现投保人违反告知义务等事实。因此，韩国《商法》特别规定上述"限制性溯及效力"，以激励投保人诚实履行告知义务。

第二，若与解除的效力一样，将保险合同终止的效力溯及至合同成立之时，保险合同将自始无效，保险人将回到未签订保险合同时的状态，即需要返还已收取的保险费。在此，立法者通过规定终止的效力溯及至保险事故发生之时，将事故发生之前的保险关系作有效存续处理，从而保证保险人在事故发生前所收取的保险费属于有效取得，在合同终止时，无须返还。即以制裁违反告知义务的投保人。①

3. 韩国《商法》第655条但书规定

韩国《商法》第655条但书规定，"但已经证明违反告知义务或危险显著变更、增加的事实对保险事故的发生并无影响的除外"。对该但书的解释存在诸多争议。通说认为，"除外"是指保险人具有支付保险金的责任且不能请求返还已支付的保险金，即保险人没有免责。但该但书除了否认保险人的免责之外，是否还意味着保险人无权以投保人违反告知义务为由终止保险合同？② 对此存在分歧。

肯定说：国内的多数说③以及判例持肯定观点，即保险人无权终止保

---

① 相同意旨，可参见〔韩〕张庆焕：《与告知义务违反事实无因果关系的保险事故的延长和保险人的责任范围》，载韩国生命保险协会编：《生命保险》1999年12月刊，第18页。
② 该争议在因发生保险事故而导致保险关系终止的保险中没有意义，而在尽管因保险事故已支付保险金，但保险合同在剩余保险金数额内（或者保险金自动复原情形）仍然有效存续的保险合同中具有重要意义。
③ 参见〔韩〕梁承圭：《保险法》，三知院2005年版，第127页；〔韩〕徐燉珏、郑完溶：《商法讲义（下）》，法文社1998年版，第378页；〔韩〕孙珠瓚：《商法（下）》，博英社1997年版，第530页；〔韩〕郑灿炯教授：《商法讲义（下）》，博英社2000年版，第513页。但梁承圭教授主张删除韩国《商法》第655条但书，或作严格解释，〔韩〕李基洙教授：《保险法·海商法学》，博英社2008年版，第77页）亦持赞同观点。

险合同。该观点认为,因保险事故的发生与告知义务的违反或者危险的增加、变更之间并无因果关系的,保险人不得终止保险合同。

大法院1994.2.25.宣告,93 da 52082判决:"……签订保险合同时,只要能够证明告知义务之违反对保险事故的发生未产生影响,即能够证明保险事故的发生非因投保人未告知或告知不实事实所引起,依《商法》第655条但书之规定,保险人无权以告知不实为由终止保险合同……"①

否定说则主张,即使违反告知义务与保险事故之间不存在因果关系,保险人亦可终止保险合同。② 亦有学者支持该观点。其理由主要如下:

第一,确定是否违反告知义务、是否发生保险人终止权,属于依据是否具备规定要件进行判断的问题。

第二,以无因果关系为由禁止终止违反告知义务的合同,并不妥当,对于不良合同,应允许终止,从保险团体中加以排除。

第三,如果封锁合同终止权而使保险人继续承担责任,则相对于认真履行告知义务的情形,有失平衡。③

第四,将该条解释为保险人不能履行终止权不符合文理解释,从但书的文字表述中,无法推导出限制终止权的解释。

第五,本条但书属于例外规定,严格解释例外规定为法律的基本原则,上述多数说和判例违反了该原则。

第六,现实中,以因果关系不存在为由请求保险金支付的案例比较罕见,尤其是从强调保险制度善意性的角度,该条款属于被提出反论较多的条款,此亦为主张废止韩国《商法》第655条但书的理由之一。④

事实上,韩国大法院要求投保人须提出强有力的因果关系不存在的证据,方能要求保险人承担保险责任,对于因果关系不存在之举证责任的严格要求,就在于认识到上述对韩国《商法》第655条但书的批判观点。兹以

---

① 相同意旨,可参见大法院1992.10.23.宣告,92 da 28259判决;1969.2.18.宣告,68 da 2082判决;大法院2001.1.5.宣告,2000 da 40353判决。
② 参见调停例99-21号(1999.7.2)等多数决定例。
③ 参见〔韩〕张庆焕:《与告知义务违反事实无因果关系的保险事故的延长和保险人的责任范围》,载韩国生命保险协会编:《生命保险》1999年12月刊,第19—20页。
④ 参见〔韩〕金星泰:《保险法讲论》,法文社2001年版,第334页。

案例述之。

大法院 1997.10.28. 宣告, 97 da 33089 判决:①被保险人加入农业协同组合(本案被告)的生命保险(名称:"一揽子保险",保险金:3 亿韩元)。《保险约款》第 10 条第 2 款但书第 2 号规定的"保险人无法证明违反告知义务之事实对保险事故的发生造成影响时"属于保险人终止权之例外情形。保险合同中,被保险人未告知自己一眼失明之事实。法律规定一眼失明者禁止受领一类普通驾照,但被保险人在驾驶仅限持有一类驾照者驾驶的车辆时于凌晨 5 点在湖南高速下行线上,因自己一方过失与前方行驶的货车追尾而死亡。此后,其受益人向被告(五山农业协同组合)请求赔付死亡保险金 3 亿韩元。

判决:对于因果关系的存在与否,只要存在能够证明违反告知义务和保险事故发生之间存在因果关系的蛛丝马迹,即不应限制保险人之合同终止权。首先,在一眼失明的状态下仅用另外一只眼驾驶货车且于夜间在高速路行驶时,相比双眼良好的情形,不仅视野受到限制,在测定距离以及均衡感的维持上皆存在障碍,而且易于疲劳,这些状况在经验法上已得到充分认可。其次,《道路交通法实行令》第 45 条第 1 款第 1 号规定,一眼失明者仅当另一眼视力达到 0.7 以上时方能领取二类驾照(即不存在受领一类驾照的可能)。但该案被保险人却驾驶着仅限一类驾照持有人驾驶的车辆,即实施了法律为防止事故的发生而禁止的行为,且该行为对事故的发生造成了影响。最后,该案事故相对方不存在过失,鉴于上述理由,可以充分认定该案交通事故完全是因被保险人在一眼失明的状态下仅用另一眼驾驶所造成的,因此,不能排除上述交通事故的发生与告知义务的违反之间不存在任何因果关系。

鉴于上述论据,告知义务的违反和保险事故间即使不存在因果关系,对保险人的终止权亦不产生任何影响。

---

① 在娱乐场所当招待员的投保人在签订保险合同时虚假告知职务为家庭主妇,并于凌晨 5 点在日本红灯区过马路时因交通事故死亡一案中,大法院亦持相同态度(参见大法院 1992.10.23. 宣告, 92 da 28259 判例)。参见保险监督院:《保险纠纷调庭评说集(财产保险)》,损害保险协会 1990 年版,第 354 页。

值得一提的是,如果可以行使终止权,则终止范围受限与否?具体而言,当保险人以投保人违反告知义务为由终止保险合同时,其终止的效力及于保险合同全部,还是仅及于违反告知义务的部分?对此,金星泰教授认为应及于保险合同全部。其理由如下:保险合同是依当事人之间的特别信赖关系为前提成立的长期、继续性的关系,对告知义务的违反,可视为保险合同关系中的重大危险信号,所以,如果终止的效力不及于未违反告知义务部分的话,并不合理。法律无须过度保护因故意或重大过失而未告知的投保人。①

4. 其他约款规定的终止事由

实务中,有些保险合同可能规定拒绝协助事故调查以及其他基于保险商品的特定事由等为终止事由。② 这些约款规定的终止事由,只要不违反韩国《商法》第663条之规定即为有效。

第三节 保险合同的复效

一、复效的概念

保险合同的复效,是指因未支付续期保险费而致保险合同效力消灭时,当事人达成的在一定条件下成立与之前合同内容相同的合同之协议(韩国《商法》第650条之2)。由此可知,复效是指当保险合同因特定事由失效时,使失效合同重新有效的约定。

韩国通说认为,复效的性质为以恢复失效旧合同的效力为目的而签订的特殊合同。易言之,投保人怠于支付续期保险费导致的保险合同失效,属于附解除条件的失效,当事人可通过有效的复效合同使旧合同不丧失效力。

在合同有效存续期内,因未缴纳续期保险费导致合同失效后,如果让投保人重新投保,不仅过程繁琐,而且有时因时间的经过(年龄的增加等)

---

① 参见〔韩〕金星泰:《保险法讲论》,法文社2001年版,第336页。
② 参见《火灾保险一般约款》第20条、第8条第2款第3号等。

导致投保人需要承担的保险费增加,甚至有时因年龄限制等导致投保人难以加入原先的保险。设置复效制度,可使失效的旧合同重新变成有效的合同,以便投保人重新受到保险的保护。①

复效制度,此前主要在人身保险实务中通过约款加以利用,但1991年修改的韩国《商法》将其作明文规定。只是在保险实务中,复效制度仅适用于人身保险,而不适用于财产保险。②

二、复效的要件

复效应通过投保人的要约和保险人的承诺方能成立。根据韩国《商法》第650条之2的规定,复效的过程为:投保人未支付续期保险费导致保险合同被终止后,在未给付终止返还金③之前,投保人在规定期间内缴纳迟延保险费及约定的利息后,可请求该合同的复效。以下就各要件分别进行说明。

（一）未缴纳续期保险费导致保险合同终止

保险合同须因未缴纳续期保险费而终止。需要注意的是,如前所述,一直以来,判例认可"失效约款"的效力,因此终止的情形也包括"失效约款"规定的犹豫期间结束的情形。但之后大法院判例改变立场,认定失效约款为无效约款。④即此处仅包括因未缴纳续期保险费而终止的情形。

（二）未支付终止返还金等

对于终止的保险合同,保险人有时需按照约款规定支付未经过部分的保险费或终止返还金。若保险人将上述款项返还投保人,保险关系即彻底结束,无复效之可能。要言之,复效要约须在给付终止返还金之前行使。但在无终止返还金的情形,无须该要件。⑤

---

① 相同意旨,可参见〔韩〕郑灿炯:《商法讲义(下)》,博英社2000年版,第541页。
② 依据我国保险法的规定,复效制度仅适用于分期支付保险费的人身保险合同,即我国《保险法》第37条规定:"合同效力依照本法第三十六条规定中止的,经保险人与投保人协商并达成协议,在投保人补交保险费后,合同效力恢复。但是,自合同效力中止之日起满2年双方未达成协议的,保险人有权解除合同。"
③ 韩国保险法规定的终止返还金即相当于中国保险法规定的保单现金价值。
④ 参见大法院1995.11.16.宣告,94 da 55852判决。
⑤ 相同意旨,可参见〔韩〕梁承圭:《保险法》,三知院2005年版,第172页。

（三）复效要约和延迟保险费的支付

因复效亦属一种合同,投保人须为复效的要约。复效的要约应从合同失效之日起一定期间内行使,该期间一般由约款规定。①

（四）告知义务的履行

拟复效保险合同的投保人,须告知从失效至行使要约之间发生的重要事项。

即使保险合同复效,保险人仍可于复效前主张告知义务的违反。但是,投保人在发出复效要约时纠正、补充之前告知内容的,保险人应以新告知的内容判断投保人是否遵守了告知义务。此时,只要投保人正确告知,保险人即不应追究复效之前相关告知义务的违反。人身保险合同复效时,保险人一般会要求投保人重新接受体检。

（五）保险人的承诺

对于复效要约,保险人须为承诺。复效承诺准用韩国《商法》第638条之2的规定[有关承诺与否的通知义务（第1款）,承诺拟制（第2款）,承诺前担保的规定（第3款）]。保险保护期间溯及效力延长至发出复效要约之时。

三、复效效果

对于复效要约,保险人一旦承诺,与终止前具有相同内容的合同得以存续。但是对于终止至复效期间发生的保险事故,保险人不承担保险责任,否则会放任投保人因怠于缴纳保险费而使合同终止后,匆忙缴纳保险费并申请复效以应对突发的保险事故,引发道德危险。

复效合同,自成立之日起,发生与未失效保险合同相同的效力。因此,原合同的无效、失效、终止等事由,在原则上由复效合同承继。②

---

① 人身保险标准约款规定为2年;机动车综合保险（对人赔偿Ⅱ）中私人轿车保险等为30天。

② 郑灿炯教授认为,一直以来对于告知义务的违反,因保险人在复效时已要求告知,所以复效后不得再次主张（参见[韩]郑灿炯:《商法讲义（下）》,博英社2000年版,第543页）。但其妥当性遭受质疑。

第二编　保险合同法分论

第一章　财产保险合同总论

第一节　财产保险合同的效力

保险合同的效力,在前一编保险合同法总论中已概括论述,本节主要探讨财产保险合同特有的效力。此外,鉴于保险人代位权作为财产保险合同的法定效果之一,甚为重要,将在第四节中予以单独论述。[①]

一、保险人的义务

在财产保险中,保险人的主要义务为损害赔偿义务,财产保险的损害赔偿具有其特殊性,以下具体述之。

（一）构成要件

第一,损害须因发生保险合同约定的危险而产生。如投保火灾险的房屋因洪水而发生灭失毁损的,则该房屋不属于赔偿对象。据此,对于保险合同未约定的危险,无须讨论保险人责任及因果关系等问题。

财产保险旨在填补损害,因此,损害的发生为保险履行损害赔偿责任的必要条件,发生危险但并未造成损害或加害人已对此为损害赔偿时,不发生保险人的损害赔偿责任。此外,此处的损害,包括保险标的(被保险利益)的全部或部分灭失或减少。

第二,保险事故必须在保险期间内发生。如果保险事故发生于保险期

[①] 保险人代位并非保险合同当事人意思表示的效果,将其作为保险合同效果加以论述存有一定疑问,但也有学者将其作为保险合同效果加以探讨。参见〔韩〕崔基元:《保险法》,博英社1998年版,第271页以下。

间之前,即使其损害发生于保险期间内,保险人亦不对该损害承担保险责任。反之,只要保险事故发生于保险期间内,即使引发的损害在保险期间终止后才显现,保险人仍需承担赔偿责任。但投保人需承担保险事故发生于保险期间内的举证责任。①

第三,损害须与保险标的相关联,即仅限于与被保险利益相关的损害。与保险标的相关且保险人应予赔偿的损害发生后,保险标的又因保险人承保范围外的危险遭受灭失时,保险人亦应赔偿其相应损失。② 例如,因火灾导致部分烧毁的房屋又因洪水而全部毁损灭失的情形,火灾保险人对该烧毁部分的损失仍应承担保险责任。③

第四,保险事故与损害之间应存在相当的因果关系。保险人仅对因保险合同约定的保险事故所造成的损害承担保险金给付义务。要言之,保险事故与损害之间须有因果关系,此处采相当因果关系说。

(二) 免责事由

财产保险存在其特有的免责事由,具体如下:

第一,因保险标的的性质、瑕疵或自然损耗造成的损害,属于保险标的内在原因或自然现象所造成的损害,不具备保险事故偶然性的要件,保险人无须承担责任。④ 该规定在原则上适用于财产保险,但在承保对他人物品造成损害的对物赔偿责任保险中,确定保险人责任范围时,亦适用。对于特定事故属于免责事由及保险事故与免责事由之间存在因果关系的事实,由保险人承担举证责任。

第二,财产保险细则上的免责事由。鉴于不同财产保险合同的特性,特定保险中的特殊事由亦可成为法定免责事由。如运输保险中发货人、收

---

① 相同意旨,可参见〔韩〕梁承圭:《保险法》,三知院 2005 年版,第 217 页。
② 参见韩国《商法》第 675 条(保险事故发生后的灭失和赔偿责任):保险标的发生保险人应承担责任的损害时,即使之后该标的因保险人不应承担责任的保险事故而灭失,也不得免除其已经发生的损害赔偿责任。
③ 参见〔韩〕郑灿炯:《商法讲义(下)》,博英社 2000 年版,第 563—564 页。
④ 参见韩国《商法》678 条(保险人的免责事由):因保险标的的性质、瑕疵或自然损耗而发生的损害,保险人不承担赔偿责任。

货人的故意、重大过失免责,①海上保险中的明显危险变更,②监航能力欠缺等事由。③

（三）损害的确定

1. 确定标准

保险人应支付的金额,根据因保险事故遭受的实际损失予以确定,并以被保险利益的价值为限。为有效落实调查并确定损失额,韩国《保险业法》专门规定了损失鉴定人制度。④ 对此,财产保险与人身保险存在较大差异。

确定损失额时,原则上以损害发生时和发生地的保险标的的价格为标准,有特殊规定者依特殊规定处理。协商确定价格的,以协定的价格作为保险价值,再计算损失额,除保险人能够证明协定的保险价值明显超过损害发生时和发生地的保险价值外,一般不能主张按照实际损失额赔偿。

须特别注意的是,计算损失额时,原则上只考虑被保险利益遭受的积极损害而不包括消极损害。因此,被保险人将来可能获得的利益或报酬的丧失,除另有规定外,保险人不予赔偿。同样,因保险标的的灭失造成租税减免的部分,亦不予赔偿。⑤

2. 新价保险

（1）新价保险的概念及其被保险利益

由于近来因物价上涨等原因导致保险给付的实际价值不足以满足恢

---

① 参见韩国《商法》第692条(运输辅助人的故意、重大过失和保险人的免责):发货人或收货人的故意或重大过失导致保险事故发生的,保险人不承担因此发生的损害赔偿责任。

② 参见韩国《商法》第701条(航海变更的效果):1. 船舶未从合同中规定的起运港出港的,保险人不承担责任。2. 船舶驶向合同未规定的其他到货港的,与第1款相同。3. 保险合同开始后,变更保险合同规定的到货港的,自决定变更航海时起,保险人不承担责任。第702条(迟延启航或航行的效果):被保险人无正当理由迟延启航或航行的,对于迟延启航或航行后发生的事故,保险人不承担责任。

③ 参见韩国《商法》第706条(海上保险人的免责事由):保险人不承担下列损害和费用的赔偿责任:(1) 为船舶或运费投保的,因船舶起航时未作安全航海所必要的准备或未备置必要的文件造成的损害;(2) 为运载货物投保的,因船舶工作人员、发货人或收货人的故意或重大过失造成的损害;(3) 引船费、入港费、灯塔费、检疫费或与运载货物有关的航海中通常所需的费用。

④ 参见韩国《保险业法》第185条以下。

⑤ 参见〔韩〕梁承圭:《判例教材》,法文社1985年版,第15、22页。日本大审院1916.9.27判决(要点):所谓损害发生时的价值,是指事故发生时保险标的的市场价格。但正如清酒,市场价格包含一定的税金,在因灾害废弃而被免税的情形,实际损失额应等于市场价格减去税金的数额。

复原状的需要,在一定限度内,如在住宅、机器设备的火灾保险中,开始适用以保险标的的再调整价格①予以赔偿的新方式。如在机器设备保险中,规定"本特约规定的保险标的的保险金额为与保险标的属于同种类型,具有相同性能的新机械、机械设备、装置以及钢制构造物的新调整价格。"②此即为新价保险,其合法性已得到普遍认可。韩国《商法》第676条第1款亦制定但书,规定若当事人另有约定,可依特约的新品价格计算损失额。

新价保险的被保险利益须具有合法性。新价保险的效力曾因违反财产保险中的实损赔偿原则而被否认,认为赔偿金额超过灭失、毁损的保险标的时价的新价保险不合法。但须注意的是,对被保险利益的解释不宜过于形式化、僵硬化,应具有弹性,有关企业、个人要求以再调整价格给予补偿具有合理性,因此如今大部分国家均承认其合法性。

新价保险属禁止因保险获利原则的例外情形,但保险政策之所以对其予以认可,原因在于新价保险的目的并非使被保险人获利,而是填补保险事故造成的经济损失,以满足被保险人的需求。③

(2) 超新价保险

相比新价保险调整与保险标的同种类型、相同性能新品的目的,超新价保险则旨在调整具有更"高"性能以及更"高"价格的新品。此类保险在电脑等高端机器领域内尤为重要。电脑不同于一般机器,技术发展极快,特定型号的机器寿命很短,旧型号很容易成为绝版,因此在事故发生时常难以找到已经停止生产的同类型电脑,也无法适用再调整价格。

对于超新价保险的合法性,理论上亦素存争议。大多数企业对于价格昂贵、更新速度极快的大型电脑,常不采取买卖方式而通过租赁达到使用的目的。租赁公司只要能够预测到新兴电脑的出现并提出购买计划,并从承租者处收取相当于购买费用的合理租赁费,即可充分运用资金,无超新价保险的必要。易言之,对于租赁业者来说,当租赁标的物受损时,若能修理则只需获得相当于修理费的保险金,若无法修理,则只需获得相当于标

---

① 所谓"再调整价格",是指如果当前重新买入财产应支付的估价。
② 参见《组装保险特约约款》第5条,《高品机械特约条款》第1条。
③ 参见〔韩〕梁承圭:《保险法》,三知院2005年版,第191—192页。

的物的保险金即可。因此,超新价保险的现实可操作性不大。

3. 确定损失额的费用

依据韩国《商法》第 676 条第 2 款的规定,原则上由保险人承担损失额确定的费用。但是,当事人对约款中损失额的算定存在异议时,可根据一定方式选任损失核定人或仲裁员判定处理。此时,通常由双方当事人均摊费用。

4. 损害防止费用

依据韩国《商法》第 680 条的规定,投保人、被保险人均负有损害防止义务,相关费用应全部由保险人承担。对此问题,将在保险人义务一节中作详细说明,兹不赘述。

5. 未缴纳的保险费的扣除

依据韩国《商法》第 677 条的规定,保险人赔偿损失时,如果尚存未缴纳的保险费的,可从应支付的保险金中扣除该未缴纳部分。值得注意的是,即使未缴纳的保险费尚未到期,仍可从中扣除。

(四) 具体赔偿方式

保险人赔偿的方式原则上为货币赔偿,但必要时,亦可通过其他给付形式予以赔偿,①即通过修理、重建等实物赔偿方式代替保险金的支付。实物赔偿较货币支付,更能遏制可能滋生的道德危险。②

(五) 小损害免责制度

前文已述,在一定情形下,保险人可依据免责条款,免除其应承担的保险责任。此外,保险人还可依据小损害免责制度,约定在一定情形下,由被保险人自行承担一定比例的损失,减少自己应承担的赔偿责任。小损害免责责制度(又称扣除金制度),③由 1779 年英国劳合社(Lloyd's)总会加以规定,历史悠久。韩国采用该制度,原因在于,当损失额极少时,按常规的赔

---

① 参见韩国《商法》第 638 条(保险的意义):保险是指当事人一方按照合同约定支付保险费,另一方承诺在其财产、生命、身体上发生不确定的事故时,向对方支付一定的保险金及其他给付的行为。
② 当受损财产具有较大修复必要性时,社会政策亦提倡实物赔偿。
③ 参见韩国保险开发院:《Deductible 设定和费率计算模型》,载《海上保险》1993 年 4 月,第 25 页以下。

偿程序(事故通知,损害核定,支付保险金的计算等)费用高昂且无实际意义。该制度在单独计算保险费率的船舶保险中得到了灵活运用。近年来,在机动车保险中亦得到广泛采用,称为"自己负担额"。①

该制度的意义主要有以下五点:第一,在核定、调整以及处理损害所需费用超过保险金数额的小额保险中,有利于节省保险团体的运营费用;第二,根据投保人的财务状况以及危险管理的能力设定合理的扣除金额,可以降低保险费,扩大市场需求;第三,减少道德风险,投保人直接保留一部分危险,可提高其对危险管理的认知,抑制道德危险的发生;第四,保险人可以弹性运用保险费率,保险费率的自由化有助于费率竞争的强化;第五,个别投保人根据以往经验设定扣除金额,相比直接提高对事故多发的不良投保人的保险费率,更具有获取更多保费的可能性。

小损害免责制度的运营方式大致可分为扣除式和综合式。② 假设保险为全额保险,兹以图表说明此两种方式的差异。

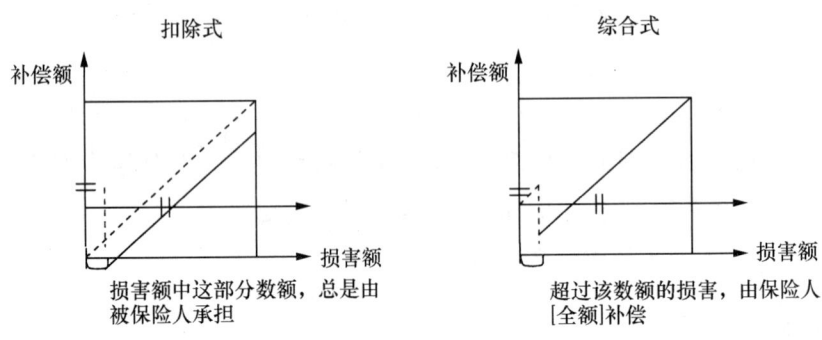

二、投保人、被保险人的义务

在财产保险中,投保人、被保险人的主要义务是损害防止、减轻义务(或简称损害防止义务),即发生保险事故时,投保人、被保险人应尽力防止

---

① 即中国汽车保险合同中的免赔率。
② 可参见修改前的韩国《商法》第707条。1991年修改韩国《商法》时删除了该条,当事人可通过约款加以规定。

损害的发生以及减轻损害的程度。① 修改前的韩国《商法》只规定了"防止",而修改后的韩国《商法》将其修改为"防止和减轻",扩大了该义务的范围。

规定该义务的原因在于,保险事故发生后,投保人、被保险人若不尽力防止损害的发生,甚至放任损害的发生和扩大,有违保险人的合理期待、利益平衡和诚信原则。保险金的过多支出,不但不利于保险团体的全体成员,而且还会造成财产上的浪费,影响国民经济的发展。因此,基于以上公益性的目的,有必要在法律上确定该义务。

关于财产保险中损害防止、减轻义务性质的认定,学说上亦存在对立观点。目前通说认为,该义务非单纯的间接义务,而是法定义务。② 另外,有关该义务的约款内容,性质上仍为合同的部分内容,而非"附属于保险合同的个别合同"。③ 下文就损害防止、减轻义务作简要介绍。

(一) 损害防止、减轻义务的内容

损害防止、减轻义务的义务人,包括投保人和被保险人(韩国《商法》第680条本文)及其代理人。④ 在民事损害赔偿法中,也有类似损害防止义务的规定,⑤但内容不同。另外,损害防止、减轻义务属于财产保险的通则义务,但有观点认为,在伤害保险中亦须认定该义务。⑥

损害防止、减轻义务,是指在保险事故发生后,为防止损害扩大而规定的义务,其并非为预防保险事故本身,所以在原则上自保险事故发生时义

---

① 参见韩国《商法》第680条(损害防止义务):1. 投保人和被保险人应尽力防止损害的发生,因此支出的必要或有益的费用和赔偿金,即使超过保险金额,仍应由保险人承担。2.(删除)。

② 参见〔韩〕梁承圭:《保险法》,三知院2005年版,第229页;〔韩〕郑灿炯:《商法讲义(下)》,博英社2000年版,第567页;〔韩〕崔基元:《保险法》,博英社1998年版,第276页。

③ 参见大法院1977.1.17.宣告,71 da 2116判决;大法院1991.5.14.宣告,90 daka 25314判决。〔韩〕梁承圭:《判例教材》,法文社1985年版,第206页[15—29]判决。

④ 参见〔韩〕崔基元:《保险法》,博英社1998年版,第276页;《英国海上保险法(MIA)》第78条第4款。海上保险中,船长通常也属于损害防止、减轻的义务人(〔韩〕梁承圭:《保险法》,三知院2005年版,第222页;〔韩〕崔基元:《保险法》,博英社1998年版,第276页)。另外,《海上货运保险约款》第16条第1款规定,不仅代理人属于义务人,而且雇员也属于义务人。

⑤ 参见大法院1999.6.25.宣告,99 da 10714判决(要点):基于诚信原则或公平负担损害之损害赔偿制度理念,不法行为的被害人具有努力防止损害扩大或减少损害的一般义务,被害人无合理理由不履行该损害防止、减轻义务的,法院在确定损害赔偿数额时,可类推适用韩国《民法典》第763条、第396条的规定,考量被害人放任损害扩大这一义务不履行的事实。

⑥ 参见〔韩〕梁承圭:《保险法》,三知院2005年版,第228页;德国VVG第183条。

务人始承担该义务。① 但是,对于不知保险事故发生的义务人,要求履行该义务似有不妥,因此,理解为自知道保险事故发生之时起开始承担该义务更为妥当。② 此外,在火灾保险中,当被保险人得知邻居房屋发生火灾时,虽然自己的保险事故尚未发生,但为防止火灾蔓延至自己房屋需采取适当措施,即负有基于诚信原则的危险预防义务(向消防局报火警,搬出贵重物品等)。③

义务人防止和减少损害的程度,应达到保护自己利益不受损害而付出的努力程度。④ 此外,该努力一旦作出,无须考虑结果是否成功。需特别注意的是,虽然韩国《商法》第680条但书规定,保险人应承担必要或有益的费用,但这并不以义务人履行义务必须取得成果为前提。⑤

(二) 损害防止费用的处理

损害防止、减轻费用,是指在财产保险中,当保险事故发生时,损害防止义务人为防止损害的扩大和减轻,实施相关行为的费用。大法院的判决对韩国《商法》第680条规定的损害防止费用作如下解释:韩国《商法》第680条规定的损害防止费用,是指发生保险人承保的保险事故时,为防止因该事故造成损害或防止损害的扩散以及减轻损害的程度而采取的行为所必要或有益的费用。⑥

1. 未发生保险事故但存在紧急状态的情形

上述为防止损害扩大而支付的必要、有益费用,在原则上以保险事故的发生为前提。但须注意的是,韩国判例认为,出现特殊事由时,即使保险事故未发生,仍可适用韩国《商法》第680条但书的规定。⑦

---

① 德国 VVG 第62条第1款规定"从保险事故发生时"。
② 实务中约款的表述依保险种类的不同而多样,确有"知道发生保险事故时起,努力防止、减轻损害"的规定(参见《机动车者保险约款》第47条)。
③ 参见〔韩〕梁承圭:《保险法》,三知院2005年版,第230页,"虽未发生保险事故,但在不可避免的情况下,发生可视为保险事故情形的,亦应认定该义务"的观点。
④ 亦有学者认为,"根据诚信原则,相当于处理自己事情的关心程度"。参见〔韩〕郑灿炯:《商法讲义(下)》,博英社2000年版,第568页。
⑤ 参见〔韩〕崔基元:《保险法》,博英社1998年版,第286页。
⑥ 参见大法院1995.12.8.宣告,94 da 27076 判决。
⑦ 参见韩国《商法》第680条但书:但因此而支出的必要或有益的费用和赔偿金,即使超过保险金额,仍应由保险人承担。

大法院1993.1.12.宣告,91 da 42777判决:在财产保险中被保险人为防止损害的扩散而支出的必要、有益费用应由保险人承担(韩国《商法》第680条第1款),该规定在原则上以保险事故的发生为前提。易言之,在属于财产保险之一的责任保险中,对于保险人不承担责任的事故,不存在损害防止义务,亦不发生保险人承担费用等问题。但如果事故发生,在未确定被保险人有无法律责任的状况下,被保险人为了防止损害的扩大采取了相应的紧急措施,如使失去意识的被害人能够迅速得到治疗,由此发生的必要、有益费用,亦可适用上述但书规定,由保险人承担。

上述判决认为,为防止损害扩散而采取紧急行为所产生的治疗费用中,至接到保险人免责通知时止的费用,应由保险人承担。另有观点认为,尽管尚未认可上述观点的现实必要性,但仅从理论上而言,无任何根据,关于韩国大法院设定的免责通知的时间标准,亦无合理依据。①

2. 责任保险中被保险人支出的防御费用

在责任保险中,被保险人为防御第三人行使请求权,支出的律师费等防御费用,在原则上亦应由保险人承担。② 但该费用是否属于损害防止费用,存在争议。

多数说③和韩国判例④的观点均认为,责任保险人的防御费用属于损害防止费用,但亦有反对意见,详细内容可参见责任保险一章。

---

① 参见〔韩〕金星泰:《保险法讲论》,法文社2001年版,第433页。
② 参见韩国《商法》第720条第2款(被保险人支出的防御费用的负担):提供担保或提存可避免审判执行的,被保险人可请求保险人以保险金额为限提供担保或提存。
③ 参见〔韩〕梁承圭:《保险法》,三知院2005年版,第355页;〔韩〕梁承圭:《防御费用和损害防止费用的界限》,载《损害保险》1996年10月,第123页;〔韩〕高平石:《责任保险合同论》,三知院1990年版,第189页。
④ 参见大法院1995.12.8.宣告,94 da 27076判决(要点):(1) 韩国《商法》第720条第1款规定的防御费用,是遭受人或物损害的被害人,向被保险人请求损害赔偿时,被保险人为了防御该请求,而支出的裁判上或裁判外的必要费用。在尚未收到被害人的损害赔偿请求时,无法认定防御费用,但并非仅在被害人提起裁判上的请求时方可认定防御费用。但是,如果被保险人在该被害人尚未提起裁判上的请求甚至尚未提起裁判外的请求时,向第三人提起诉讼而支付的律师费,不应属于《商法》第720条所规定的防御费用。(2) 韩国《商法》第680条规定的损害防止费用是指当发生保险人承保的保险事故时,为防止损害的产生或防止、减轻损失的扩大而采取的行为所必要或有益的费用。因此,被保险人为防御被害人提出的损害赔偿请求而支付的防御费用属于损害防止费用,但是,尽管被保险人应该确定因保险事故而发生的损害赔偿义务,但任意介入无任何意义的诉讼而支出的律师费,不属于损害防止费用。

3. 非补偿对象损害的防止费用

因回避、减轻非保险合同约定承保的损害而发生的费用,不属于保险人赔偿的对象。① 对此,曾有韩国判例认为,为防止法院拍卖命令所生损害而支出的费用,不属于损害防止费用。

首尔高法 1980.8.19. 宣告,77 da 340 判决:② 船舶(瑞士传播号[Metropolis])因暴风和巨浪受损,在避风港对船体进行检查后,发现损害程度非常严重,必须做较大修理才能继续航海。但是船主因资金不足无法着手修理,这期间因船长、船员提起诉讼而导致该船舶被扣留。接到消息的货主(该案保险合同的被保险人)为了保护船上所装载的废铁的权利,委派副社长等赴美国调查,却接到 Oregon 州法院有关拍卖承载上述废铁船舶的命令,称如果拍卖成功后 30 日内货主(原告公司)不从船舶上搬出货物,视为抛弃货物权利,故通知保险人委付。然该委付遭到保险人的拒绝,被保险人的派遣人员等遂委托美国律师取消废铁拍卖,要求将货物搬出船舶并以 16 万美金出售,以使损害最小化。其后被保险人以损害防止费用为名请求委派职员所花费用和律师费用共 24 000 美元。

判决要点:损害防止费用是指为了防止或减轻因保险证券上担保的危险造成的损害所支出的费用,故防止因法院拍卖命令所产生的损害而支出的费用,不能视为为防止或减轻因保险证券上担保的海上固有的危险引起的损害而支出的费用。

关于处理损害防止费用的原则,有以下几种:(1)保险人承担全额。韩国《商法》第 680 条规定,投保人、被保险人负有损害防止义务,即使其费用和应支付补偿额超过保险金数额,也应由保险人承担。该规定从公益角度,对防止、减轻损害的行为进行奖励。(2)海上保险的特则。在海上保险中为保险标的的安全或保存而支出的特别费用属于损害防止费用。修改后的韩国《商法》第 694 条之 3 亦明确规定该费用由保险人承担,并且该费用的最高限额为保险金额。

---

① 英国 MIA 第 78 条第 3 款明确规定:Expenses incurred for the purpose of averting or diminishing any loss not covered by the policy are not recoverable under the suing and labouring clause。

② 该判决为上述大法院 1977.1.17. 宣告,71 da 2116 判决的返送判决。

（三）韩国《商法》第 680 条但书的强行规定性

实务中，存在保险约款中特别约定保险人不承担损害防止费用，或只在保险金额内承担的情形。但是，韩国《商法》第 680 条的规定属强行性规定，且上述内容的约定属于韩国《商法》第 663 条规定的"对投保人等的不利变更"，应属无效。①

从立法论上看，依保险人指示采取行为所需的费用，即使超过保险金额，仍应由保险人承担，但也有学者主张，对于未依据保险人指示而发生的损害防止费用，保险人亦应以保险金额为限承担赔偿责任。② 通说认为，因损害防止、扩散阻止行为多在保险事故发生的紧急状况下实施，将有无保险人的指示作为标准并不合实际。

（四）不足额保险和损害防止费用

在不足额保险中，保险人按投保比率承担赔偿责任。③ 在不足额保险中的比例赔偿原则④作为财产保险通则的规定，同样适用于损害防止费用，因此修改后的韩国《商法》删除了准用该原则的第 680 条第 2 款。⑤

根据上述比例原则，未得到赔偿的剩余损害防止费用，应由投保人承担。若根据比例原则计算出的损害防止费用和应支付保险金的总额超过合同约定的保险金额的，亦适用韩国《商法》第 680 条但书的规定。⑥

（五）损害防止费用可否代位

损害防止费用，是在政策性层面上，商法规定由保险人承担的费用，该

---

① 相同意旨，可参见〔韩〕徐燉珏、郑完溶：《商法讲义（下）》，法文社 1998 年版，第 417 页；〔韩〕孙珠瓉：《商法（下）》，博英社 1997 年版，第 586 页；〔韩〕郑灿炯：《商法讲义（下）》，博英社 2000 年版，第 569 页；〔韩〕崔基元：《保险法》，博英社 1998 年版，第 286 页。相反，〔韩〕蔡夷植：《商法讲义（下）》，博英社 1996 年版，第 559 页，主张有效说。

② 参见〔韩〕梁承圭：《保险法》，三知院 2005 年版，第 233 页。1991 年韩国《商法》修改时，也有人主张损害防止费用超过保险金额的，保险人仅对事先得到保险人指示或承认而采取的损害防止行为支付费用，对超过部分，承担补偿责任，但基于保护投保人，未被采纳。

③ 但作出第一危险保险（First Loss Insurance）特约的情形，与此不同。

④ 参见韩国《商法》第 674 条（不足额保险）：签订不足额保险合同的，保险人应按保险金和保险价值的比例承担赔偿责任。但当事人另有约定，保险人应以保险金额为限承担损害赔偿责任。

⑤ 〔韩〕张庆焕：《修改保险合同法教育》，第 37 页。修改前的韩国《商法》第 680 条第 2 款：第 674 条的规定，亦准用于前款但书的情形。

⑥ 参见〔韩〕梁承圭：《保险法》，三知院 2005 年版，第 233 页。

费用应从保险人请求权代位①的范围中排除。换言之,若损害是因第三人行为造成的,保险人向该第三人代位行使的部分仅限于保险给付的部分,即使已经支付了损害防止费用,亦不能代位。

（六）违反义务的效果

损害防止义务是财产保险合同赋予投保人、被保险人的重要义务。韩国《商法》并未对怠为履行该义务的后果作出规定,存在立法缺陷。② 学说对此存在以下对立观点:

1. 不论该义务的违反是否存在可归责于义务人的主观性事由,保险人均可从保险金中扣除因违反义务所造成的损失额。

2. 该义务的违反须以故意或重大过失为主观要件,保险人由此可请求赔偿因此造成的损害,并依抵消原理,从应支付的损害赔偿额中扣除该损失额。

3. 区分因轻过失造成的违反和因故意、重大过失造成的违反,分别规定不同的效果。因轻过失违反义务的,保险人可请求由此造成的损害赔偿,并可从保险金中扣除该损失额;因故意、重大过失违反义务的,基于保护公共利益的宗旨,免除保险人的赔偿义务。然有批判观点认为,以故意、重大过失为由免除保险人责任,对被保险人过于苛刻,而此处观点认为该义务在公益上得到认定,应属合理。③

通说认为第二种观点较为合理。要言之,由于保险事故发生时,很难期待义务人总能冷静地进行判断,若义务人仅因轻过失造成义务的违反,

---

① 参见韩国《商法》第682条（对第三人有关的保险代位）:损害是因第三人的行为而发生的,已支付保险金的保险人,以其支付的金额为限,取得投保人或被保险人对该第三人的权利。但保险人支付应予赔偿的部分保险金时,以不损害被保险人的权利为限,行使该权利。

② 我国保险法规定了在财产保险中投保人、被保险人的损害减损义务,然对于该义务违反的后果亦未作规定。有观点认为此并非立法上的漏洞,因被保险人施救能力不同,且实践中施救行为作用于损失的比例难以确定,如立法对保险人免于赔偿因违反损害减损义务所致的扩大损失加以肯定,易造成保险人乱用该规定拒绝赔偿。有观点则认为,该规定为强制性规定,违反该义务且存在过错的,保险人不须就扩大损失部分承担赔偿责任,至于过错程度,应将轻微过失排除在外。参见奚晓明主编:《〈中华人民共和国保险法〉保险合同章条文理解与适用》,中国法制出版社2010年版,第379页—380页。

③ 参见〔韩〕崔基元:《保险法》,博英社1998年版,第283—284页。〔韩〕蔡夷植:《商法讲义（下）》,博英社1996年版,第558页,基本上也持该观点。

遭受不利益而不能充分得到赔偿的话,对义务人过于苛刻。此外,如果在无明文规定的情形下,保险人行使积极意义的损害赔偿请求权,缺乏依据。反之,允许保险人消极地从保险金中扣除其损失额,则较为妥当。

值得注意的是,除上述损害防止义务外,财产保险的投保人还负有保险费缴纳义务和各种通知义务等。对此,保险通则中保险合同效力一节已详细论及,此处不再赘述。

三、保险金请求权人和担保权人之间的关系①

(一) 确保担保权人权利的方法

财产保险,尤其在物件保险中,保险标的上存在抵押权、质权等担保权的,如果该标的物灭失、毁损,则以控制该标的物交换价值为目的的②担保权人将遭受损失。因此担保权人可通过财产保险以以下方式维护自身权益:第一,签订以债务人为投保人,自己为被保险人的为他人的保险合同。韩国判例亦肯定了该方法的合法性。③第二,债权人将担保权人的利益作为被保险利益签订为自己的保险合同。④ 第三,债务人签订为自己的保险合同,而担保权人在保险金请求权上设定质权(一般在保险证券中载明其宗旨,并从被保险人处取得保险证券)。

(二) 财产保险金请求权上的质权

在财产保险金请求权上设定质权,须具备以下两个要件:第一,质权人

---

① 参见〔韩〕梁承圭:《保险法》,三知院 2005 年版,第 225—227 页。
② 该问题与物上代位的本质,即为行使物上代位而要求扣押的观点相联系。对此,主要有三种观点。首先,韩国通说(即物上代位价值权说)将抵押权的物上代位本质理解为当然有效。原因在于,抵押权是以掌握交换价值为目的的价值权,因此,抵押权设定人依据标的物的灭失等取得的标的债权,仅为该标的物的交换价值的体现。此外,抵押权的物上代位并非保护典权人的例外特则,而是抵押权之价值权本质的原则效力。其次,日本学术界存在抵押权的物上代位并非是从典权上当然产生,而是法律为保护抵押权人而特别承认的特权效力(物上代位特权说)的学说。还有折中上述两种观点的学说。详细内容可参见〔韩〕李得焕:《物上代位中的"支付或交付前的扣留"》,载《民事判例研究》1999 年 4 月,第 120 页以下。
③ 可参见大法院 1978.1.17. 宣告, 77 nu 221 判决:签订海上保险合同时就船舶全损情形约定受益人为最高额抵押权人,一旦该船舶发生全损,该保险金支付请求权则当然归属于最高额抵押权人。
④ 作为参考,德国 VVG 第 105 条明文规定了抵押保险。但事实上,其合法性备受争议。

（债权人）和被保险人（债务人或物上保证人）达成合意。① 第二,保险单移交至质权人。原因在于,在保险金请求权上设定的质权属债权质权,只需交付债权证书即产生效力。②

需注意的是,在为他人的保险合同中,因投保人不享有保险金请求权,所以投保人不得作为质权设定人（出质人）设定质权,即投保人所签订的设定质权合同无效。

此外,作为对保险人的对抗要件,应为有关质权设定的通知或承诺;作为对保险人以外者的对抗要件,应明确日期。③

对于保险金请求权上已设质权的保险合同,若保险期间延长或承保危险的范围扩大（例如,投火灾险后约定追加承保因洪水造成的损害）,质权效力能否及于增加的保险金存在争议。对此,通说认为,延长后的合同与原合同属于独立的两个合同,质权人须重新设定并取得新的质权,即采否定说。换言之,除认定新合同与旧合同具有同一法律效力或设定质权时预料到担保范围可能扩大的情形外,质权不能及于期间延长后或承保范围扩大后的保险金。

（三）与抵押权之物上代位的关系

债务人为担保物签订了为自己的保险合同,而担保权人未采取上述（一）中的任何措施时,应如何处理?对此,可依据韩国民法上的物上代位制度处理。根据韩国民法对担保权设定人因担保物的灭失、毁损或国家征收而将获得的货币以及其他物品,担保权人亦可行使担保权,但行使该权利,须在支付金钱或交付物品之前将其扣押。④ 问题在于,对于因担保物

---

① 在保险金请求权上设定质权,极少制作质权设定合同,即在通常情况下就达成物权合意的时期并不明确。一般情况下,当质权人和质权设定人（出质人）联合向保险公司提交质权设定通知书时,视为达成物权性合意。

② 参见韩国《民法典》第347条（权利质权设定契约的要物性）:以债权为质权标的的情形,有债权证书的,质权的设定自向质权人交付该证书时生效。

③ 参见韩国产业银行编:《金融法律实务（信贷篇）》,(1995)第385—386页。

④ 参见韩国《民法典》第342条（物上代位）:质权,亦可对出质人因质物的灭失、毁损或公用征收而取得的金钱或其他物行使。在此情形,应在支付金钱或交付其他物之前将其扣押。第355条（准用规定）:除本节规定外,权利质权准用有关动产质权的规定。第370条（准用规定）:第二百一十四条、第三百二十一条、第三百三十三条、第三百四十条、第三百四十一条、第三百四十二条规定,准用于抵押权。

的灭失、毁损而受领的保险金,担保权人(债权人)能否行使物上代位存在争议。

1. 学说

韩国《商法》对于被保险人因保险标的灭失、毁损而受领的保险金,能否行使物上代位未作任何规定。对此,学说分为肯定与否定两说。

(1) 肯定说

肯定说认为,担保物权的目的不在于取得标的物的实体,而在于取得其交换价值,因此对保险金请求权亦可行使物上代位。[1] 在金融实务中,亦普遍采纳肯定说。保险人可基于对抗被保险人的条件对抗担保权人。[2]

但是,对于扣押是否须由担保权人本人行使,存在分歧。一种观点认为,考虑到对保险金请求权的物上代位须以保险金支付之前的扣押为要件这一点,如果担保权人不扣留保险金,将无法对第三人行使优先受偿权,即扣押须由担保权人本人行使。[3][4]另一种观点认为,扣押债权的目的在于保存特定的标的物,由第三债权人扣押时亦可达到该目的,所以第三债权人已为扣留时,亦可行使物上代位(所谓的"特定性保存说")。[5] 韩国判例采后一观点。

大法院 1998.9.22. 宣告,98 da 12812 判决:韩国《民法典》第 370 条、第 342 条但书之所以规定抵押权人行使物上代位权,须在抵押权设定人收取金钱或其他物品的支付或交付之前进行扣留,是为了维持作为物上代位的标的之债权的特定性,并在保持其效力的同时使第三人免受不测之损

---

[1] 主要国家的立法例明文肯定该观点。参照法国保险法 L.121-13 条(但限制了保险种类),德国 VVG 第 99—105 条,瑞士保险法第 57 条等。我国保险法对此问题并未作出相关规定,但《物权法》第 174 条(担保物的物上代位)规定:担保期间,担保财产毁损、灭失或被征收等,担保物权人可以就获得的保险金、赔偿金或者补偿金等优先受偿。被担保债权的履行期未届满的,也可以提存该保险金、赔偿金或补偿金。

[2] 参见〔韩〕梁承主:《保险法》,三知院 2005 年版,第 226—227 页;〔韩〕郑灿炯:《商法讲义(下)》,博英社 2000 年版,第 566 页。鉴于担保物权的目的在于取得标的物的交换价值,予以肯定。

[3] 参见〔韩〕梁承主:《保险法》,三知院 2005 年版,第 227 页。

[4] 物上代位权人扣押的其他观点,参见〔韩〕李承焕:《物上代位中的"支付或交付前的扣留"》,载《民事判例研究》1999 年 4 月,第 21 页。

[5] 参见〔韩〕郭润直:《物权法》,博英社 1992 年版,第 543 页。

害、事故。若第三人已扣留了抵押权标的物之变形物的金钱或其他物品，则该金钱、物品已经特定化，即使抵押权人自己未予扣押，亦可行使物上代位权，比一般债权人优先受偿。①

（2）否定说

否定说则认为，对财产保险金不能行使物上代位，因担保标的物并不总是为财产保险所担保，而且保险金请求权是根据单独的有偿合同所产生等。此外，鉴于保险金并非赔偿人代位②的客体，且担保权人对保险标的物还可通过其他保险合同上的对应措施予以保护，则否定说更为妥当。③

2. 质权人与抵押权人的关系

关于质权人与抵押权人的关系，因保险标的上的抵押权和保险金请求权上的质权属于不同的权利，抵押权人与非抵押权人皆可在保险金请求权上设定质权。质权的顺序与抵押权的顺序无关，当第一、二顺位的抵押权人各自取得质权并发生竞合时，质权之间的顺序按照质权确定之日的先后加以确定，与抵押权的顺序无关。但是，就同一保险金请求权，质权人与通过抵押权取得物上代位权之人发生竞合时，何者优先？此时需比较质权人的设定日和抵押权人为物上代位而行使扣押的日期，以确定先后顺序。④

第二节　财产保险合同的变更

本章介绍财产保险中特有的变更事由，包括保险价值的变更、被保险利益的消灭和保险标的的转让。

一、保险价值的变更

在因某些原因导致保险价值减少或上升时，需要对保险合同的内容作

---

① 相同意旨，可参见大法院 1990.12.26. 宣告，90 daka 24816 判决；大法院 1994.11.22. 宣告，94 da 25728 判决；大法院 2003.3.28. 宣告，2002 da 13539 判决。
② 参见韩国《民法典》第 399 条（损害赔偿人的代位）：债权人将债权标的物或权利的全部价额作为损害赔偿受领的，债务人就该物或权利代位债权人。
③ 参见〔日〕西岛梅治：《保险法》，悠悠社 1991 年版，第 262—263 页。
④ 参见韩国产业银行编著：《金融法律实务（信贷篇）》（1995），第 386—387 页。

出变更。如约定的保险金额明显超过保险价值的,合同当事人均可请求减少保险金或保险费;①在保险期间内,因物价变动等原因致使保险价值显著减少的,亦同。② 关于超额保险,前已详述,在此不再赘述。③ 但其中须注意的是,由于保险人已对减额之前的保险价值承担了风险,在超额保险中有关保险费减额的请求仅对未来生效,不具有溯及效力。④

二、被保险利益的消灭

被保险利益一旦消失,保险合同即失去存在意义,保险合同当事人亦无必要维持合同。如投火灾险的住宅在保险期间因洪水灭失的情形即为如此。因此,除另有约定外,投保人可请求返还未到期的保险费。⑤

三、保险标的的转让⑥

保险标的的转让,是指被保险人依据合同,将作为财产保险标的的标的物转让给第三人的行为。保险标的转让后,与此相关的财产保险关系将如何处理? 韩国《商法》就此作出了特殊规定。

(一) 法理依据

财产保险的有效成立,须被保险人就保险标的具有特殊的法律、经济

---

① 参见韩国《商法》第 669 条第 1 款:保险金显著超过保险标的的价值时,保险人或投保人可请求减少保险费和保险金。

② 参见韩国《商法》第 669 条第 3 款:保险期间,保险价值显著减少的,适用第 1 款规定。

③ 如前所述,尤其在超额保险里,投保人欺诈的,合同无效,保险人仍可请求得知该事实时止的保险费(韩国《商法》第 669 条第 4 款)。

④ 参见韩国《商法》第 669 条第 1 款但书:但保险费的减少仅对未来生效。

⑤ 参见韩国《商法》第 649 条第 3 款(保险事故发生之前的任意终止):第 1 款的情形,如果当事人之间无其他约定的,投保人可请求返还未到期的保险费。

⑥ 我国 2002 年修订的《保险法》未就保险标的转让对保险合同有无影响及不通知保险人的法律后果作出规定。2009 年修订的《保险法》则作了较大改动。明确了保险标的转让的法律后果、保险人在保险标的转让而导致危险程度增加时的权利,还明确了违反通知义务的后果。即《保险法》第 49 条规定:"保险标的的转让的,保险标的的受让人承继被保险人的权利和义务。保险标的的转让的,被保险人或者受让人应当及时通知保险人,但货物运输保险合同和另有约定的合同除外。因保险标的的转让导致危险程度显著增加的,保险人自收到前款规定的通知之日起 30 日内,可以按照合同约定增加保险费或者解除合同。保险人解除合同的,应当将已收取的保险费,按照合同约定扣除自保险责任开始之日起至合同解除之日止应收的部分后,退还投保人。被保险人、受让人未履行本条第二款规定的通知义务的,因转让导致保险标的的危险程度显著增加而发生的保险事故,保险人不承担赔偿保险金的责任。"

上的利害关系,即被保险利益。保险标的一旦转让,被保险人即失去了被保险利益,保险合同理应丧失效力。另一方面,因为取得保险标的的受让人与保险人将并不存在任何保险关系,受让人的利益也难以得到保护。因此,受让人受让保险标的后,其被保险利益在签订新保险合同之前处于无保险状态,而转让人则相当于浪费了转让之后所承担的保险费,对转让双方当事人均不利。

上述不利结果不仅违背了转让、受让人的合理意愿,而且导致保险关系的断绝,甚至因丧失顾客而造成保险人利益的损害。① 为解决上述问题,韩国《商法》制定了相关规定,保证被保险人转让保险标的时,原保险关系仍然存续。②③

(二) 转让的种类

韩国保险实务中,保险标的转让的种类主要如下:

1. 根据意思表示的所有权转移

此处所指的标的转让,包括债权转让和因物权变动造成的所有权的转移。④ 但保险标的的转让,只须发生物权转移即可充分实现,不考虑登记的变更或债务人的通知、承诺等对抗条件,⑤ 也不考虑转让的有偿或无偿。⑥ 另外,营业转让也是基于意思表示的权利转移,也属于转让。可见,转让不考虑转让代价之有无及其原因。⑦

---

① 参见〔韩〕徐燉珏、郑完溶:《商法讲义(下)》,法文社1998年版,第424页。
② 参见韩国《商法》第679条第1款(保险标的转让):被保险人转让保险标的的,推定受让人承继保险合同的权利义务。
③ 相同意旨,可参见〔韩〕孙珠瓒:《商法(下)》,博英社1997年版,第597页;〔韩〕郑灿炯:《商法讲义(下)》,博英社2000年版,第582页。
④ 参见〔韩〕郑灿炯:《商法讲义(下)》,博英社2000年版,第583页;〔韩〕崔基元:《保险法》,博英社1998年版,第308页。与此不同,〔韩〕梁承圭:《保险法》,三知院2005年版,第262页,"这里所指的保险标的的转让不仅包括所有权的转移,而且还包括承租人转贷情形(韩国《民法》第629条)"。
⑤ 参见韩国《民法典》第450条(指名债权让与的对抗要件):1. 指名债权的让与,未经让与人向债务人的通知或债务人承诺的,不得对抗债务人及其他第三人。2. 前款通知或承诺,非依有确定日期的证书,不得对抗债务人以外的第三人。
⑥ 参见〔韩〕崔基元:《保险法》,博英社1998年版,第309页。
⑦ 亦有观点认为,当被强制执行的保险标的归竞拍成功人所有时,准用推定为保险关系转移的规定(参见德国VVG第73条)。参见〔韩〕崔基元:《保险法》,博英社1998年版,第310页。

2. 概括承继造成的权利转移、保险金请求权的转让

在保险标的存在继承、合并等概括承继的情形,原则上被保险人的地位亦被概括转移至承继人,原保险关系继续存在。① 但须注意的是,保险标的的转让,应与保险事故发生后所形成的保险金请求权的转让相区分。②

(三) 转让的客体

保险标的转让时,其转让的客体原则上为物,包括动产、不动产以及知识产权等。③

在此,须要特别注意的是,承保被保险人之全部财产关系而非某一具体财物的责任保险,原则上不适用保险标的的转让的相关规定。但通说认为,与机动车、动物等特定财产利用相关的责任保险(例如机动车责任保险、建筑物火灾造成的赔偿责任保险等),适用保险标的的转让的规定。因为,虽然承保的是消极的责任危险,但存在成为保险标的的保险事故发生的客体。④ 对此,下文将详细论述。

另外,约定保险事故发生的客体为自然人的人身保险,在性质上无法适用本条的规定。

(四) 转让的要件

关于转让的客体,即保险标的,前文已述,以下主要介绍韩国《商法》第679条规定的相关要件。

1. 有效保险合同关系的存在

转让时保险人和转让人必须存在有效的保险关系。即保险合同在保险标的转让时仍然有效或未被终止。保险合同有效,但存在免责事由的,保险关系同样可转移至受让人,保险人可就该免责事由对抗受让人。⑤

---

① 参见〔韩〕徐燉珏、郑完溶:《商法讲义(下)》,法文社1998年版,第425页。
② 参见〔韩〕梁承圭:《保险法》,三知院2005年版,第260页。
③ 参见〔韩〕崔基元:《保险法》,博英社1998年版,第308页。
④ 参见〔韩〕孙珠瓚:《商法(下)》,博英社1997年版,第598页;〔韩〕梁承圭:《保险法》,三知院2005年版,第262页;〔韩〕崔基元:《保险法》,博英社1998年版,第308页。但像医生、律师等专业人员的责任保险,其承保对象与特定专业人员的职务密切相关,所以从其性质上而言,无法适用韩国《商法》第679条的规定。
⑤ 相同意旨,可参见〔韩〕孙珠瓚:《商法(下)》,博英社1997年版,第597页;〔韩〕崔基元:《保险法》,博英社1998年版,第307—308页。

2. 保险标的所有权的转移

保险标的所有权的转移包括任意转移和依强制执行的转移。

任意转移,即保险标的的所有权依物权变动从被保险人转移至第三人。因此,仅依买卖合同等债权行为不足以构成转让(例外:让与担保构成转让)。关于保留所有权买卖,尽管理论上存在争议,但在买受人缴纳全部货款的情形下,应认为构成保险关系的转移。① 关于营业转让,如果作为保险标的的营业财产发生移转,可视为保险关系已经转移。

韩国《商法》第 679 条之转让,原则上仅指任意转让,但强制拍卖等强制执行导致保险标的相关权利转移的,亦类推适用本条规定。②

(五)转让的效果

被保险人转让保险标的时,推定其于财产保险合同中的相关地位亦转移至受让人。对此,韩国《商法》第 679 条第 1 款规定,被保险人转让保险标的的,推定受让人承继保险合同的权利义务。该规定旨在避免无保险状态的发生以及未到期保险费的无端浪费,保护转让双方的权利不受损。此外,由于保险人可以对转让人的免责事由对抗受让人,所以免责事由的存在对承继不产生任何影响。

综上所述,受让人享有作为被保险人所具有的完整的权利(保险金请求权)和义务(损害防止义务、通知义务等)。详细内容下文分而述之。

1. 为自己保险的情形

为自己的保险,即投保人和被保险人同属一人的保险中,在保险标的转让时,不仅被保险人的地位将被受让人承继,投保人的地位亦同。然韩国《商法》修改前,就推定转移的范围存有争议。有观点认为,根据韩国《商法》第 679 条的"被保险人"或"权利"的文义,应限制转移的范围。另有观点认为,不应拘泥于文字的含义,应保证保险关系整体的同一性,且认为该保险合同已完全转化为受让人与保险人之间的合同。两者争论的焦点在于,在为自己订立的保险合同中,转让保险标的的,被保险人的地位是

---

① 相同意旨,可参见〔韩〕崔基元:《保险法》,博英社 1998 年版,第 309 页。
② 相同意旨,可参见〔韩〕徐燉珏、郑完溶:《商法讲义(下)》,法文社 1998 年版,第 425 条。

否与投保人的地位一同转移。基于前一种观点,在为自己的保险中,仅作为转让人的被保险人的地位发生移转,转让后的保险合同为为他人的保险合同。而后一种观点(多数说)则认为,保险合同关系因保险标的的转让已经概括性地发生了移转,受让人一并承继了投保人的地位,其性质仍为为自己的保险合同。① 1991 年修改的韩国《商法》采纳了后者的观点,于第 679 条明确规定"推定受让人承继保险合同的权利义务"。据此,转让后,受让人具有了投保人的地位,并享有保险费减额②、返还请求权③以及保险合同终止权④等权利,此外,受让人还负有剩余保险期间的保险费缴纳义务。

2. 为他人保险的情形

在为他人的保险中,保险标的为被保险人所有,转让只能由被保险人实施。因此,为他人保险的保险标的转让时,仅被保险人的地位为受让人承继,投保人的地位并未发生变动,所以保险费仍应由投保人继续承担。但也有观点主张,应认定保险标的的受让人与投保人对保险费的缴纳承担连带责任。⑤

需要特别注明的是,如前所述,依据《商法》第 679 条的规定,保险标的转让后,保险合同相关权利的转移仅为一种推定,即利害关系人可举反证推翻该推定。尤其受让人就受让物订立新的保险合同的,如果进行该推

---

① 参见〔韩〕金星泰:《保险法讲论》,法文社 2001 年版,第 495 页。
② 参见韩国《商法》第 647 条(因特别危险的消除请求减少保险费):签订保险合同时当事人预料会发生特别危险而确定保险费的,如果在保险期间该特别危险已经消除,投保人可请求减少保险费。
③ 参见韩国《商法》第 648 条(因保险合同的无效请求返还保险费):保险合同全部或部分无效时,投保人和被保险人善意且无重大过失的,可请求保险人返还全部或部分保险费。投保人和保险受益人善意且无重大过失的,亦同。
④ 参见韩国《商法》第 649 条(事故发生之前的任意终止):1. 保险事故发生之前,投保人可以任意终止全部或部分保险合同。但在 639 条规定的情形下,投保人未经他人同意或未持有保单的,不得终止合同。2. 尽管因发生保险事故而保险人已经支付保险金,但如果该保险合同的保险金额并未减少的,保险事故发生之后,投保人亦可终止合同。3. 第 1 款的情形,如果当事人之间无其他约定的,投保人可请求返还未到期的保险费。
⑤ 有些国家的立法例规定,转让时,缴纳到期保险费的义务仅由转让人承担(法国保险法 L. 121-10 条第 2 款),有的则规定,应由转让人和受让人负连带责任(德国保险法第 69 条第 2 款、瑞士保险法第 54 条第 2 款)。

定,则可能构成重复保险,且新保险合同的保险人,也可能以受让人未告知前一保险合同为由,主张免责。因此,有可能出现受让人拟推翻承继推定的情形。①

对于上述问题,韩国大法院认为,在特定情形下,允许推翻承继的推定。韩国曾有判例以"证明受让人无承继保险合同之意思"为由推翻韩国《商法》第679条规定的保险承继推定。

大法院1996.5.28.宣告,96 da 6998判决:②皮革制作公司因经营不善濒临倒闭,诉外人金某(1992年10月31日与新东亚火灾订立第一火灾保险合同之投保人;工厂以及机械、材料为保险标的;对工厂建筑物享有抵押权之外汇银行,对保险金请求权设置质权)于1993年3月11日将机械和材料转让给原告。原告于1993年3月19日就该机械、材料与海东火灾签订火灾保险合同(第二火灾保险合同)。1993年3月25日发生火灾导致工厂以及机械、材料全部烧毁。

判决要点:当证明保险标的受让人无承继保险之意思时,可推翻韩国《商法》第679条规定之推定,若原审就该案判定的事实关系成立,则说明原告并无承继保险之意思,故该案保险不属于重复保险。且在此事实关系中,即使原告并未在保险金请求资料中载明有关第一次保险之事实,亦不能断定保险事故属于原告故意或重大过失之后果。

因此,如果保险人能够证明不存在有关保险合同地位移转的合意,不但受让人无法受到保险关系转移而形成的保护,而且转让人亦因保险标的的转让而失去被保险利益,保险合同亦因此丧失效力。

另有观点认为,在立法论上规定保险标的转让时,保险合同的权利亦当然转移,并承认保险标的的受让人享有保险合同终止权更为妥当。③

韩国《商法》第679条属于任意性规定。其规定被保险人转让保险标的时,推定保险合同的权利亦一并转移,目的在于,将转让保险标的时,转

---

① 参见〔韩〕孙珠瓒:《商法(下)》,博英社1997年版,第599页;〔韩〕郑灿炯:《商法讲义(下)》,博英社2000年版,第584页。
② 同旨参见,大法院1997.11.11.宣告,97 da 35375判决。
③ 参见德国VVG第69条至第73条;法国保险法L.121-10条;瑞士保险法第54条。

让人将保险合同权利的一并转让于受让人推定为当事人的通常意思。该条款是基于社会经济立场的规定,对违反该条款的法律行为不能解释为违背公序良俗而判定无效。①

在集合保险中,转让部分标的物的,原则上可以适用韩国《商法》第679条的规定。但在认定保险标的发生增减变动的情形(所谓概括保险),则应另当别论。

(六)韩国《商法》第679条规定的适用范围

韩国《商法》第679条作为财产保险通则的规定,仅适用于财产保险,不适用于人身保险,且原则上该规定仅适用于财产保险中的物品保险。此外,如前所述,责任保险为适用该规定的例外。以下就该条适用范围中几个值得注意的问题作简要介绍:

1. 责任保险

鉴于韩国《商法》第679条的规定原则上仅适用于财产保险中的物品保险,因此对于将无特定保险标的的被保险人责任财产所遭受之责任危险作为承保对象的责任保险,不适用该规定。比如,医生、律师等各种专业人员的责任保险。

但在例外情形下,如与建筑物或动物等具有可转让性的特定物有关的责任保险,因其所承保的是附随于特定物的危险,一般认为可类推适用本条规定。②

2. 船舶保险

在船舶保险中最为重要的是被保险人与船舶的关系。修改后的韩国《商法》规定该关系的变更可作为保险合同结束的事由。③ 转让船舶(船舶船级的变更以及船舶管理的变更亦同)的,保险合同结束。但保险人同意该变更的,作为例外情形,保险关系继续存续。④ 因此亦无适用韩国《商

---

① 参见大法院1993.4.13.宣告,92 da 8552 判决;大法院2003.8.22.宣告,2002 da 31315 判决。
② 详细内容可参见〔韩〕郑浩烈:《保险标的的转让》,载保险法研究会编:《保险法研究I》,三知院1995年版,第153—155页;〔韩〕崔基元:《保险法》,博英社1998年版,第308页。
③ 参见韩国《商法》第703条之2第1款。
④ 参见韩国《商法》第703条之2但书。

法》第 679 条规定的必要。

3. 机动车保险

在机动车保险中保险标的(车辆)与被保险人的关系亦十分重要,依韩国《商法》第 726 条之 4 的规定,转让机动车时,若同时转移保险合同相关的权利、义务,须事先取得保险人的同意。机动车保险的转让,在取得保险人同意时,与上述船舶保险的情形类似,保险关系继续存续,无适用韩国《商法》第 679 条规定的必要。

韩国《商法》第 726 条之 4 作为韩国《商法》第 679 条(规范一般物件保险中保险标的转让)的特则,性质上仅适用于车体保险和对人、对物赔偿责任保险。对于运输人伤害保险,因其保险标的(被保险人为自然人)的不可转让性,不得适用该条规定。① 上述船舶保险和机动车保险均属于推定承继权利、义务的一般保险标的转让的重大例外,不适用韩国《商法》第 679 条规定的推定,而适用各自特则。详细内容将在船舶和机动车保险中加以探讨。

(七) 保险关系转移的要件

若拟在转让保险标的时转移原保险关系,将被保险人的地位合法转移给受让人,是否仅需转让人与受让人之间的合意? 为了向保险人为主张,是否另需具备债权转让的对抗要件?② 1991 年修改前的韩国《商法》,对此存在争议。

第一种学说认为,为保护保险人的正当利益,避免不知转让事实的保险人为双重给付,须确认保险费支付义务人或通知义务人,且在确切判断保险合同终止之必要性的同时,明确发生事故时的正当保险金受领权人等,因此必须具备债权转让的对抗要件。

第二种学说(对抗要件不要说)则认为,具备对抗要件的要求,在一定程度上会降低以保护保险标的受让人为目的的韩国《商法》第 679 条规定

---

① 参见〔韩〕郑浩烈:《保险标的的转让》,载保险法研究会编:《保险法研究 I》,三知院 1995 年版,第 162 页。
② 参见韩国《民法典》第 450 条(指名债权让与的对抗要件):(一) 指名债权的让与,未经让与人向债务人的通知或债务人承诺,不得对抗债务人及其他第三人。(二) 前款通知或承诺,非依有确定日期的证书,不得对抗债务人以外的第三人。

的存在意义,而且避免保险人的双重支付危险可通过适用善意清偿的相关规定等①得以实现,因此无须具备对抗要件。

第三种学说认为,须事先通知保险人。②

修改后的韩国《商法》新设第 679 条第 2 款中规定的转让人或受让人通知保险人的义务,即采取了第三种学说的观点。③ 为协调与保险标的转让有关的转让当事人与保险人之间的利害关系,保险标的的转让人或受让人应立即将转让的事实通知保险人。该通知义务与韩国《民法典》第 450 条的通知不同,前者应理解为是保险法上的间接义务,而后者为对抗要件。④

对于通知义务人(转让人或受让人)怠于行使该通知义务的法律后果,修改后的韩国《商法》未作任何规定,属于重大立法缺陷。⑤ 此时,保险人可采取何种救济措施?

首先,能否以通知义务之违反为由,对转让当事人课以不利益? 如果不给予任何制裁,将有违通知义务的立法宗旨,故韩国通说认为,应对未为通知的义务人课以不利益。⑥

---

① 参见韩国《民法典》第 470 条(对债权准占有人的清偿):对债权准占有人的清偿,限于清偿人善意且无过失的情形,有效。

② 参照梁承圭、权基范:《关于商法第 679 条的立法性考察》;〔韩〕李范燦、崔埈璿:《商法概论》,三英社 1992 年版,第 567 页等。

③ 亦有观点认为,韩国《商法》修改后,仍有必要探讨对抗要件的问题,其理由是,韩国《商法》第 679 条第 2 款所规定的通知义务并不等同于对抗要件。韩国《商法》中的通知义务是有关保险标的转让的通知,而对抗要件中的通知是有关债权转让的通知;韩国《商法》的通知义务可以由转让人或受让人履行,但对抗要件中的通知义务仅限于转让人行使;怠于行使韩国《商法》中的通知义务时,受让人可以保险关系的移转对抗恶意保险人,而怠于行使对抗要件的通知,即使债务人恶意,受让人亦不能主张债权的受让等。(参见〔韩〕崔基元:《保险法》,博英社 1998 年版,第 317 页)。对修改后的韩国《商法》作如此限制性的解释是否妥当,存在质疑。

④ 相同意旨,可参见〔韩〕徐燉珏、郑完溶:《商法讲义(下)》,法文社 1998 年版,第 427 页;〔韩〕孙珠瓒:《商法(下)》,博英社 1997 年版,第 600 页;〔韩〕李基洙:《保险法·海商法学》,博英社 2008 年版,第 156 页。

⑤ 实务中,一般在财产保险约款中规定,转让保险标的时,应通知保险人并得到保险人在保险证券上的确认(参见《火灾保险普通约款》第 6 条等);未通知的,除有重大过失不知转让事实外,保险人自知道转让事实之日起 30 日内有权终止合同(同约款第 8 条第 2 款第 2 项)。

⑥ 参见〔韩〕张庆焕:《保险标的的转让通知》,载《保险法研究 I 》,第 169 页。反之,亦有观点主张"受让人可以举证受让事实并请求保险金,但当保险人不知转让事实并向转让人为损害赔偿时,受让人不得向保险人提出异议",从而无须单独的制裁。参见〔韩〕徐燉珏、郑完溶:《商法讲义(下)》,法文社 1998 年版,第 427 页。

对于制裁的方法,在韩国学说上亦存在对立观点。有观点认为,即使保险标的转让未导致危险的显著变更、增加,亦应类推适用修改后的韩国《商法》第 652 条第 1 款的规定,允许保险人自知道转让事实之日起 1 个月内终止合同。① 而另有观点认为,怠于行使通知义务的,除可适用韩国《商法》第 652 条外,亦可适用韩国《商法》第 653 条的规定,即保险人有权请求增加保险费或终止合同。②

此外,另有观点认为,韩国《商法》第 652 条第 1 款的规制对象为显著的危险变更、增加,将其类推适用于不存在危险的转让情形,并赋予保险人"自知道转让事实之日起能够'立即'终止合同"的权利,实为不妥。即不存在危险的显著变更、增加,而仅以未通知为由确认终止权,并不妥当,不应予以认可。对于该观点,可参照德国的立法例。③ 但韩国学者认为,应针对韩国的情况,将其修改为:一般情况下,"在转让通知应到达之日起 1 个月后发生保险事故的,免除保险金支付责任。但在保险人知道转让事实之日起 1 个月后发生保险事故的除外";因转让导致危险显著变更或增加时未通知保险人的,"自通知应到达之日起 1 个月后保险人免责。但是,保险人自知道转让导致危险明显变更或增加之日起 1 个月内,未终止合同的,则应承担责任"。④

韩国通说认为,虽然第三说在立法论上具有说服力,但其并无法律依据,不得用于解释现行法,应尽快完善立法。

(八)转让引起的危险变更、增加

保险标的的转让,可能引起保险事故危险的增加或减少。此时,根据韩国《商法》第 652 条第 2 款(危险变更增加的通知和合同终止)⑤的规定,

---

① 参见郑熙哲:《商法学(下)》,博英社 1990 年版,第 431 页。
② 参见〔韩〕李基洙:《保险法·海商法学》,博英社 2008 年版,第 157 页。
③ 作为参考,德国 VVG 第 70 条第 1 款规定,承认保险人在以转让事实的不通知为由的犹豫期间(1 个月)的合同终止权。同法第 71 条第 1 款规定,通知应到达之日起 1 个月后发生的保险事故,保险人免责。
④ 参见〔韩〕张庆焕:《保险标的的转让通知》,载《保险法研究Ⅰ》,第 170—171、177—178 页。
⑤ 参见〔韩〕崔基元:《保险法》,博英社 1998 年版,第 314 页,认同该观点,但其依据为韩国《商法》第 653 条。

保险人可请求增加保险费或终止保险合同。在韩国实务中,保险人或投保人甚至可依据保险费率的变更,请求保险费的增加或减少。增加保险费时,对受领该追加保险费之前发生的保险事故,保险人不承担责任。①

第三节 被保险利益②

一、被保险利益的含义

被保险利益,是指在财产保险中,被保险人对保险标的所具有的合法的经济利害关系。对此,韩国学术界存在"关系学说"和"利益学说"两种观点。"关系学说"认为,被保险利益是指当保险事故导致损害时,被保险人与保险标的之间存在的关系。但该学说因在说明"利益"时使用"损害"这一概念而遭受批评。"利益学说"则认为,被保险利益是被保险人对保险标的享有的经济利益。通说采"利益说"。③

须注意的是,被保险利益为"保险合同的客体",而在韩国《商法》第666条第1款、第675条、第678条、第679条中规定的"保险标的"则为保险事故对象的有体物。④

二、被保险利益成立的要件

被保险利益的成立须具备三个要件:合法利益;金钱可评价利益;确定利益。其中,合法利益的判断较为复杂,韩国通过调停例和判例补充规定合法利益的判断标准。

调停例 78-1:尽管 Macintosh 增幅器和电子琴为被保险人所持有,但这些物品是通过美军不法流出的,所以不应承认被保险利益的合法性。

---

① 参见韩国《火灾保险普通约款》第6条第2款。
② 我国保险法中称"保险利益"。
③ 我国保险法亦采取利益说,将保险利益认定为是投保人或被保险人对保险标的具有的法律上承认的利益。
④ 韩语中,"保险合同的客体"和"保险标的"中的"客体"与"标的"均为同一单词,为强调"保险合同的客体"是保险利益,而非"保险标的",特作此解释。

此外,美国的一些判例也可为判断被保险利益的合法性提供借鉴。例如,若一家工厂作为火灾保险合同的保险标的,即使其偶尔被用做赌博场所,也不得因赌博的违法性而认为该火灾保险合同无效。[①] 但是,若以作为卖淫场所的建筑物投保火灾险的,该保险合同无效。[②]

实践中,判断某一保险合同中的被保险利益是否合法,存在一定难度。以下为关于奖金保险是否有效的典型案例:韩国国内通信公司在悉尼奥运会期间开展了一项促销活动,该公司表示,截至9月15日,若韩国代表团的金牌总数超过16枚,本公司将向新入网顾客人均返还16万韩元。同时,该公司与某保险公司签订保险合同,合同约定:如果韩国代表团的金牌总数超过16枚,保险公司将支付国内电信公司相当于新顾客人均16万韩元的保险金。该保险合同是否具有法律效力?虽然上述保险作为吸引通信客户的市场营销策略,具有提高国民对奥林匹克关注度的公益性,但仍存在合法性问题。该保险利用金牌数量进行营销,助长国民的投机心理,具有一定的赌博性质,因此按照被保险利益的合法性要求,难以认定其效力。因此,为促进保险事业的健康发展,有必要改善对保险标的毫无限制的保险商品认可制度。

三、被保险利益的地位和功能

(一) 被保险利益的地位

被保险利益是财产保险合同的核心,关于其地位,在韩国学说上存在两种对立的观点。

"绝对学说"认为,被保险利益是财产保险合同必不可少的要素。作为保险合同有效的内在前提条件,其必须具备经济价值的可估量性。被保险利益应是财产保险合同的成立要件,亦是其存续要件。[③]

"相对学说"认为,"绝对学说"是保险法理形成过程中的历史残留物。

---

① 参见美国 Boardman v. Berrimack Mutual(1851)案例。
② 参见美国 Pearce v. Brooks(1886) 案例。
③ 梁承圭教授指出,保险利益的法律地位属于绝对要件,因此,为了使被保险利益观念本身与交易观念相一致,应灵活运用。

被保险利益的概念,只不过是在作为射幸合同的保险合同中,为防止赔偿额超过实际损失额而采取的公共秩序手段,仅为被认可的政策性概念而已。此外,如果将被保险利益作为绝对尺度,将难以解释以下例外情形:第一,难以说明在被保险利益全部或部分欠缺时,保险合同效力的认定;①②第二,"绝对学说"与韩国《商法》第669条的超额保险(即使保险金数额超过保险金额,但其超过数目不甚明显时仍承认其效力)的规定相矛盾;第三,难以合理解释在已估价保险中,③按新品计算损失额之有效性④的规定。综上,采"相对学说"更为妥当。

(二)被保险利益的功能

被保险利益的功能分为两类:① 防止道德危险;② 作为赔偿准据。以此基本功能为基础,韩国学者归纳了诸多具体功能以指导实践。

第一,基于防止道德危险的功能,韩国学者提出,被保险利益有判定保险合同效力以及使保险合同个别化的功能。

在因投保人欺诈而订立的超额保险、重复保险中,被保险利益的评价额,即保险金额,为判定该保险无效的标准。⑤ 即被保险利益具有判定保险合同效力的功能。

此外,同一保险标的上可能存在多种利害关系,投保人就其与保险标的的不同保险利益可实现财产保险合同的个别化。例如对建筑物的火灾保险,所有人、抵押权人、承租人所具有的保险利益各不相同,因此可分别签订不同的财产保险合同。此时被保险利益,即可作为判断数保险合同是否属于重复保险的标准。重复保险,即被保险利益相同但保险人不同的数个保险合同。因此在签订合同时,不仅要确定保险标的,亦要确定投保的

---

① 参见韩国《商法》第644条(保险事故客观确定的效果):保险合同签订时,保险事故已经发生或不可能发生的,该合同无效。但当事人和被保险人不知情的除外。
② 郑灿炯教授认为,该例外是从保险合同的善意性得出的极其例外的情形。
③ 参见韩国《商法》第670条(已估计保险):当事人双方已确定保险价值的,推定该价值为保险事故发生时的价值。但该价值明显超过事故发生时的价值,应以事故发生时的价值为保险价值。
④ 参见韩国《商法》第676条(损失额的计算标准):保险人应赔偿的损失额,应根据损失发生的时间和地点的价格计算。但当事人另有约定的,应根据该财产的新品价格计算损失额。
⑤ 参见韩国《商法》第669条第4款、第672条第3款。

被保险利益。例如,由于产业灾害赔偿保险和汽车综合保险(对人赔偿保险)的客体(被保险利益)不同,因此即使雇主同时投保了上述两个险种,亦不属于韩国《商法》第672条规定的"就同一标的、相同事故签订数个保险合同"的重复保险。①

第二,基于赔偿准据功能,韩国学者认为,被保险利益具有贯彻利益禁止原则、设定保险人的责任限度以及判定全部、部分和超额保险的功能。

发生保险事故并遭受损害后,保险人在被保险人具有的被保险利益范围内进行赔偿,对于超出被保险利益的范围则不予赔偿,此为利益禁止原则的贯彻。在财产保险合同中,保险人的责任不得超过被保险利益的金钱评价额,即保险金额。因此,被保险利益是限定财产保险人最高赔偿责任的内在标准。

财产保险合同因具有被保险利益而有效,并可以保险人支付保险金等责任,但赔偿的方法十分多样和复杂。此时,在比较保险金额与保险价值,并确定该保险属于全部、部分、超额保险中的何种类型等相关过程中,被保险利益提供了判断标准。

四、被保险利益的类型

一般而言,所有权及其衍生权利、基于合同地位而发生的权利或利害关系均可视为对保险标的具有的被保险利益。

承认具有被保险利益的典型情形是拥有保险标的的所有权人。由于所有权须真实存在,因此非法定所有人不具有被保险利益。对于所有权以外但基于所有权的权利人(即衍生权利人),一般亦认可其被保险利益。

基于合同地位而发生的权利或利害关系,是指对保险标的不具有原始权利,但由于使用、收益该标的而取得的相应利益,或者具有即将取得所有权、专卖权等期待利益的情形。尽管原则上很难认定此类保险利益,但不应过分严格地加以限定。以船舶保险为例,船舶保险的保险利益不仅包括船舶所有权人的利益,还包括担保权人的利益、船舶承租人的使用利益等,

---

① 参见大法院1989.11.14.宣告,88 daka 29177判决。

因此船舶承租人也可以成为追加保险的投保人或被保险人。①

但是,关于社员权以及事实上的利益是否具有被保险利益则存在争议。

拥有社员权的股东对公司财产是否具有被保险利益?英国 Macaura v. Northern Assurance Company Ltd.(1924)判决认为,股东对公司的财产不具有被保险利益。

事实上的利益,是指只要合法,就可被认定为被保险利益的经济利益,其并不一定要求与法律上的权利或记载于公簿上的名义相一致。②

五、缺少被保险利益的效果

原则上被保险利益应存在于整个财产保险合同存续期间,至少在保险事故发生时必须具备被保险利益,缺少该要件的保险合同当然无效。

由此导致的合同无效,保险人没有返还保险费之义务,但是投保人、被保险人(人身保险中为投保人、保险受益人)为善意且无重大过失的,除外。③

实践中,若订立保险合同时,保险人并未询问被保险人是否具备被保险利益,但发生保险事故并收到投保人的保险金支付请求时,却以欠缺被保险利益为由拒绝支付的,保险人的行为是否违反诚实信用原则?金星泰教授认为,由于不应期待保险人在签订合同时对所有保险合同的实质性利害关系(被保险利益)均进行合理的判断,保险人的上述主张不视为违反诚信原则,但举证责任应由主张合同无效的保险人承担。

---

① 参见大法院1988.2.9.宣告,86 daka 2933;大法院1988.2.9.宣告,86 daka 2934;大法院1988.2.9.宣告,86 daka 2935 判决;大法院2003.4.25.宣告,2002 da 64520 判决。
② 参见大法院1995.4.28.宣告,95 da 4001 判决。
③ 参见韩国《商法》第648条(因保险合同的无效请求返还保险费):保险合同全部或部分无效时,投保人和被保险人善意且无重大过失的,可请求保险人返还全部或部分保险费。投保人和保险受益人善意且无重大过失的,亦同。

第四节 保险人代位

一、保险人代位的概述

(一) 保险人代位的概念

保险人代位,是指保险人在赔偿被保险人损失后,当然地合法取得被保险人对保险标的或第三人的权利。韩国《商法》第681条和第682条分别规定了保险人对保险标的的代位(残存物代位)和对第三人的代位(请求权代位[1])。韩国有学者认为,韩国《商法》第681条规定保险人取得被保险人的权利,而在第682条规定保险人取得投保人或被保险人的权利,属于立法失误,应全部改为"取得被保险人的权利"。但亦有相反观点认为,韩国《商法》第682条之所以规定可对投保人行使代位权,其原因在于:在为他人的保险合同中,尽管根据韩国《商法》第639条第2款但书的规定,已赔偿被保险人损失的投保人,具有向保险人请求保险金的预期,但实际上,此时认定投保人具有保险金请求权的余地很小(如无责任为赔偿的情形),在此情形下,应属于对取得赔偿的被保险人适用不当得利法理进行处理的问题,而非依保险金请求和保险人代位的问题。[2]

(二) 保险人代位的宗旨

投保财产保险的目的在于,赔偿因偶然事故造成的财产损失,因此发生保险事故后,应首先期待由保险人赔偿损失,保险人履行完赔偿义务,保险合同之目的即告实现。但若被保险人因该事故获得了其他利益(如按全损处理的保险标的还存在交换价值或还存在对该保险事故负责的第三人),如何处理?

如果被保险人从保险人处收到保险金获得赔偿后,仍然保留对残留物或第三人的权利,其将获得大于实际损失额的赔偿(损失赔偿和保险金)。主要存在以下弊端:首先,被保险人将因保险事故获取额外利益;其次,扣

---

[1] 我国保险法文献将其称为"代位求偿权"。
[2] 参见〔韩〕金星泰:《保险法讲论》,法文社2001年版,第438页,脚注1。

除残留物价值后确定保险金数额的计算方法繁杂,操作难度大;再次,若被保险人保留对第三人的损失赔偿请求权,则等同于被保险人尚未发生实质性损失,保险人可以此拒绝履行保险金给付义务,造成对被保险人救济的迟延,有违保险赔偿损失的宗旨。

为避免上述弊端,规定了保险人的代位制度,作为财产保险的特有制度,旨在确保保险事故发生后保险人能以最快速度向被保险人赔偿损失,及时进行救济,同时将被保险人的权利转移给保险人,避免被保险人得到双重赔付。

(三)人身保险中代位求偿权的禁止

与财产保险不同,人身保险以无法用金钱衡量的自然人的生命、健康为客体,其宗旨不在于赔偿损失。因此,人身保险不存在残留物代位,且原则上禁止适用代位求偿权。

然而,人身保险中的人身伤害保险的保险金,倘若其给付属于对实际损失的赔偿,且该伤害事故是由第三人行为引起的,为防止被保险人获得双重手术费、住院费等,是否可适当允许适用保险人代位制度?对于该问题,1991年修改后的韩国《商法》增加了第729条但书,规定对于人身伤害保险,在不侵害被保险人权利的范围内,可以约定代位行使权利。据此,在人身伤害保险合同条款中普遍规定对实际损失的赔偿性给付可以代位。此外,在国民健康保险等社会保险中,亦规定当给付具有实损赔偿性质时,适用代位求偿权制度。

(四)保险人代位的理论依据及性质

1. 保险人代位的理论依据

财产保险以赔偿损失为原则,若被保险人因保险事故获得保险金后可再行使其他权利,获得额外利益,有悖损害保险之意旨。为防止上述不当结果,避免引发保险事故的第三人逃脱责任,设立保险人代位制度,此即为保险人代位制度的理论依据。

对于该制度理论依据的解释,根据着眼点的不同存在以下两种观点:

第一种观点着眼于财产保险之赔偿损失性质。认为财产保险合同作为赔偿损失的契约,其目的并非在于使因保险事故遭受损失的被保险人获得利益,仅为单纯地赔偿损失。由此得出,保险人代位当然应被允许。此外,该观点的理论依据——防止因保险事故使被保险人获得双重利益,亦符合韩国的主流观点。

第二种观点着眼于公共政策。认为保险人代位有利于防止被保险人利用保险合同故意制造保险事故或实施赌博等不当行为,即防止出现已获得赔偿的被保险人再次请求损失赔偿的情况。为防止上述既有悖财产保险合同性质,亦有违正义观念,且使加害人不当免责的不利情形出现,在政策上赋予能够管理危险、具有公益地位的保险人以代位权。

2. 保险人代位的法律性质

"代位"通常是指行为人本身以自己的名义,而非以权利主体的名义,代替他人实现其权利的情形。韩国民法上亦有赔偿人代位(韩国《民法典》第399条)、债权人代位(韩国《民法典》第404条)、清偿人代位(韩国《民法典》第480条)等多种代位制度。

通常,保险人代位是保险标的有关权利或对第三人权利的转移,保险人给付保险金后基于法律之规定而发生,无须当事人为意思表示,故不属于转让行为。此与民法上之赔偿人代位具有相同的性质。

以下按韩国《商法》的规定将保险人代位分为残留物代位和请求权代位分别进行阐述。

二、残留物代位

(一)残留物代位的意义

残留物代位,是指保险事故发生后,保险标的全部受损时,给付全额保险金的保险人取得被保险人对残留保险标的的权利。

在保险实务中,发生保险事故后,保险标的即使仍有少量残留物亦会忽略其价值,并依一定的标准按全损处理,赔付全额保险金。此时,对该保险标的的残留物或变形物,如在火灾保险中烧毁的住宅残骸中可再加工的石材,运输保险中变质不能食用但可充当饲料、肥料的活鱼、肉类、谷物等,车辆保险中受撞击破损的车辆还存有废铁价值等情形,被保险人对残留物享有的权利因残留物代位转移至保险人。可见,此处"全损"是指保险标的失去原有的经济效用,而非物理性的全部灭失。

作为代位的形式之一,残留物代位与海上保险中的保险委付(韩国《商法》第710条)相类似。两者都是保险人给付保险金后取得的对保险标的的权利。

两者的区别在于:第一,制度的宗旨不同。前者的宗旨是避免保险责任事故发生后被保险人双重获利,而后者的宗旨是为了节省确定损失额所需的时间和费用。由此导致两者的要件也不相同。第二,权利移转的原因不同。前者基于法律的规定,而后者是基于被保险人的意思表示。第三,权利范围不同。前者保险人代位的权利范围仅限于已向被保险人给付的保险金数额,而后者,即使委付标的物的总价值超过给付的保险金,亦归属于保险人。

将上述内容以表格形式表示如下:

残留物代位和保险委付差异

比较项目	残留物代位	保险委付
制度的宗旨	被保险人的双重获利禁止	节省损失确定所需时间和费用
有关规定	第681条	第710条
要件	实际全损	发生相当于全损的损失或船舶失踪(推定全损)
权利转移	法律上当然转移	依被保险人的意思表示
保险人取得权利范围	已给付的保险金额为限	即使委付标的物质价值额超过已给付保险金,保险人也取得全额

(二)残留物代位的要件

保险事故发生后,保险人行使残留物代位权的,必须满足如下要件:

1. 保险标的的全部灭失

保险标的必须遭到全部损害,即所谓全损。只有在保险标的之功能全部丧失时,才发生残留物代位。如车辆被盗。

全部灭失并非意味着标的物的价值必须全部丧失。例如,车辆破损严重时,判断是否全损的标准应为该财产的经济价值之恢复可能性。按照保险业务惯例,受损程度超过一定比例即按全损处理。韩国《商法》则规定船舶的修缮费超过船舶总价值的3/4时,视为修缮不能。①

残留物代位需以全损为前提,因此保险标的一部分受损(部分损失)的情形,不适用残留物代位。部分财产保险的保险标的遭受全损的,亦可适用残留物代位,此时保险人按保险金额占保险价值的比例取得对保险标的的权利。② 对于部分保险中的残留物代位,由保险人和被保险人共有残留物之权利。

2. 保险人履行全部赔偿义务

保险人取得残留物代位权只有当保险标的发生全损且保险人已支付全部保险金和其他赔偿金时方能适用。所以保险人承担损害防止费用③或其他费用④,但尚未支付保险金的,仍不能取得残留物代位权。

(三) 残留物代位的效果

保险人行使残留物代位权后,被保险人应将遭受全损事故的保险标的之全部权利转移至保险人。所谓"对保险标的的权利",是指如车辆险中被偷盗车辆、报废的车体,火灾险中火灾后的建筑物残骸(钢筋等),船舶险中船舶残骸等的所有权。

保险人于向被保险人给付全部保险金和其他费用的同时取得保险标的之权利,权利的转移为依法律规定之当然移转,无须当事人为特别的意思表示或物权变动的行为。保险金支付之前被保险人已行使对残留物的权利的,保险人可以从应付保险金中扣除残留物价值。不足额保险的情形,已给付保险金的保险人应取得的权利依保险比例决定,即保险人和被保险人共有残留物之权利。被保险人有义务协助保险人行使对残留物的权利。

---

① 参见韩国《商法》第778条第1款第2项:修缮费超过船舶价额的四分之三时。
② 参见韩国《商法》第681条(与保险标的有关的保险代位):保险标的的全部灭失时,支付全部保险金的保险人取得被保险人有关该标的的权利。但是,不足额投保时,保险人应当取得的权利,应按保险金和保险价值的比例确定。
③ 参见韩国《商法》第680条(损害防止义务):投保人和被保险人应尽力防止损害的发生,但因此而支出的必要或有益的费用和赔偿金,即使超过保险金,仍应由保险人承担。
④ 参见韩国《商法》第676条第2款(损失额的计算标准):1. 保险人应赔偿的损失额,应根据损失发生时所在地的价格计算。但当事人另有约定的,应根据该财产的新品价格计算损失额。2. 计算第1款损失额的费用,应由保险人承担。

一般而言,取得保险标的之权利的保险人可以获得利益,但并非任何时候均能获利。如船舶险中,作为保险标的的船舶在航道中沉没时,会妨碍其他船舶的航行,依据相关法规,此时船舶所有人负有清除沉船及残留物的义务,①因此,保险人除支付保险金外,还需支付相当数额的清除费用,若因未清除导致其他事故的,还需对事故承担责任。

三、请求权代位

(一) 请求权代位的意义

请求权代位,是指被保险人的损失由第三人行为造成时,保险人支付保险金后,在保险金范围内取得被保险人对第三人的权利。②请求权代位和上述残留物代位共同构成保险人代位制度,此制度在实践和判例中存在诸多争议。

请求权代位不仅适用于一般财产保险,还适用于属于消极保险的责任保险。虽然在责任保险中,发生保险事故时,保险人在原则上向被害人而非被保险人提供赔偿(韩国《商法》第724条),但在对肇事第三人的请求权代位上,与此并无不同。

(二) 请求权代位的宗旨

因第三人的行为导致保险事故发生时,被保险人同时取得对该第三人的赔偿请求权和对保险人的保险金请求权,此为相互独立的两种请求权。如果允许被保险人取得赔偿损失的保险金后仍可行使对第三人的追偿权,则会导致被保险人双重获利。

但是,若保险人以被保险人享有对第三人的损失赔偿请求权为由,在被保险人尚未发生确定性损失时,拒绝履行保险金给付义务,会导致对被保险人救济的延迟,进而违背财产保险之救济宗旨。因此,韩国《商法》不考虑保险责任事故造成的被保险人财产关系的这种变动,而仅规定支付或

---

① 参见韩国《开港秩序法》第26条。
② 参见韩国《商法》第682条(对第三人有关的保险代位):损害是因第三人的行为而发生的,已支付保险金的保险人,以其支付的金额为限,取得投保人或被保险人对该第三人的权利。但保险人支付应予赔偿的部分保险金时,以不损害被保险人的权利为限,行使该权利。

已支付保险金的保险人取得被保险人的权利。

由此可见,请求权代位的目的在于,避免被保险人同时行使对保险人的保险金请求权和对加害者的损失赔偿请求权而获取双重赔偿,亦保证保险事故发生时任何人均不得免除责任。

(三) 请求权代位的要件

保险事故发生后,保险人行使请求权代位的,必须满足如下要件:

1. 保险事故因第三人引起

保险事故必须是由第三人的行为造成,并且使被保险人遭受损失。这里的"第三人的行为",是指保险合同之外的第三人对保险合同的客体即被保险利益造成损失的行为,包括不法行为,如放火等;亦包括合法行为,如因承租人的失火等引起的债务履行不能,船长按共同海损处理的情形等。

因此,如果不存在应负责任的第三人(如自然灾害引起的保险事故),则无关请求权代位的问题。请求权代位是将被保险人对第三人的权利移转于保险人的制度,所以存在需承担责任的第三人为其当然要件。该第三人可以是自然人,也可以是国家或者地方自治团体。但是,施害者与最终承担责任者并不要求绝对一致。如船长按共同海损处理的情形,船长是引起损害之人,但损害责任,则由免除危险之船舶或货物的利害关系人承担。

2. 保险人的合法损害赔偿

保险合同有效是请求权代位成立的另一当然要件。根据无效保险合同(赌博、被保险利益的缺陷等)给付保险金的,保险人的返还请求权应另当别论,不承认其请求权代位。

除合同须有效外,保险人的赔偿亦须为基于保险合同的合法赔偿。因此,若保险人给付了法律上不必承担的保险金,其代位权亦不被认可。

大法院 1994.4.12. 宣告,94 da 200 判决:[①]驾驶员的驾驶证已被吊销,但其因车辆故障停车检查时发生追尾事故。法院认为:该案例属于保险

---

① 同旨参见大法院 1995.3.3. 宣告,93 da 36332 判决;大法院 2009.10.15. 宣告,2009 da 48602 判决。

条款(车辆综合保险)中保险人可以免责的无照驾驶情形,因此,原告(保险公司)支付保险金的行为违反了保险条款,不具合法性,根据保险人代位法理,原告不可代位行使被保险人对被告(肇事者)的追偿权。

由于保险人向被保险人给付保险金后即可依法取得请求权代位,因此保险人能够行使请求权代位的时间始于给付保险金之时。但保险人承担损害计算①、防止费用②的,请求权代位应于该保险金之外的费用亦给付后,方可取得,此与残存物代位相同。

值得注意的是,保险人行使请求权代位,无须以支付保险合同规定的全部应付保险金为条件。即使仅支付了部分保险金,也可以在已付数额范围内行使代位权。③ 此与残留物代位有所不同。④

3. 被保险人对第三人享有权利

被保险人对第三人享有请求权,是保险人取得被保险人请求权的前提条件。如前所述,该请求权并不限于不法行为造成的保险事故。

此外,存在争议的是,已支付保险金的保险人为了行使代位求偿权是否须证明第三人的归责事由?

大法院 1995.11.14. 宣告,95 da 33092 判决:被告主张,虽然其负有因租赁物返还不能而产生的损害赔偿责任,但是保险人欲代位取得被保险人的损害赔偿请求权,除需证明所有人对承租人享有损害赔偿请求之外,保险人还需证明该案件火灾是由被告(承租人)行为引起的,即因其未尽善良管理人之注意义务而引发火灾。

判决要点:保险人行使请求权代位时,无须证明第三人的归责事由。因请求权代位是依法律规定当然取得的权利,韩国《商法》第682条规定的第三人的行为是指导致保险利益受到损害的任何行为,该行为不限于因故意或过失引起的侵权行为。本案中,被告所承租的建筑物因火灾而毁损

---

① 参见韩国《商法》第676条第2款。
② 参见韩国《商法》第680条但书。
③ 参见韩国《商法》第682条但书。
④ 参见韩国《商法》第681条(与保险标的有关的保险代位):保险标的全部灭失时,支付全部保险金的保险人取得被保险人有关该标的权利。但是,不足额投保时,保险人应取得的权利,按保险金和保险价值的比例确定。

时,被告对出租人(被保险人)负有因租赁物返还不能(债务履行不能)所导致的损害赔偿责任。只要被保险人享有对被告的赔偿请求权,且保险人支付了保险金,保险人即当然取得请求权代位,而无须证明被告系因未尽善良管理人的义务而导致建筑物毁损。因此,被告的主张不成立。①

(四)请求权代位的效果

根据韩国《商法》第682条的规定,保险人支付保险金后,投保人或被保险人对第三人享有的权利当然移转至保险人。同时,被保险人丧失其对第三人的损害赔偿请求权,被保险人在接受保险金后又行使损害赔偿请求权或接受第三人履行的,属于行使他人权利的行为,当属无效。此外,就第三人而言,即使被保险人提出损害赔偿请求,亦不必再向其履行赔偿责任。

1. 权利转移的时间和方法

保险人取得请求权代位的时间为给付保险金或履行其他给付义务时,权利转移基于法律的规定当然发生。该权利转移不以当事人(特别是被保险人)的转让行为或同意为要件,即使在转让记名债权时亦无须必要的对抗要件。② 因此,不应认为保险人通过交换代位权才为损害赔偿。

如果保险人以实物等非金钱形式为给付,请求权代位何时转移?③ 对该问题,可参考以下判例:

大法院1994.12.9.宣告,94 da 46046判决:④在医疗保险中被保险人因第三人(摩托车驾驶人)侵权受伤,住进医保疗养机构并接受治疗后,与肇事者达成协议,同意接受其赔偿的治疗费及损害赔偿金1,100余万韩元。其后在医疗保险工会(保险人)向疗养机构支付总治疗费中应由医疗

---

① 但在大法院2000.7.4.宣告,99 da 64384判决中,建筑物因内部电路短路被烧毁,大法院认为,承租人仅对出租人负有维持租赁物使用、收益的必要状态的义务,而不必承担对内部电线的善管注意义务,否决了保险人对承租人的请求权代位。
② 参见韩国《民法典》第450条(指名债权让与的对抗要件):1. 指名债权的让与,未经让与人向债务人的通知或债务人承诺的,不得对抗债务人及其他第三人。2. 前款通知或承诺,非依有确定日期的证书,不得对抗债务人以外的第三人。
③ 参见〔韩〕金成太:《保险人的实物给付与代位权的发生时期》,载《法律报》1995年6月12日。
④ 同旨参见大法院2010.2.11.宣告,2009 da 82633,82640判决;大法院2010.4.29.宣告,2010 da 7294判决。

保险工会承担部分约900万韩元,后向肇事者追偿,但肇事者认为,根据与被保险人的协议,损害赔偿请求权已消灭,遂以此主张医疗保险工会不享有追偿权。

判决要点:医疗保险中的疗养给付,原则上应理解为保险人或保险人团体指定的疗养机构给予的直至受害者治愈为止的治疗实物形式,因此被保险人在疗养机构接受治疗时即已经相当于接受保险给付,故医疗保险工会在其保险给予限度内合法取得对第三人的追偿权。

本案中大法院认为,保险人的赔偿形式无论是金钱(保险金)还是实物,给付完成即产生代位权。

从立法论角度看,在个人保险业务中及理论上,保险人的给付内容不限于金钱,韩国《商法》第638条亦明文规定可以其他方式履行给付,因此韩国《商法》第682条规定的"保险金"这一限制性表述亦存在不妥之处。既然在保险条款中允许实物给付,立法上亦应进行完善,避免适用的混乱。

2. 被转移权利的种类和内容

在韩国保险业务及理论上,保险人行使请求权代位时,由被保险人向保险人移转的权利主要包括如下三种:

(1) 损害赔偿请求权

作为代位对象的权利,是指被保险人对引起事故(保险责任事故)之第三人享有的损害赔偿请求权。其发生原因不仅包括违约行为,还包括侵权行为。此外,因合法的共同海损处分行为①产生的请求权(共同海损分担请求权)也属于代位对象。② 可见,被保险人对非引起保险事故的其他人享有的请求权,亦可代位。

保险人可以代位的权利与被保险人享有的权利范围相同,此亦适用于社会保险中的产业灾害保险。对此,大法院曾对韩国《产业灾害补偿保险法》(1994年修改之前的法律)规定的损害赔偿请求权的消灭时效起算点

---

① 参见韩国《商法》第801条(运费):按货物的重量或者容积计算运费的,应当按交付货物时的重量或者容积计算运费。

② 参见大法院1993.6.29.宣告,93 da 1170 判决(侵权行为);大法院1988.4.27.宣告,87 daka 1012 判决(债务不履行);大法院1995.9.29.宣告,94 da 61410 判决。

和消灭时效期间作出明确判决。

大法院1997.12.16.宣告,95 da 37421判决:就金英顿于1991年4月8日驾驶营业用出租车遭受损害一案,劳动部长官认定其为业务上的灾害,并向金英顿支付了保险金。此时,金英顿对被告享有的损害赔偿请求权是基于侵权行为的请求权,原审因此认为,金英顿在遭受损害时已知该损害和加害人,在事故发生3年后的1994年5月2日提起的诉讼中,原告(劳动部长官)拟代位金英顿行使的对被告(加害人)的损害赔偿请求权之消灭时效已经完成,故驳回原告的请求。

判决要点:旧《产业灾害补偿保险法》第15条第1款(现行《产业灾害补偿保险法》第54条第1款)正文规定,"劳动部长官支付由于第三人过失造成事故的保险金时,在其支付保险金的限度内代位取得收受保险金之人对第三人的损害赔偿请求权",该规定的目的仅在于,确定劳动部长官享有代位行使被保险人对加害人的损害赔偿请求权(参见大法院1979.12.26.宣告,79 da 1668判决)。因此劳动部长官根据上述规定支付保险金后取得的损害赔偿请求权应维持其同一性,故判断消灭时效的起算时间和期间也应以损害赔偿请求权自身为基准(不同观点参见大法院1992.6.26.宣告,92 da 10968判决,对此进行了变更)。另外,在上诉理由中提出的大法院1994.1.11.宣告,93 da 32958判决,是作为向被害人支付损害赔偿的共同侵权行为的保险人对其他共同侵权行为人的求偿权的代位,不适用本案中对劳动者的侵权行为人的损害赔偿请求权的代位。综上,支持原审。

(2)对共同侵权人的求偿权

因保险人支付保险金,使非被保险人的其他共同侵权人一同免责的情形,履行了赔偿义务的被保险人,取得对其他共同侵权人一定的权利。但该权利的性质并非通常的损害赔偿请求权,而是对共同侵权行为人的求偿权,其时效期间亦不同于损害赔偿请求权,为10年。[①] 保险人亦可代位行

[①] 参见韩国《民法典》第162条(债权、财产权的消灭时效):(一)债权,因10年不行使而完成消灭时效。(二)债权和所有权以外的财产权,因20年不行使而完成消灭时效。韩国《民法典》第766条(损害赔偿请求权的消灭时效):(一)因侵权行为而产生的损害赔偿请求权,受害人或其法定代理人自知道其损害及加害人之日起3年内未行使的,因时效而消灭。(二)自实施侵权行为之日起经过10年的,亦与前款相同。

使该求偿权。

（3）责任保险的直接请求权

对于韩国《商法》第724条第2款规定的被害人的直接请求权是否可以成为保险人代位之对象,大法院持肯定意见：

大法院1998.9.18.宣告,96 da 19765判决：依据韩国《商法》第682条规定的保险人代位制度,保险人取得的权利包括因该事故引发的、被保险人对第三人享有的因第三人侵权所发生的损害赔偿请求权或债务不履行所发生的赔偿请求权。另外,韩国《商法》第724条第2款规定的被害人有权行使的直接请求权,是因保险人一受让被保险人对被害人的损害赔偿债务而产生的,属于被害人对保险人享有的损害赔偿请求权,因此被害人的直接请求权也当然包括在韩国《商法》第682条规定的依保险人代位制度取得的权利之内。

因此法院应首先判断保险人取得的权利性质。①

值得注意的是,依债权让与等特殊约定取得的权利不属于请求权代位的对象。判例也持相同观点。

大法院1988.12.13.宣告,87 daka 166判决：根据韩国《商法》第682条的规定,保险人代位被保险人取得的权利仅限于②因该事故引发的、被保险人对第三人享有的因第三人侵权所发生的损害赔偿请求权或债务不履行所发生的赔偿请求权。即使韩某将其对保险人享有的保险金请求权转让至同源渔业,但同源渔业因此而取得的保险金请求权不属于因船舶相撞事故本身所产生的请求权,而是基于保险人与韩某之间的保险合同以及韩某和该同源渔业之间债权转让合同而产生的请求权,故不属于保险人代位对象。

此外,单纯的赠与、优惠赔款(Ex gratia Payment)或者与保险事故无关的权利等,保险人亦不能代位。

---

① 在大法院1995.9.29.宣告,94 da 61410判决中,又因无法证明保险人主张的权利为保险人代位引起的追偿权亦或单纯的损害赔偿请求权的代位,驳回原审。同旨判决参见大法院2004.10.28.宣告,2004 da 39689判决；大法院2009.12.24.宣告,2009 da 53499判决。

② 在本案判决中该"限于"一词使用并不恰当。

（五）请求权代位中的第三人

韩国《商法》第682条规定的"第三人",是指引起保险事故,对被保险人负有损失赔偿义务之人。第三人既可以是自然人,又可以是国家或地方自治团体。值得注意的是,如前所述,施害者和责任承担者并不要求必须为同一人。

此外,基于不同种类保险确定被保险人的方法不同,第三人的范围也存在差异。

1. 确定被保险人范围时存在的问题

在保险实践中,尤其是责任保险中,应投保人的请求或为扩大保险范围,除保险单中明确记载的人（记名被保险人）外,被保险人通常还包括获得该被保险人允许直接驾驶车辆的司机（雇员）或租赁并使用车辆的人等,即承诺被保险人。由于根据约定该承诺被保险人为被保险人,由其引发的保险事故,保险人应当承担责任,但其约定性质不得享有请求权代位。

（1）车主的驾驶员

大法院1991.11.26.宣告,90 da 10063判决中明确指出:汽车综合保险普通条款中记载的被保险人,应包括"为被保险人驾驶汽车的人员",因此加入汽车综合保险的车主之驾驶员不为第三人。

（2）车辆租赁人

大法院一般承认在连同司机一起出租车辆的情形下,车辆承租人和租赁人之间的雇主责任。但此时雇主的损害赔偿请求权与保险人代位权不能混为一谈。虽然被保险人享有对第三人的损害赔偿请求权,但只要保险合同明确规定该第三人为被保险人的,保险人即无法行使代位权。

大法院1995.6.9.宣告,94 da 4813判决:被告自本案保险合同的记名被保险人（重机械公司）处承租了挖掘机和司机,因此,记名被保险人重机械公司及其司机、作为雇主和实际管理人的被告,均为本案保险合同的被保险人,并非韩国《商法》第682条所指的第三人。

通常签订保险合同时,投保人和被保险人是确定的,但在车辆保险等险种中,为了在责任保险中扩大被害人的救济范围,只要记名被保险人允许,则获其允许并且实际驾驶车辆的驾驶员亦可成为被保险人,被保险人范围因记名被保险人的行为而扩大。

2. 被保险人的家属、雇员

家族共同体的成员中一人为被保险人的,保险事故由家庭其他成员的过失引起时,如为住宅投保火灾保险,并以家庭为被保险人的情形,理论上亦产生对该其他成员的损害赔偿请求权,保险人在原则上亦可行使请求权代位。但因该家庭全体属于一个共同生活体,如果允许保险人代位,会丧失投保的实际意义。

虽然韩国《商法》未作明文规定,但应当认定,在上述情形下,不允许保险人代位。①② 但因其他成员故意导致保险事故发生的,例外地允许保险人行使请求权代位。此处所指"家属、雇员",应限定为"实际上共同生活的人员"。

3. 为他人保险中的投保人

韩国《商法》第682条的规定(请求权代位)是否同样适用于为他人投保的财产保险合同,判例持肯定态度。③ 若此时因投保人过失引起保险事故的,该投保人是否为此处的"第三人"? 换言之,保险人可否对投保人代位? 比如,运输人、仓库经营者将自己占有的货物投保火灾保险后,因自己或雇员的过失导致标的物灭失的,保险人可否行使代位权? 对此存在不同观点。

(1) 否定观点

该观点认为,在为第三人的保险合同中的第三人不包括投保人,保险人因此不得代位对投保人主张权利。理由如下:

第一,如果将为他人保险中的投保人理解为保险人代位问题中的"第三

---

① 相同意旨,可参见〔韩〕梁承圭:《保险法》,三知院2005年版,第246页;〔韩〕崔基元:《保险法》,博英社1998年版,第296页。

② 我国保险法对该情形作出了规定。我国《保险法》第62条规定:"除被保险人的家庭成员或者其组成人员故意造成本法第六十条第一款规定的保险事故外,保险人不得对被保险人的家庭成员或者其组成人员行使代位请求赔偿的权利。"对于"家庭成员"的范围,有观点主张采广义解释,既包括"共同生活的人",又包括"非共同生活但负有法定义务的人";有观点则主张应限定于"共同生活的人"。

③ 参见大法院1989.4.25.宣告,87 daka 1669判决;大法院1990.2.9.宣告,89 daka 21965;大法院2000.11.10.宣告,2000 da 29769判决。

人",则投保人除须承担作为保险合同当事人而支付保险费等各项义务外,[①]还须向保险人赔偿因自己轻微过失造成的损失,对投保人而言过于苛刻。

第二,根据韩国《商法》第659条的规定,如果保险事故是因投保人的故意或重大过失造成的,保险人可以免责。若同时规定,投保人的轻微过失造成事故时,保险人可以代位取得被保险人对投保人的权利,会造成保险人与投保人之间的权利失衡,是对保险人有利的解释。此外,比较投保人签订责任保险合同与签订为他人的保险合同,法律不允许前者保险人代位而允许后者保险人代位,则显然毫无理论依据。

第三,根据韩国《商法》和保险条款,投保人和被保险人几乎承担了相同的义务,两者之间的关系类似于信托,十分密切。然而,与一般保险条款中将与投保人或被保险人共同生活的亲属或雇员从第三人范畴中排除的规定相比,在为他人的财产保险合同中将同样与被保险人存在密切关系的投保人视为第三人的话,显然并不公平。

第四,在法律依据上,除保证保险中明示可以代位对投保人的求偿权以外,其他保险条款中对此并无明确规定。

第五,修改后的韩国《商法》第639条第2款但书规定,可视为间接排除了保险人对投保人的代位权。

(2)肯定观点

该观点认为,在为他人的财产保险中的投保人也属于第三人。理由

[①] 参见韩国《商法》第650条(保险费的交付和迟延的效果):1.保险合同签订后,投保人应立刻交付全部或首期保险费;投保人未交付保险费的,如果无其他规定,自合同成立之日起经过2个月,该合同解除。2.在约定期间未交付剩余保险费的,保险人可催告投保人于一定的期间内交付。投保人在该期间内仍未交付的,保险人可以终止合同。3.为特定的他人投保的,投保人延迟交付保险费时,保险人须催告该他人在一定的期间交付保险费,未经催告,不得解除或终止合同。

韩国《商法》第652条(危险变更增加的通知和合同终止):1.保险期间内,投保人或被保险人获知保险事故发生的危险显著变更或增加的,应立刻通知保险人。怠于通知的,保险人自得知该事实之日起1个月内,可以终止合同。2.保险人自收到第1款的通知之日起1个月内,可请求增加保险费或终止合同。

韩国《商法》第653条(因投保人等的故意或重大过失导致危险的增加和合同终止):保险期间内,因投保人、被保险人或保险受益人的故意或重大过失导致保险事故发生的危险显著变更或增加的,保险人自得知该事实之日起1个月内,可请求增加保险费或终止合同。

韩国《商法》第680条(损害防止义务):1.投保人和被保险人应尽力防止损害的发生,但因而支出的必要或有益的费用和赔偿金,即使超过保险金,仍应由保险人承担。2.(删除)。

第一章 财产保险合同总论

如下：

第一，虽然投保人是签订保险合同的当事人,而损害保险合同中受保护的人是被保险人,因此,除被保险人以外的其他人统称为第三人,此解释符合保险人代位制度的宗旨。

第二,损害保险合同以赔偿被保险人的损失为宗旨,因此,不得以保险合同的存在为由,使被保险人以外的任何应承担责任之人免责。

第三,在保证保险中,保险人在担保投保人对被保险人履行债务的同时,代位取得被保险人对主债务人即投保人的权利,此为财产保险之性质所决定。

第四,在保险实践中,保险人为保有顾客群体,亦很少行使对投保人的代位求偿权。

第五,否定观点的依据在于,在为他人的保险合同中,投保人应承担支付保险费等义务,但实际上,不仅保险费常常通过他人(被保险人)的结算进行给付,对于其他义务,也仅仅是因其作为保险相对人这一形式上的身份而予以承担。

大法院一贯持肯定观点。

大法院1990.2.9.宣告,89 daka 21965 判决：大韩通运在承运韩国电力所有的变压器时,以自己为投保人、韩国电力为被保险人签订保险合同。在运输变压器的过程中,由于集装箱连接处脱落,导致变压器全损。保险人给付保险赔偿金后向投保人(大韩通运)代位请求已给付的保险金。判决认为,为他人签订的财产保险合同是为保障他人利益而签订的,他人(被保险人)利益为合同的标的,而不当然包括或预定包括投保人的保险利益,所以作为非被保险利益主体的投保人,即使是保险合同中的合同当事人并负有支付约定保险费的义务,但根据其地位的性质和保险人代位制度的宗旨,法律上并无区分投保人和不属于投保人的第三人之理由,因此,在为他人的财产保险中,投保人不应从第三人的范围内排除。①

通说亦支持肯定观点,但否定观点亦有其道理。如果采否定观点,则

---

① 相同意旨,参见大法院1989.4.25.宣告,87 daka 1669 判决。

在因投保人轻微过失引起的保险事故中，投保人可以避免保险人代位，并最终完全免责。当然，这可能导致投保人投保责任保险以外的为他人的保险时，产生与投保责任保险相同的结果。但是，如果采肯定观点，可能与修改后的韩国《商法》第639第2款但书规定的文理解释相冲突。不过，由于可对该但书进行限制解释以保持协调，应采肯定观点。

（六）被保险人对第三人的权利

如前所述，保险人要代位取得被保险人的请求权，须以被保险人对第三人的请求权为前提。此处所指"第三人"，是指除保险人和被保险人之外的其他人。与此相关，存在以下问题：

1. 同一被保险人的所有物之间发生保险事故

实务中，可能存在被保险人拥有数个船舶或车辆，而投保的仅是其中部分财产或投保的保险人各不相同的情况。此时，如果在被保险人所有物之间发生船舶（车辆）冲撞事故等保险责任事故，应如何处理？假设同属一个船舶公司的A船和B船相撞，A船沉没，且该事故完全是因B船的过失所造成。因在原则上谁都不对自己承担损害赔偿责任，且不能以自己为相对人提起诉讼（One Can Not Sue Oneself），所以无法取得保险赔偿。另外，如果以各艘船舶的一部分分别向不同的保险人投保，亦难以计算各自该承担的数额。即使支付全损保险金，由于不存在第三人，A船的保险人也无法代位行使对B船的权利。

但是，如果仅因保险标的同归于一人这一偶然事实即无法进行代位，或者在不同保险人部分承保A、B船舶而两船的过失比例不同时，无法确定保险人之间分担比例的话，会导致不当的结果。

考虑这些因素，海上保险的船舶保险条款中一般会特设例外约定，即即使同属一个所有人的船舶相撞，亦可适用代位权。具体而言，在承保船舶的全部或部分属于同一所有人或与受统一管理的其他船舶相撞后获得救助的情形中，被保险人可以取得的权利，与在其他船舶的所有人与被保险船舶无任何利害关系的情形中被保险人当然可以取得的权利相同。因此，当同一所有人的船舶发生碰撞的，亦将其假定为不同船舶所有人所有，保险人取得被保险人的权利，并按不同保险人之间的负担部分处理，此即为姐妹船条约(Sistership Clause)。[①]

2. 与损害赔偿债权的混同

债权、债务归属于同一主体的,因混同而消灭。[②] 因此,如果被害人概括承继加害人地位,损害赔偿请求权即因混同而消灭,代位权可能也随之消失。当然,根据债权特性,具有特殊存续理由的债权不消灭。大法院判例认为,以直接请求权为前提的损害赔偿请求权不因混同而消灭。

大法院 1995.7.14. 宣告,94 da 3669 判决:未婚兄弟在与另一汽车(过失80%)相撞的交通事故中全部死亡(弟弟坐在哥哥驾驶车辆的副驾驶位置)。哥哥的赔偿责任保险人向其父母给付了弟弟的死亡保险金后向加害人代位追偿。加害人主张被害人的父母已经共同继承了兄弟俩的地位,因此损害赔偿债务因混同已消灭,亦即保险人支付了本无给付义务的保险金,因此不能行使代位权。

法院认为,依据韩国《民法典》第507条正文规定,"债权和债务同属一个主体时可以混同",混同的宗旨在于,简化债权、债务同属一个主体时发生的权利义务关系,但是,即使债权、债务同属相同主体,只要存在债权存续的特殊理由,该债权即不因混同而消灭。

因此,在该案例中,汽车损害赔偿责任保险人不仅是与被继承的债权、债务之混同本身并无关联的第三人,而且已经收取了自己保险义务的对价——保险费,因此不存在基于交通事故的加害人与被害人之间的偶然事件而免除自己赔偿责任的合理理由。所以,根据车辆责任保险条款规定的被害人直接向保险公司请求支付保险金的权利,即直接请求权,与根据韩国《车辆损害赔偿保障法》第3条所规定的"对被害人的驾驶员的损害赔偿请求权",不因依继承而混同消灭。

3. 被保险人对第三人的权利处分问题

行使代位权当然须存在被代位的权利,即被保险人对第三人(加害人)的权利。尽管保险人的代位权通过给付保险金当然发生,无须被保险

[①] 参见〔韩〕沈载斗:《海上保险法》,吉安社1995年版,第222—223、393、428—429页。
[②] 参见韩国《民法典》第507条(混同的要件、效力):债权与其债务同归于一人时,债权消灭。但债权为第三人的权利标的的除外。

人的同意,但在其本质上须基于被保险人的权利而产生。若被保险人在保险人行使代位权之前处分其对第三人的权利,则可能导致保险人无法行使代位权。以下就被保险人处分其对第三人权利的情况进行分析。

在代位之前,被保险人对第三人的权利(损害赔偿请求权)尚未转移,被保险人有权自由处分。

(1) 第三人清偿损害赔偿债务的

通常而言,在保险人给付保险金之前,损害赔偿债务已经部分清偿的,由于在该范围内,损害已经得到了完全赔偿,因此保险人仅在余额限度内负保险金给付义务。保险人赔偿余额后仅可在该余额限度内行使代位权。

大法院 1995.9.29. 宣告,95 da 23521 判决:损害赔偿债务因部分履行等原因部分消灭时,保险人通过支付保险金赔偿剩余损失的,可认为被保险人的损失已经全部得到赔偿,保险人可对被保险人的加害者,代位行使相当于余额部分的损害赔偿请求权。

保险人给付保险金之前,被保险人已经获得第三人的全部赔偿的,因被保险人的损失已经得到全额赔偿,故不发生保险金请求权,保险人不负赔偿义务,也无须讨论其代位权。

调解案例 84-3(84.1.24 火灾保险纠纷):在火灾保险中,部分建筑物因火灾烧毁,如果对该火灾事故负有赔偿责任的承租人已经修复被烧毁建筑物的,被保险人对保险人的保险金请求权应视为已消失。

作为参考,属于社会保险的国民健康保险中规定代位权的同时,[①]亦明确规定被保险人已经从第三人处获得损害赔偿的,保险人在已赔偿范围内不承担保险金给付义务,[②]韩国《产业灾害补偿保险法》第 54 条第 2 款亦有类似规定。

(2) 依被保险人的意思表示的处分

保险人给付保险金之前,被保险人有权任意处置其对第三人享有的损害赔偿请求权。当被保险人任意转让或免除、放弃该权利时,在该限度内,

---

[①] 参见韩国《国民健康保险法》第 53 条第 1 款。
[②] 参见韩国《国民健康保险法》第 53 条第 2 款。

相应的损害赔偿请求权也随之消灭。但是,该消灭的权利是在保险金支付瞬间即被当然转移至保险人的权利。因被保险人对该权利的处分,最终将导致保险人无法行使代位权(须注意的是,仅限于处分范围内的保险金请求权消灭)。

大法院承认加害人(代位的相对人)与被害人(被保险人)之间达成的如下内容的和解协议的效力:(加害人在承租并使用保险标的过程中,因火灾导致部分标的被烧毁,在保险人给付保险金之前,加害人与被害人达成如下协议)火灾修复费用确定为 66 185 200 韩元,其中加害人承担 32 185 200 韩元,并免除其因火灾应负的损害赔偿债务。对此,法院认为,加害人支付上述款项后,可以认为被保险人的损害赔偿请求权消灭,保险人无理由请求代位该权利。

大法院 1981.7.7. 宣告,80 da 1643 判决:根据韩国《商法》第 682 条之规定,在第三人的行为造成损害的情形下,保险人在已支付的保险金限额内取得投保人或被保险人对第三人的权利,但该规定仅允许保险人在被保险人对第三人享有损害赔偿请求权的前提下,在已经给付金额的限度内,允许代位该请求权。

因被保险人等对第三人享有的损害赔偿请求权通常为债务不履行或不法行为的债权,所以在保险人通过给付保险金享有代位权之前,被保险人等可行使或处分该权利,对于已行使或处分的部分,保险人无法代位行使。

综上所述,在被保险人处分的金额限度内,损害赔偿请求权随之消灭,保险人之赔偿义务亦免除。

韩国《商法》并未对上述问题作出相应规定。通说认为,可从应支付的保险金中,扣除本应通过代位取得的数额。[①] 但该观点亦存在不足,即可以扣除的原因在于应支付的保险金本身的减少,而非在被保险人处分的金额限度内免除赔偿义务本身。各国对该问题加以明文规定的立法例亦

---

① 参见〔韩〕孙珠瓒:《商法(下)》,博英社 1997 年版,第 593 页;〔韩〕崔基元:《保险法》,博英社 1998 年版,第 302 页。

有很多,①韩国学者认为有必要在韩国《商法》中明确规定。

(3) 事前约定抛弃损害赔偿请求权的效力

被保险人和第三人之间存在类似托运人与运输人的特殊关系时,很多情形下会约定对运输物以保险处理为前提,发生事故时,货主可抛弃对运输人的所有民事上的损害赔偿请求权。此类损害赔偿请求权的事先抛弃条款,常被记载于海上运输合同中海上运输人发行的提单(B/L)中,即所谓"保险利益享受条款(保险利益条款)"。

对于被保险人抛弃对第三人在民事上的赔偿请求权的约定,其效力是否亦可及于保险人?为保障保险人的利益,保险人可在被抛弃权利的范围内免除赔偿义务。关于事先放弃约定的效力,可参见以下调停案例:

调停例83-40(83.9.27一般赔偿责任保险纠纷)(要点):一般赔偿责任保险的被保险人,在将自己所有的起重机与司机一同出租的同时,亦会约定发生事故时,自己承担所有责任。依据该约定,被保险人的责任被加重,甚至他人的责任也为被保险人所负担,这将导致保险人无法向起重机承租人就其应承担的部分行使求偿权。因此判定保险人对承租人负担的部分免除保险金给付责任。

自保险人给付保险金之时起,被保险人对第三人的权利(通常是损害赔偿请求权)当然转移至保险人。因此,被保险人不得在领取保险金后处分、免除其对第三人的权利。即保险人一旦给付保险金,在该金额限度内,当然地合法取得相应权利,此时,保险人代位被保险人成为债权人。被保险人转让或免除与已受领保险金相应的损害赔偿请求权的,属于无权处分行为,无效。

大法院也明确指出保险事故的被害人收取保险金后放弃损害赔偿请求权的行为无效。

大法院1997.11.11.宣告,97 da 37609判决:原审认为,被告(被保险

---

① 参见德国 VVG 第 67 条第 1 款第 3 句(被保险人抛弃权利的,保险人在此范围内,免除赔偿义务);法国保险法 L.121-12 条(因被保险人的行为导致无法代位的,免除保险人的责任)。中国《保险法》第 61 条第 1 款规定:保险事故发生后,保险人未赔偿保险金之前,被保险人放弃对第三人请求赔偿的权利的,保险人不承担保险金责任。

人)根据在与原告(保险人)签订的火灾保险合同收取的、因其雇员李某责任引起的火灾保险的保险金30 000 000韩元中,除去判决认定的属于过高赔偿的部分外,原告提出的被告所得属于不当利益的主张缺少证据,驳回其关于该部分的主张。此外,尽管被告受领保险金后,又从李某处获得损害赔偿金,并同时放弃剩余损害赔偿请求权,但因被告对李某的损害赔偿请求权,自其取得原告的保险金之时,已经在该保险金限度内当然转移至原告,所以被告放弃相当于已给付保险金部分的损害赔偿请求权的处分属于无权利人的处分行为,无效。综上,不能视原告因此遭受损害。……如果被告自李某处获得损害赔偿金之前,原告给付保险金的话,被告对李某的损害赔偿请求权已在保险金的限度内转移至原告,因此原审判决正确。

因此,此时被保险人从第三人处收取的清偿部分属于不当得利,应返还给保险人。此外因其收取第三人清偿的行为已侵害到保险人权利,亦有侵权行为之嫌。

被保险人获得保险金后,作为加害人的第三人对被保险人可提出何种主张?换言之,如果被保险人获得保险金后,仍向第三人主张全额赔偿金的,第三人是否有权拒绝?对此,大法院判决认为,被保险人仅可在保险金未赔偿的范围内,对第三人提出追偿。

大法院1988.4.27.宣告,87 daka 1012判决:支付保险金的保险人根据韩国《商法》第682条规定的保险人代位制度,在其已付保险金限度内取得被保险人对第三人的损害赔偿请求权,而被保险人则在该保险金的限度内,丧失对第三人的损害赔偿请求权,即被保险人可向第三人追偿的赔偿额,也以该保险金额为限相应减少。

被保险人既是被害人又对保险事故负有部分责任时,应如何处理?此类问题在与车辆事故有关的责任保险中时常发生。

根据侵权行为法法理,包括被保险人在内的数人实施共同侵权行为的情形,若作为加害人的被保险人赔偿了其他共同侵权行为人的应负担部分,当然发生对其他共同侵权人的求偿权,且该追偿权亦属于保险人代位的对象。即在共同侵权人中一人签订保险合同并获得保险金的,该被保险人可对其他共同侵权人行使的追偿权,归属于保险人。

大法院 1995.9.29.宣告,94 da 61410 判决:交通事故中由于车辆所有人管理车辆的过失和车辆驾驶员的驾驶过失共同造成保险事故后,保险人依据与车辆所有人签订的保险合同向被害人支付了全部损害赔偿金,车辆所有人和驾驶员对被害人的赔偿责任得以免除,此时车辆所有人可以对驾驶员行使部分追偿权,且根据韩国《商法》第 682 条,保险人也合法取得车辆所有人对驾驶员的追偿权。①

与此相关,还存在以下几个问题:

(1) 赔偿金低于自己按过失比例所应承担数额的代位权问题

被保险人仅赔付自己应承担的部分时,是否也产生代位权? 该问题在原则上应根据韩国民法中共同侵权的法理予以解决。民法上,对于共同侵权人之间成立内部求偿权是否必须以超出自己负担部分而得以共同免责为要件,存在分歧。

消极论(多数意见)认为,连带债务人之间内部分担部分,与其说是各债务人应承担之债务数额,不如说是某种确定的比例,若因一方的赔付使所有债务人共同免责,则不论其赔付额是否超过其应承担部分,各债务人均应按其比例分担该赔付额,即成立内部求偿权。

与此相反,积极论(少数说)认为,负担部分是债务人当然应承担的部分,对支付未超过应分担部分而得以共同免责的情形,承认追偿权毫无意义。此外,民法上对于共同保证,要求必须超过自己应分担的部分。② 因此,根据韩国《民法典》第 448 条的规定,已为赔付的共同侵权人拟取得对

---

① 相同意旨,可参见大法院 1989.11.28.宣告,89 daka 9194 判决;大法院 1998.12.22.宣告,98 da 40466 判决。

② 参见韩国《民法典》第 448 条(共同保证人之间的求偿权):(一)有数人保证的,某一保证人实施了超过其自己负担部分的清偿时,准用第 444 条规定。(二)在主债务不可分或各保证人相互连带或与主债务人连带负担债务的情形,某一保证人实施了超出其自己负担部分的清偿时,准用第 425 条至第 427 条规定。

其他共同侵权人的追偿权的,其赔付的数额应超过自己负担的部分。①

大法院 1992.12.11. 宣告,92 da 32562 判决:船员特殊共济(船员法中有关保障因被共济人承担的赔偿责任而发生损害的内容):被共济船舶与其他船舶发生碰撞(过失比率 35∶65),被共济船舶的船员失踪,被共济人(船主)支付自己应承担的部分后向共济人提出请求。对此,共济经营人(水产业协同组合)主张在被告(共济经营人)支付共济金的情形下,根据保险人代位的法理,被告将取得原告请求诉外公司(碰撞对方船舶公司)支付相当于其过失比率的赔偿金的权利,但原告侵害了该权利,因此拒绝支付共济金。

判决要点:根据《船员特殊共济条约》第 21 条第 1 款规定,共济人支付因第三人行为引起事故的共济金时,在其已付共济金限度内代位取得被共济人(原告)对第三人的权利,但该条款旨在规定以原告对第三人享有损害赔偿请求权或追偿权等权利为前提,且在已付共济金的范围内行使代位。因此,作为仅向被害人家属支付按自己过失比率确定的应承担数额的原告,并未取得任何对其他共同侵权人的追偿权,且原告仅在上述给付金额的范围内,请求共济人(被告)给付共济金,因此被告并无行使保险人代位之可能,被告主张的"原告侵害了其权利",不成立。

从上述判例可见,韩国大法院支持少数意见的积极论,即以不发生对其他共同侵权人的追偿权为理由,否认保险人的代位权。

(2) 共同侵权和对国家的代位

根据之前的《国家赔偿法》第 2 条第 1 款的但书规定,普通公民和军人共同侵权行为引发保险事故的,公民全额赔偿军人损失之后,禁止向该军

---

① 参见〔韩〕郭润直:《债权总论》,博英社 1994 年版,第 333 页:追偿权因自己的赔付使得共同侵权人之赔偿义务得以共同免责而发生,且在共同侵权中的共同免责不同于主观关联密切的连带债务,该赔付必须超过自己应担部分。此外,还存在如未超过自己的份额,则否认其追偿权的观点。参见周常洙:《共同侵权人相互之间的内部追偿关系》,载《私法论集》第 13 辑(1982),第 206 页。

人的雇主——国家行使追偿权。①

但其后,宪法裁判所认为,上述不允许国民向军人的雇主——国家行使追偿权的规定违宪。

韩国宪裁 1994.12.29 93 宪 ba21 决定:理由,根据韩国《国家赔偿法》第 2 条第 1 款的规定,军人等因工伤接受法律规定的赔偿后,普通公民不得再直接向国家或公共团体行使损害赔偿请求权。但该条款并未明确禁止普通公民向国家行使追偿权。对上述规定应按其立法目的和宪法的一般原则作如下解释:

第一,国家有保障公民基本权利的义务,韩国《宪法》第 29 条②第 2 款是依据该条第 1 款对被保障的国家赔偿权所作的宪法内在的限制,对其适用范围应作严格的、限制性的解释。据此,第 2 款的立法目的,应解释为军人除了获得法律所规定的赔偿外,禁止直接向国家行使损害赔偿请求权,即在不增加普通公民经济负担的范围内,排除军人对国家的损害赔偿请求权,禁止军人获得双倍赔偿,亦减轻国家的财政负担。因此,不应根据韩国《宪法》第 29 条第 2 款的规定将本案争论的焦点解释为禁止一般国民向国家行使追偿权。

第二,韩国《军人年金法》第 42 条第 2 款规定:"国防部长官在因第三人行为发生给付事由并支付相关赔偿后,在其所支付金额的范围内取得赔偿金收取人对第三人所享有的损害赔偿请求权。"可见,若禁止普通公民在向军人支付损害赔偿金后向国家行使追偿权,则属于在因不法行为发生的损害赔偿问题这一私经济法律关系中,无正当理由使国家处于过分优越地位,已经远远超出了为实现立法目的所能采取的正当立法手段的界限。

---

① 参见大法院 1992.2.11.宣告,91 da 12738 判决。事实概要:1986 年 11 月 12 日在京畿道南阳州郡渼金邑,被保险人直行于马路的过程中与从小路行使的摩托车相撞,导致摩托车驾驶人(公务执行中的陆军中士)受伤,海东火灾支付 6 千万韩元的保险金后向该陆军中士的雇主——国家行使代位请求权。判决要旨:撤销并发回重审。

② 参见韩国《宪法》第 29 条:(1) 因公务员的侵权行为而遭受损害的国民,可依据法律规定向国家或公共团体请求正当的赔偿。此时,不免除公务员本身的责任。(2) 对于军人、军务员、警察公务员以及其他法律规定的人员因战斗、训练等与职务执行有关的活动遭受的损害,除了法律规定的赔偿之外,不得向国家或公共团体请求因公务员的职务侵权行为而发生的赔偿。

4. 被保险人的权利保全程序①

（1）被保险人保全义务

被保险人对第三人的权利属于一般债权,在产生代位效果之前,如果被保险人任意放弃、处分对第三人权利或怠于履行保全义务,保险人的代位权极有可能受到侵害。

（2）被保险人的协助义务

为保障保险人代位权的行使,通过收受保险金使权利转移生效后,被保险人不得侵害已为保险人所有的权利,被保险人不得任意放弃或行使、处分对第三人的权利。此外,被保险人有义务协助保险人行使权利。②

---

① 参见〔韩〕孙珠瓒:《保险合同法中有关责任保险和保险代位的问题点》,载《韩国保险学会报》第73号(1984),第7页。

② 韩国《火灾保险条约》第16条第2款、韩国《船舶保险条约》第20条、韩国《赔偿责任保险条约》第16条第2款等保险条约中对此有明确规定。

第二章 财产保险分论①

第一节 火灾保险②

一、火灾保险的含义

火灾保险是对火灾造成的损害进行赔偿的财产保险。③ 狭义的火灾保险,是以建筑、机器设备以及其他动产上发生的火灾损失为赔偿对象的保险,但现代社会,火灾保险一般还包括因火灾以外的,如爆炸、雷电等危险所造成的损害,火灾保险的赔偿范围也逐渐从直接损害扩展至间接损害、损害费用等。

二、火灾保险的内容

作为财产保险的一种,火灾保险具备财产保险的基本内容,如保险事故、保险标的及被保险利益等。

（一）保险事故

火灾,是指时间或空间上失去控制的异常性燃烧所产生的灾害。据

---

① 中国《保险法》中有关财产保险合同的规定（第48条至第64条）相当于韩国《商法》（保险编）的通则部分,即中国并未如韩国《商法》（保险编）就火灾保险、运输保险、海上保险、汽车保险等作专门规定,相关法律亦较少,多为行政规章或规范性文件。中国与保险相关的规范法律效力较低,权威性不够。为建立健全的保险市场,中国有必要加强保险立法工作,建立完备的保险法律体系。

② 同上,中国《保险法》在财产保险合同一节中并未就火灾保险作专门规定。火灾保险合同作为财产保险合同的一种,适用《保险法》的一般规定、财产保险合同中的相关规定以及保险合同条款的约定。

③ 参见韩国《商法》第683条（火灾保险人的责任）:火灾保险合同的保险人,承担火灾发生的损害赔偿责任。

此,火灾的构成要件有三:

第一,须有燃烧作用,即产生火焰与灼热而具有破坏力。

第二,须为不依通常用法的燃烧,即异常性燃烧。燃烧若加以合理利用,不但不会成为灾害,反可造福人类。故人们将火灾保险中的"火"区分为"友善之火"和"敌意之火"。友善之火,是指非意外的、控制之中的、在专用容器中燃烧的火,是生产、生活中有目的用火,如做饭炒菜之火、为垦荒而燃烧之火。敌意之火,是指意外的、失去控制的、有危害的火,如吸烟者将烟头无意间扔在草地上点燃的火。

第三,须酿成灾害。虽不依通常用法而燃烧,但并未造成灾害的,仍不能称为火灾。灾害即损害,有直接和间接之分。前者如焚烧、烟熏、烧焦等;后者如因救火而毁坏墙壁,或衣物因抢救而破坏,或从火场抢救而出的财物被人抢去等。依韩国《商法》第684条规定:"为救火或减少损失而采取必要措施所引发的损害,保险人应承担赔偿责任。"无论直接损害或间接损害,有损害即可成为火灾,无损害则不可能成为火灾。

具备上述三要件始构成火灾。至于其发生原因为何,天灾或人祸原则上在所不问,但各有例外。就天灾而言,如地震、台风、火山爆发等事故,通常在保险合同中予以排除;就人祸而言,如战争或者类似战争的行动等,通常在保险合同中予以排除。

(二) 保险标的

火灾保险标的之形态,可分为有形和无形两类。

1. 有形标的

有形标的通常表现为动产和不动产。

对于动产,衣服、家具、商品等动产均得为火灾保险之标的,但依惯例,保险人不予承保下列动产:(1) 金银条块或未经装镶的珍珠宝石;(2) 古玩或艺术作品,价格昂贵的;(3) 文稿、图样、图画、图案、模型;(4) 股票、证券、债券、各种文件、邮票、印花税票、货币、票据、账簿或其他商业簿册;(5) 爆炸物。另外,动产保险标的物不以置于屋内者为限,置于户外者,如煤堆、木堆等,均得投保。此外,动产保险多以集合保险的方式为之。

不动产包括土地及其定着物,但土地无保险之必要,故只有定着物才得为保险之标的。定着物以房屋为主,桥梁及其他亦可投保。房屋不论住宅、商店、工厂、仓库或剧院等,均无不可。此外,不动产保险标的不限于已完成者,即在建造中的房屋亦得投保火险;不动产之部分亦得独立为火灾保险之标的,例如树木或森林。

2. 无形标的

无形标的通常表现为利益与责任。所谓利益包括现有利益的期待利益、预期利益、企业利益等。所谓责任是基于所从事业务而承担的损失赔偿责任。如仓储业、运输业、旅馆业等对于因保管或运输他人财物而产生的损失负有赔偿责任。

无论有形或无形,火灾保险之标的均须符合以下要件:第一,合法性,保险标的不得为法律所禁止,即非法或违反公序良俗者不得为保险标的;第二,得以金钱估价,否则在发生损失时难以确定赔偿标准;第三,可以恢复或重置,否则发生损失时将难以金钱或实物的方式赔偿。

(三) 被保险利益

被保险人因火灾事故而遭受损失的,必因其对该财物、利益或责任具有某种利害关系,即存在"被保险利益"。无"被保险利益",被保险人即无损失可言。

火灾保险中,被保险利益主要源于因火灾事故的发生而导致财产现有利益或期待利益遭受损失,或负担一定责任的事实。火灾保险被保险利益存在的原因,可分为以下五种:

1. 所有关系

动产与不动产所有人,因火灾的发生将会遭受部分或全部财产损失,故存在被保险利益。

2. 借贷关系

抵押物不论动产或不动产,皆为借贷关系的保证。如抵押物遭受火灾而毁损灭失,借款将遭受无法收回的损失,故存在被保险利益。

3. 受托关系

对于受托保管或运输的财物因火灾而遭受的损失,保管人或承运人于其责任范围内承担赔偿责任,故其可投保以求保障。

4. 合同关系

基于所从事业务而订立合同且对某利害关系承担一定责任的,该责任亦得为被保险利益。

5. 利益关系

现有利益的期待利益(如房屋所有人的租金收入)、预期利益(如尚未出售货物的销售利益)、企业利益(如企业经营可能获取的利益)等,均可能因火灾事故的发生而遭受损失,故存在被保险利益。

三、火灾保险人的损害赔偿责任

(一) 危险普遍原则

火灾保险人对保险标的的损害承担赔偿责任,保险目的在于"降低因火灾发生引起的损害",而不问火灾原因为何,故煤气爆炸、破裂、地震以及雷击等引起的火灾损害,保险人均予以赔偿,即"危险普遍原则"。然此原则仅在保险人不存在免责事由时适用,存在免责事由的,不论火灾发生原因如何,保险人均无须承担赔偿责任,此时"危险普遍原则"毫无意义。

(二) 火灾保险人的免责事由

当出现下列情形时,火灾保险人可以免于承担保险责任:

(1) 投保人、被保险人及其法定代理人故意或重大过失引起的损害;

(2) 为了使被保险人获得保险金,被保险人的家属、雇用人或同居人引起的损害;

(3) 火灾发生时,盗窃引起的损害;

(4) 保险标的发酵、自然发热以及自燃引起的损害;

(5) 破裂和爆炸引起的损害;

(6) 因电器事故引起的损害;

(7) 地震、火山以及战争等引起的损害;

(8) 核燃料物质以及被核燃料物质污染的物质引起的损害;

(9) 因核燃料物质以外的放射线照射以及放射能污染而引起的损害;

(10) 未占有建筑物时发生的损害。

(三）火灾保险人的损害赔偿范围

1. 与火灾发生具有相当因果关系而产生的损害

此即实际损失，是指由于发生火灾保险合同所承保的保险事故而导致的保险标的的毁损灭失。除另有约定外，保险人对此种毁损灭失承担赔偿责任。

2. 因消防等措施引起的损害

此即拟制损失，客观上该损失并非火灾直接造成，但立法政策为尽量减少损失，特将该损失视为因火灾所产生的损失，并将其纳入火灾保险的理赔范围，以鼓励全力救灾。如高楼发生火灾，消防队为了救火而开辟消防通道或者为避免火苗蔓延而拆除相邻房屋，甚至为避免火势扩大而自高楼层破窗灌水，致使较高楼层及较低各楼层窗户遭受水渍污染、家具浸湿等损害。

四、集合保险

（一）概述

《商法》在火灾保险中规定了将集合物统一作为保险标的之集合保险（韩国《商法》第686条、第687条）。建筑物保险一般为个别保险，但将各动产纳入一个保险之中的情形也较为常见。如投保人将家中家具、什器统一纳入一个保险之中，或者投保人将工厂中的成品、半成品以及原料等统一纳入一个保险之中。为这类集合之物统一承保的保险即为集合保险。

集合保险可分为特定保险和概括保险。特定保险之标的为特定的集合之物，如运输中的所有货物或家中所有家当等；概括保险之标的为不特定且随时变动的集合物，如仓库中的物品或商店中的商品等，其以特定的方法、范围和单位为标准加以确定，且保险合同在该限度内维持。集合保险将家具物什、商品、原材料等统一纳入一个保险合同之中的处理方法，较之将多个物品单独订立保险合同更为便利。缔结集合保险合同时，可为该集合物缔结单一保险金额的合同，亦可将该集合物分为不同集体，为各个集体缔结不同保险金额的合同。

投保人就集合保险标的物，部分违反告知义务的（韩国《商法》第651

条),法律对此并无明文处理规定。此时若未以不同条件就未告知部分另行缔结保险合同的,保险人可终止违反告知义务部分的保险合同,但剩余部分仍然有效。在部分保险标的危险增加时,保险人可就该部分请求追加保险费或者就该部分终止保险合同。

除火灾保险可适用集合保险外,运输保险、船舶海上保险等其他财产保险亦可适用。虽然人身保险中的团体保险与集合保险类似,但两者性质与适用范围均不相同,集合保险大多数适用于动产火灾保险中,故《商法》在火灾保险中规定了集合物的范围。

(二)利他的集合保险合同

根据韩国《商法》第686条的规定,对于保险标的非以个别而以统一集合物投保的,例如对自家的家具、什器等所有物品统一缔结火灾保险合同的,该家属或使用人的物品也被包含在此保险标的之中,此保险合同即被认定为为该家属或使用人签订的"为他人的保险合同"。因此,在集合保险的情形下,被保险人的家属以及基于与被保险人的关系而在该保险效力所及之场所从事工作的使用人(雇员),在其所有的物品因火灾而受损的,当然可以向保险人请求赔偿保险金(韩国《商法》第639条第1、2款)。

(三)概括保险

在动产保险标的作为集合物而纳入保险的情形下,该集合物随时都会发生变化(例如仓库中的物品每日皆有进出),以该不特定的集合物为标的之保险即为概括保险。集合物统一作为保险标的时,该标的所包括的物品在保险期间内随时发生变更的,以事故发生时的现存之物为保险标的(韩国《商法》第687条)。

概括保险的保险标的为非特定的集合物,例如家具、商品或工厂的制品、半成品、原料等,该集合物的范围和标准由合同予以确定,包括该范围及标准内随时变动的全部物品。概括保险以预约之形态达成,即使某一物品为被保险人所有,但当其与作为保险标的的集合物完全分离或让与第三人后便不再为保险标的。因此,在概括保险标的中的某一物品个别让与第三人的,不构成保险标的之转让,如作为保险标的的商品个别销售。

第二节 运输保险[①]

一、运输保险的含义

运输保险,是指以运输过程中的货物为保险标的,保险人于保险责任的范围内对承保货物在运输过程中发生的损失提供经济赔偿的一种财产保险。

在运输的过程中,货物遭受自然灾害或意外危险而产生损失的情形经常发生。运输保险能切实保障被保险人的经济利益,保证被保险人的货物在运输过程中因遭受保险责任范围内的自然灾害或意外事故而产生损失时,能及时得到经济赔偿,有利于促进生产经营的稳定与发展。

二、运输保险合同的内容

(一) 保险标的

运输保险的保险标的是货物。汽车或者机动车等运输工具本身不是运输保险之标的,由车辆保险承保。

(二) 保险事故

运输保险属于综合性保险,其保险事故甚多,在解释上应有以下几种:

(1) 车辆碰撞、脱轨、倾覆;

(2) 火灾、暴风雨、雷击、火山爆发;

(3) 强盗以及其他偶然事故。

战争所致损害、地震危险等,保险人通常予以排除,但合同有相反约定的除外。运输保险虽为综合性保险,但当事人仍可以合同约定,将保险事故限为一种或两种。

(三) 保险价值

韩国《商法》第676条规定:"保险人应赔偿的损失额,应根据损失发

[①] 与火灾保险相似,我国运输保险合同适用中国《保险法》的一般规定、财产保险合同的相关规定以及保险合同条款的约定。

生时所在地的价格计算。"但对于运输保险而言,因运输物的空间移动性,难以依该条规定确定保险价值。因此,商法为回避损害算定的困难,特别规定在运输保险中,可依保险价值不变主义,将发货时和发货地的货物价值、到达目的地的运费及其他费用的合计额作为保险价值。因此,在保险期间内可不考虑该价值的变动。即韩国《商法》第689条规定:"在运输保险中,保险价值包括发货时和发货地的货物价值、到达目的地的运输费及其他费用。如有约定,可将因运输物到达而获得的利益,计入保险价值。"

(四)保险期间

保险期间是保险人责任的存续期间,须载明于保险合同中。运输保险亦不例外,商法对其有明确规定,即韩国《商法》第688条规定:"若无特别约定,运输保险合同的保险人应对自其受领运输货物时起至交付收货人时止发生的货物损害承担赔偿责任。"因此运输保险合同的保险期间的起点为交运时,终点为目的地收货时。交运时,是指托运人将货物交于承运人之时,是否装载在所不问;目的地收货时,是指货物到达目的地并由承运人交于收货人之时。可见,如果因承运人的原因导致运输临时中断的,只要尚未收货,该中断时间也应包含于保险期间之内。如果依据发货人的指示,运输人须向非原收货人交付运输物的,①自其向该非原收货人交付时起,保险期间终止。在收货人不明②或拒绝受领运输物、受领不能时③,将提存或拍卖时点视为交付时点,保险期间结束。

保险期间的规定并非强行性规定,当事人得以合同另行约定。韩国《商法》第643条规定,保险合同可约定将合同签订之前的某一时期作为保险期间的始期。

---

① 参见韩国《商法》第139条(运输物的处分请求权):发货人或货物偿还证的持有人,可请求运输人中止运输,返还货物或其他处分。此时,运输人可依已经运输的比例,请求运费、替当金以及因处分所给付的费用。

② 参见韩国《商法》第142条(收货人不明时的提存、拍卖权):1. 无法得知收货人的,运输人可提存运输物;2. 在第1款的情形下,运输人催告发货人在一定的期间内作出处分运输物的指示,发货人在该期间内未作出指示的,可拍卖该运输物;3. 运输人依第1款、第2款的规定提存或拍卖运输物时,应立即通知发货人。

③ 参见韩国《商法》第143条(运输物的受领拒绝、受领不能):1. 前条的规定,准用于收货人拒绝受领运输物或无法受领运输物的情形;2. 运输人拍卖的,在催告发货人之前,应催告收货人在一定的期间内受领运输物。

三、运输保险合同的记载事项

运输保险合同记载事项包括基本条款中记载的事项和特殊记载事项。韩国《商法》第690条规定,运输保险保单上,除了记载第666条所列事项外,还应记载下列事项:

(一)运输路线及方式

运输路线及方式是测算危险程度的重要因素,如有变更即构成危险之变更,必须载明。在一般保险合同中,保险人可以此作为终止合同的依据,但在运输保险合同中,却有特别规定。韩国《商法》第691条规定,因运输之必要,临时停止运输或变更运输路线及方式的,除保险合同另有约定外,不影响保险合同的效力。因此运输路线及方法变更的,保险合同仍然有效,保险人不得据此终止合同。然该停止或变更应以运输上之必要及暂时为限。本条非为强行性规定,当事人另有约定的,自应从其约定。

(二)承运人的住所、姓名或商号

个人承运,应载明姓名;公司企业承运,应载明商号名称。承运人负责运输与运输危险有密切关系,应对货物的毁损灭失或迟延等负责。如因承运人的责任事由而遭受损失时,保险人对被保险人赔偿后,可代位向承运人请求赔偿。因此,在保险合同中必须载明承运人的姓名或商号名称及住所,以资依据。

(三)运输物品的收取和交付地点

接管地点与保险期间起点有关,交付地点与保险期间终点有关,故两者均须记明。

(四)运输期间

运输期间确定时,须予以记载,此为保险人承担保险责任的期间依据。

(五)保险价值

确定运输保险价值的,须予以记载。

四、运输保险人的损害赔偿责任

(一)运输保险人的保险金支付义务

如无特殊约定,保险人对承运人从接收运输货物时至移交收货人止发生的损害,向被保险人承担赔偿责任,此为运输保险人的"保险金支付义务"。

(二)运输保险人的免责事由

在运输保险合同中,保险人具有以下特殊免责事由:

(1)运输迟延;

(2)核燃料物质、因核燃料受到污染的物质、放射能、爆发性及其他有害特性、基于上述特性而引发的事故;

(3)放射线照射以及放射能污染造成的损害;

(4)行业协会罢工、怠工、工作场所封闭、纠纷行为、暴动、骚乱等类似事件;

(5)扣留、扣押等类似行为;

(6)地震、火山爆发等类似事故;

(7)保险标的以无盖货车,即完全没有封闭的运输工具运载的,保险人不承担赔偿责任;以有盖货车,即完全封闭的运输工具运载的,保险人须承担赔偿责任。

此外,除投保人或被保险人、保险受益人的故意或重大过失等一般免责事由外,由于发货人或者收货人虽不为保险合同当事人和被保险人,但仍须遵守运输合同约定的权利和义务,因此发货人或收货人故意或重大过失导致保险事故发生的,保险人亦免责。运输保险的承运人如非保险合同人,因其故意或重大过失引起保险事故的,保险人要承担赔付保险金的责任,之后可对该承运人行使代位权。

(三)运输变更和保险合同效力

无特别约定,因运输之必要而临时中止运输或变更运输方式的,不影响保险合同的效力。陆地运输保险的保险人承保所有危险,因运输之必要临时中止运输及变更路线的情况时有发生,商法因此承认该变更的效力。但对于运输中止或者路线及方式的变更,因投保人或被保险人故意或者重大过失致使危险显著增加的,保险人有权要求有关请求保险金的人作证或者终止保险合同。

第三节 海上保险[①]

一、海上保险的含义

海上保险,作为赔偿因与海上业务有关的事故所造成损害的保险,是依靠船舶发展的国际商品交易中的一种保险制度。[②] 一般而言,以船舶货物运输为主要内容的国际货物买卖交易较国内交易,危险性较高。本节就海上保险的特殊性进行介绍。

二、海上保险的特殊性

商业保险可以分为海上保险和陆上保险两大类。相对于陆上保险而言,海上保险的特殊性在于:

第一,从保险制度的历史看,海上保险是最先成熟的商业保险,之后出现的火灾保险等多种陆上保险均受海上保险法理的影响。

第二,海上保险的商业性突出。基于此,"禁止对投保人等不利之变更"的原则不适用于海上保险(韩国《商法》第663条但书)。

第三,较陆上保险,海上保险具有其特有制度,即保险委付。此外,海上保险的被保险利益具有多样性,保险事故概括性(含暴风雨、沉没、触礁、碰撞、抛弃、火灾、爆炸、海盗、偷盗、捕获、船员的非法行为等有关航海的所有事故),保险人特有的与海上危险相关的免责事由(韩国《商法》第701条至第703条、第706条)及赔偿方法多样性等特殊性。

[①] 对于海上保险的法律适用,我国《保险法》第184条规定:海上保险适用《中华人民共和国海商法》的有关规定;《中华人民共和国海商法》未规定的,适用本法的有关规定。中国《海商法》第12章是专门针对海上保险合同的规定,包括海上保险合同的一般规定;合同的订立、解除和转让;被保险人的义务;保险人的责任;保险标的的损失和委付;保险赔偿的支付。

[②] 参见韩国《商法》第693条(海上保险人的责任):海上保险合同的保险人,承担与海上业务有关的保险事故的损害赔偿责任。

三、英国海上保险法的采用

(一) 实体法

在海上保险领域,一直以来作为海洋强国的英国的法理,对海上保险法理的形成具有决定性的影响力。在韩国海上保险实务中,合同条款基本全盘采用具有全球影响力的英国海上保险相关协会制定的条款,肯定了英国对国际贸易以及保险和再保险市场的现实影响力。因此,在海上保险实务领域,签订船舶修缮或外航货物等海上保险合同时,即使当事人双方均是韩国企业,通常亦使用英文条款。

(二) 英国法准据条款

在韩国,签订海上保险合同时使用的海上保险条款通常直接参考该海上保险实务上的案例,并主要选择英国法作为准据法条款。海上保险合同引用的准据法条款(Governing Clause)一般规定如下:This insurance is understood and agreed to be subject to English law and usage as to liability for and settlement of any and all claims。主要选择英国法为准据法亦可视为海上保险的特点之一,尤其在处理再保险时,必须通过以英国为中心的再保险市场,此已为惯例。

韩国大法院判示"约定与海上保险合同相关的一切责任问题以英国法律及惯例为准据条款,该约定在当事人之间有效"。显然,韩国大法院亦尊重海上保险实务中的惯例。① 而韩国企业作为保险合同当事人,即使由国内法院解决海上保险纷争,亦经常适用英国海上保险法理。

四、海上保险合同特则

海上保险合同具备保险合同的一般内容,但因其本身的特殊性,也存在一些较为特殊的规定:②

---

① 参见大法院 1977.1.11. 宣告,71 da 2116 判决;大法院 1998.5.15. 宣告,96 da 27773 判决等。
② 参见韩国《商法》第 695 条(海上保险保单):海上保险保单上,除了记载第 666 条中所列事项外,还应记载下列事项:(1) 为船舶投保的,该船舶的名称、国籍、种类及航海范围;(2) 为运载货物投保的,船舶的名称、国籍、种类、装运港、卸货港、确定承运地点时,该地点;(3) 确定保险价值时,该价值。

(一) 海上保险合同的记载事项

海上保险保单,除韩国《商法》第 666 条规定的保单一般记载事项外,还需记载以下事项:

(1) 为船舶投保的,该船舶的名称、国籍、种类以及航海范围;

(2) 为运载货物投保的,装载货物船舶的名称、国籍、种类、装货港、卸货港,以及确定装运地和目的地时,该地名;

(3) 确定保险价值时,该价值等。

(二) 被保险利益

如上所述,海上保险存在多种形态的被保险利益。根据被保险利益的不同,海上保险合同可分为以下几种:

1. 船舶保险

该保险一般承保作为保险标的的船舶的所有人之被保险利益。除特别约定外,保险标的不仅包括船体,亦包括船舶属具、燃料、粮食以及其他航海所需的所有物品。① 船舶保险的被保险利益除船舶所有人的利益之外,也包括船舶承租人的使用利益或担保权人的利益。

2. 运载货物保险

海上运载货物保险是承保运载货物的所有人之被保险利益的保险合同。② 运载货物保险的保险价值包括装船时和装船地的货物价值、装船及与保险有关的费用(韩国《商法》第 697 条)。③

3. 运费保险

运费保险是承保海上承运人对运费具有的被保险利益的保险合同。此处的"运费",包括个别运输合同、租船合同及旅客运输合同等中的相关运费。此外,为避免纠纷,此处的运费为总运费而非纯运费,有特殊约定的

---

① 参见韩国《商法》第 696 条(船舶保险的保险价值和保险标的):1. 船舶保险中,保险人责任开始时的船舶价值为保险价值。2. 第 1 款的情形,船舶的属具、燃料、样式以及其他航海所必需的物品均属于保险标的。

② 参见〔韩〕孙珠瓒:《商法(下)》,博英社 1997 年版,第 611 页;〔韩〕郑灿炯:《商法讲义(下)》,博英社 2000 年版,第 597 页。

③ 参见韩国《商法》第 697 条(海运货物保险的保险价值):海运运载货物保险中,保险价值包括装船时和装船地的货物价值、装船及与保险有关的费用。

除外。该运输保险可附加于船舶保险投保,但不得超过船舶保险价值的5%,且须将船舶保险中对船费所承保的金额从该运费保险中扣除。

4. 希望利益保险

希望利益保险承保因运载货物到达目的地而获得利益的主体的被保险利益。在此情形下,因保险价值较难确定,可以货物总价值加算一定比率的希望利益投保运载货物保险。希望利益保险合同未确定保险价值的,推定保险金额为保险价值。[1]

5. 船费保险

船费保险是承保对停船装载以及其他一般船舶运航所需各种费用所具有的被保险利益的保险。[2]

6. 不启动损失保险

该保险以船舶因海难事故无法启动时,船主及船舶承租人在此期间必须支出的船舶经费或因此丧失的运费及其他用船费用的损失为被保险利益进行承保。不启动损失保险是运费保险和船费保险的特殊形态。[3]

(三) 保险期间

以保险期间为基准,海上保险可分为航程保险、期间保险和混合保险。

航程保险是以特定航程为标准确定保险期间的保险,主要用于运载货物保险。期间保险是规定以一定期间(通常为1年)为保险期间的保险,主要用于船舶、运费、船费保险等。混合保险是以一定航程和一定期间为标准确定保险期间的保险,主要用于船舶保险。

1. 保险期间的开始与终止

海上保险中的保险期间对当事人双方具有重大影响。因此,韩国《商法》就保险期间进行了详细规定。

(1) 船舶保险

以一定航程为单位确定的船舶保险的保险期间,始于货物开始装船

---

[1] 参见韩国《商法》第698条(预期利益保险的保险价值):因货物的到达而获得利益或报酬的保险中,如果合同未确定保险价值,推定保险金额为保险价值。

[2] 此时,因该各种费用已包含于总运费中,会导致重复保险现象。但亦存在将船费保险附加于船舶保险的情形。参见〔韩〕崔基元:《保险法》,博英社1998年版,第356页。

[3] 该保险以船舶价值的10%为限附加于船舶保险(《协会船舶保险约款》第20(a)条)。

之时,①终于货物或压舱货于目的地卸载之时。② 但在开始装载货物或压舱货之后签订合同的,保险期间始于合同成立之时。③ 而在非因不可抗力而迟延卸货的情形,卸货正常完成时保险期间结束。④

（2）运载货物保险

运载货物保险的保险期间始于货物开始装船之时,⑤但约定装运地的,应自在该地点开始运输时起算。⑥ 但在开始装载货物或压舱货之后签订合同的,保险期间始于合同成立之时。⑦

运载货物保险的保险期间终于在卸货港或目的地交付货物后。⑧ 即保险期间在货物卸载完成时尚未终了,而须向收货人或提单持有人交付货物后方可结束。但非因不可抗力而迟延卸货的,卸货正常完成时保险期间结束。⑨

2. 特约担保期间延长

当今时代,随着海陆复合运输的日益发达,有必要通过海上货物保险将海上期间和陆上期间的危险概括到一个保险合同中加以处理。鉴于此,《协会货物约款》第 8 条(运输条款,Transit Clause)规定,保险期间始于货物离开仓库或保管场所之时,止于交付于收货人的最终仓库或保管场所之时。因此,"运输条款"亦被称为"仓库间约款"(Warehouse to Warehouse Clause)。⑩

---

① 参见韩国《商法》第 699 条第 1 款(保险期间的开始):按照航海单位为船舶投保的,保险期间自着手装运货物或者压舱货时起算。

② 参见韩国《商法》第 700 条(保险期间的终止):第 699 条第 1 款的情形,保险期间于到货港卸下货物或压舱货时结束;第 2 款的情形,保险期间于卸货港或到货港交付时结束。但非因不可抗力而迟延卸货的,应认为正常卸货时保险期间已结束。

③ 参见韩国《商法》第 699 条第 3 款(保险期间的开始):着手装运货物或压舱货之后签订第 1 款或第 2 款的保险合同的,保险期间自合同成立时起算。

④ 参见前引韩国《商法》第 700 条但书。

⑤ 参见韩国《商法》第 699 条第 2 款(保险期间的开始):为海运货物投保的,保险期间自着手装船时起算。但约定承运地点时,应从在该地点着手运输时起算。

⑥ 参见前引韩国《商法》第 699 条第 2 款但书。

⑦ 参见前引韩国《商法》第 699 条第 3 款。

⑧ 参见前引韩国《商法》第 700 条。

⑨ 参见前引韩国《商法》第 700 条但书。

⑩ 虽然韩国和日本均存在另行签订"内陆运输扩张担保(Inland Transit Extentionm, I. T. E.)"特约的例子,但因其所担保的内容通过运输条款即可满足,故无另行签订之必要。

第二章 财产保险分论

"运输条款"(第 8 条)规定,保险人责任自离开出发地保管仓库开始,于正常运输过程中(Ordinary Course of Transit)持续发生,但因以下事由终止:

(1)交付于收货人(Delivery to the Consignee)(8.1.1.条)。

(2)超出正常运输过程的保管(Storage Other Than in the Ordinary Course of Transit)(8.1.2.1.条)。因此,依收货人的意思表示而中断运输或以拖延缴纳关税为目的而延迟受领货物的,在此期间内发生事故的,保险人不承担责任。

(3)货物的分散(Allocation or Distribution)(8.1.2.2.条)。该规定属于 8.1.2.1 条的延伸,因此属于即使未另行规定也须注意的规定。

关于海上货物保险合同保险期间的终止时期问题,在"忠南事故案"中,大法院认为,货物保管于自己保税场地期间发生保险事故的,保险人免责。①

(四)保险事故②

对于海上保险中的危险,即所谓"海上危险"(Marine Perils),修改前的韩国《商法》将其狭义地规定为与"航海"有关的事故,即源于或附随于海上航海而发生的危险,不仅包括沉没、触礁等海上固有危险(Perils of the Sea),还包括火灾、碰撞、海盗(Pirates)、爆炸、偷盗、扣留③、投弃(Jettison)、装船方法不恰当、船员不法行为(Barratry)等造成的事故。④ 1991 年修改韩

---

① 本案中,被保险人为通关而将进口原棉存放于忠南纺织大田工厂自己的保税区内,在此期间内,因火灾导致进口原棉全部被烧毁。参见大法院 1988.9.27.宣告,84 daka 1639,1640 判决;同旨参见大法院 1996.3.12.宣告,94 da 55057 判决。
② MIA 第 3 条 2 项详细规定了其内容。
③ 此处"扣留",是指战时交战国军舰在海上扣留敌方或中立国的船舶。
④ 参见〔韩〕郑灿炯:《商法讲义(下)》,博英社 2000 年版,第 599 页。作为参考,介绍英国相关重要判决如下:Polpen Shipping v. Commercial Union Assurance(1943):在包含所谓碰撞条款(Running Down Clause)(规定被保险船舶与其他船舶碰撞后,被保险人对第三人负有损害赔偿责任时,保险人赔偿其损害的条款)的船舶保险合同中,因被保险船舶过失与船身式水上飞机发生碰撞,被保险人赔偿损害后请求保险人支付保险金一案,法官以船身式水上飞机不属于船舶为由,驳回了被保险人的请求。N. E. Neter & Co. v. Licenses and General Ins. 判决:只要合理装载货物,即使事先已经预测到恶劣天气,因恶劣气候造成的损害仍属于海上危险。Republic of Bolivia v. Indemnity Mutual Marine Assurance 判决:海盗行为(Piracy),是指为了自己的目的,无差别实施掠夺的行为,而为公共目的掠夺特定国家财产的行为,不属于海盗行为。参见〔韩〕梁承圭:《判例教材》,法文社 1985 年版,第 270 页以下。

国《商法》时,考虑到复合运输及石油开采活动等海上环境的变化,修改后的韩国《商法》将"与'航海'有关的危险"修改为"与'海上业务'(Marine Adverture)有关的危险",使海上保险人的责任范围扩大至附随于海上业务的陆上危险。因此,目前海上保险合同承保的事故还包括附随于海上业务的陆上及内水运输的事故。①②

关于举证责任,大法院认为,鉴于特定损害是由海上保险承保的保险事故所造成,举证责任应由被保险人承担。③

(五)保险价值

在海上保险中,保险价值一般应由当事人协商确定。无约定的,应按照保险价值不变更原则,依商法所确定的价值为保险价值:

(1)船舶保险,以保险人责任开始时的船舶价值为保险价值;④⑤

(2)运载货物保险,以装船时和装船地的货物价值、装船及与保险有关的费用为保险价值;⑥

(3)希望利益保险,合同未确定保险价值的,推定保险金额为保险价值。⑦

(六)保险关系的变更

以下简单介绍海上保险中有关保险关系变更的特别规定。

1. 航程的变更

船舶未于保险合同所规定的起运港起航,或未向保险合同规定的到货

---

① 参见前引韩国《商法》第693条。
② 虽然在海上保险实务中所采用的协会约款不同于韩国法上的概括责任主义,即采取——列举保险人担保危险的个别责任主义或列举责任主义(《协会装船约款》第1条;《协会船舶约款》第7条之Inchmaree Clause),但实际上并无太大区别。参见〔韩〕崔基元:《保险法》,博英社1998年版,第360页。
③ 参见大法院1998.5.15.宣告,96 da 27773判决;大法院2001.5.15.宣告,99 da 26221判决。
④ 参见前引韩国《商法》第696条。
⑤ 关于船舶保险的保险价值评估场所,参见〔韩〕郑灿炯:《商法讲义(下)》,博英社2000年版,第601页。
⑥ 参见前引韩国《商法》第697条。
⑦ 参见前引韩国《商法》第698条。

第二章 财产保险分论

港起航的,保险人不承担责任。① 保险人责任开始后,变更保险合同所规定的到货港的,保险人自决定该变更时起不承担责任。②③

另外,船舶无正当事由而脱离保险合同所规定的航线的,保险人自脱离航线之时起不承担责任。即便船舶在发生损害之前已经返回原定航线,保险人亦得以免责。④

如果海上保险合同条款约定及时通知保险人航程变更的事实并追加保险费的,保险人仍应继续承担保险责任。⑤

2. 起航、航海的延迟

被保险人无正当理由延迟起航或航行时,保险人对延迟后发生的保险事故不承担责任。⑥

3. 船舶的变更

(1) 运载货物保险

在运载货物保险中,运输货物的船舶构造或性能对货物运载有重大影响。因此,因投保人或被保险人应承担责任的事由而变更装载船舶的,保险人对变更后发生的保险事故不承担责任。⑦

(2) 船舶保险

在船舶保险中,除经保险人同意外,转让船舶、变更船舶等级或变更船舶管理人的,保险合同终止。⑧ 本条款为考虑到重视被保险人与船舶关系

---

① 参见韩国《商法》第701条第1款、第2款(航海变更的效果):1. 船舶从合同中未规定的起运港出港的,保险人不承担责任。2. 船舶驶向合同未规定的其他到货港的,与第1款相同。

② 参见韩国《商法》第701条第3款:保险合同开始后,变更保险合同规定的到货港的,自决定变更航海时起,保险人不承担责任。

③ 郑灿炯教授(《商法讲义(下)》,博英社2000年版,第602页)认为,此时须以不存在可归责于投保人、被保险人之事由为要件之一。

④ 参见韩国《商法》第701条之2(脱航):船舶无正当事由脱离合同中规定的航线的,保险人自脱离时起不承担责任;船舶在发生损害之前回到原航线的,亦同。

⑤ 参见《协会货物保险约款》第10条、第12条;《协会船舶保险约款》第5条。

⑥ 参见韩国《商法》第702条(迟延启航或航行的效果):被保险人无正当理由迟延启航或航行的,对于迟延启航或航行后发生的事故,保险人不承担责任。

⑦ 参见韩国《商法》第703条(船舶变更的效果):为运载货物投保时,因投保人或被保险人的责任导致船舶变更的,保险人对变更后发生的事故不承担责任。

⑧ 参见韩国《商法》第703条之2(船舶转让等的效果):为运载货物投保时,保险合同因下列事由终止。但保险人同意的除外:(1)转让船舶的;(2)变更船舶等级的;(3)更换船舶管理人的。

的保险实务的要求而于1991年修改《商法》时新设的条款。① 因此,本条款作为保险通则中有关保险标的转让规定②的例外规定,与保险通则的相关规定存在明显差异。但海上保险中船舶的转让与汽车保险中汽车的转让具有相同效果。③

4. 船长的变更

通信技术的发达大大削弱了船长的地位。因此,1991年修改后的韩国《商法》,从海上保险合同记载事项(韩国《商法》第695条)中删除了"船长姓名",同时删除了第705条有关船长变更效果的规定。

第四节 汽车保险④

一、汽车保险概述

(一) 汽车保险的意义

汽车保险,是指被保险人在所有、使用或管理汽车期间,因发生保险事故而遭受损害时,保险人承担赔偿责任的财产保险。⑤

汽车保险是应对汽车运行过程中可能发生的各种危险的保险制度,其核心内容为对人赔偿责任保险,担保被保险人对潜在受害人的赔偿能力。

汽车事故加害人承担的法律责任主要有民事责任、刑事责任(如过失

---

① 参见英国《协会船舶保险约款》第4条;〔韩〕郑灿炯:《商法讲义(下)》,博英社2000年版,第693页。
② 参见韩国《商法》第679条(保险标的的转让):1. 被保险人转让保险标的的,推定受让人承继保险合同的权利义务。2. 第1款的情形,保险标的的转让人或受让人应立刻将该事实通知保险人。
③ 参见韩国《商法》第726条之4(汽车的转让):1. 保险期间内被保险人转让汽车的,未经保险人同意,受让人不可承继保险合同的权利义务。2. 收到受让人受让事实的通知的,保险人应立刻作出同意与否的通知。自收到通知之日起10日内,保险人未作出通知的,视为同意。
④ 中国《道路交通安全法》第17条规定:国家实行机动车和第三者责任强制保险制度,设立道路交通事故救助基金,具体办法由国务院规定。国务院于2006年颁布了《机动车交通事故强制责任保险条例》,对机动车的强制责任保险进行规制。对于机动车的任意责任保险,适用中国《保险法》的一般规定、财产保险合同的相关规定和保险合同条款的约定。
⑤ 参见韩国《商法》第726条之2(汽车保险人的责任):汽车保险合同的保险人,应承担被保险人在所有、使用或管理汽车期间发生事故所造成的损害的赔偿责任。

致人伤亡罪、财物损坏罪等）及行政责任（如因违反道路交通法被吊销驾照、罚款、扣分等）。

汽车保险主要解决上述责任中的民事责任问题，具有民事上救济被害人因汽车事故而遭受人身或者物质损害的功能。保险人通过与加害人一同承担对汽车事故受害人的民事责任，为加害人的赔偿能力提供担保。此外，在加害汽车未投保或逃逸的情形下，保险人也可在一定限度内赔偿受害人的损失。① 可见，汽车保险亦具社会性功能。

在现代社会，汽车的使用已经普及，随之汽车事故亦不断增加，保险人通过汽车保险承担被保险人应当承担的赔偿责任，无疑有助于社会经济活动的安定。

（二）汽车保险的种类

以保险标的为标准，汽车保险分为责任保险、自损事故保险及自己财产保险。

汽车责任险承保的对象为被保险人因保险事故对他人造成的人身损害（对人赔偿责任），或财产损害（对物赔偿责任），属于责任保险的范畴。

自损事故保险承保的是保险事故对汽车所有人、家属、驾驶员及辅助人员造成的人身损害，属于伤害保险。

自己财产保险，承保的是自己汽车的损害，属于通常的物件保险。

实务中的汽车综合保险，属于概括承保上述四类损害的综合保险。汽车综合保险将所有与汽车相关的危险进行综合，却未按危险性质对其分类，考虑到驾驶员与危险率之间存在着密切联系且有必要确定共同的免责事由，在尊重实务的基础上，韩国《商法》单设第 6 节共 3 条对其加以规定。

（三）汽车保险的共同点

不同的汽车保险具有其各自的保险内容，然汽车保险亦具有如下共同之处：

---

① 参见韩国《汽车损害赔偿保障法》第 30 条第 1 款：政府在下列情形下，依被害人的请求，在责任保险的保险金限度内，赔偿被害人遭受的损失。(1) 因无法知悉所有人的汽车的运行而死亡或负伤的情形；(2) 未加入保险者依第 3 条承担损害赔偿责任的情形。但依第 5 条第 4 款运行汽车的情形除外。

1. 保险约款

汽车保险是包含多种险种的综合保险,适用保险通则、财产保险通则、汽车保险及伤害保险的相关规定。韩国《商法》中关于汽车保险的规定仅有三条,内容极不完善。实践中,当事人权利义务关系多由汽车保险约款加以确定。因此,在汽车保险实务中,保险约款十分重要。

2. 告知义务

投保人应在投保书质询表中如实填写保险合同的重要事项,通说认为,该告知义务是被保险人最大诚信义务之一。

因保险费率须与危险程度一致,所以在告知事项中,评定危险的事项尤为重要,如汽车用途、车型、前保险合同期间有无事故、投保车辆数等。[①]为确定保险标的,被保险人必须正确告知投保汽车车牌号、车型、品牌、最初登记日等。在汽车登记注册簿中记载的所有人与实际所有人不同时,因实际所有人对该汽车具有运行支配权,故应以实际所有人为被保险人。

3. 被保险人范围

汽车保险的被保险人,是指因汽车事故对第三人承担损害赔偿责任后,有权向保险人请求保险金之人。

原则上,汽车应由汽车保险合同载明的被保险人驾驶,但在实际生活中,与记名被保险人存在紧密关系的、在一定范围内的其他人也可合法、随时地使用汽车。该现象在营业用汽车中更为常见。对于营业用车辆,汽车的名义所有人通常在营业场所指挥并雇用司机代为驾驶。当名义所有人为法人时,[②]因法人无法直接驾驶汽车,必然需雇用他人驾驶。此时,如果保险人仅承保记名被保险人亲自驾驶造成的事故,则汽车保险对汽车事故的被害人以及为该记名被保险人驾驶车辆的被雇用人而言,并无实际意义。

换言之,在通常情况下,使用汽车之人并不限于汽车所有人,还包括其家属、朋友等,因此在汽车事故发生时,承担赔偿责任者亦并不限于汽车所

---

① 参见日本汽车保险费率确定会:《汽车保险论》,东京财产保险事业研究所1986年版,第196—197页。
② 参照首尔民地1992.6.26.宣告,92 kahab 16527 判决。

有人。如果汽车赔偿责任保险的保险标的不包括记名被保险人之外的人应承担的损害赔偿责任,将无法实现担保汽车使用人赔偿能力以及保护被害人的宗旨。因此,在汽车损害赔偿责任保险中,一般将被保险人扩大至一定范围内与记名被保险人存在密切关系之人,构成"被保险人群"。① 即考虑到汽车在所有、使用或管理过程中的特殊性,汽车责任保险中的被保险人不仅包括汽车所有人,而且将驾驶员等均列为"共同被保险人"。实务中,根据约款的规定,被保险人一般包括记名被保险人(保险单上记载为被保险人者)、同居亲属、被允许使用汽车之人、被保险人的雇用人及被保险人的司机等。

4. 因果关系

汽车保险对保险事故造成的损害予以赔付保险金,具体而言,该损害是指被保险人在所有、使用或管理汽车过程中发生事故而遭受的损害(汽车任意保险:韩国《商法》第726条之2)或者因驾驶汽车(汽车强制责任保险:韩国《汽车赔偿保险法》第3条)造成的损害。上述驾驶汽车等情形与损害结果间必须存在因果关系。

大法院 1997.9.30. 宣告,97 da 24276 判决:② 该案中,汽车驾驶员与骑摩托车的被害人发生争执,前者一边追赶摩托车一边喊"停下",致使被害人在逃亡的过程中因惊慌而摔倒在地。在该事故中,汽车的运行与摩托车摔倒之间具有相当的因果关系。

5. 免责事由

汽车保险保险人的一般免责事由与其他保险相同,以下简单整理汽车保险特有的免责事由。

第一,"无证驾驶""酒后驾驶"免责。汽车保险中一般均有约款规定,对汽车驾驶员无证驾驶或酒后驾驶发生保险事故所造成的损害,保险人不

---

① 参见《财产保险判例百选》,有斐阁1980年版,第140—141页。
② 同旨参见大法院2001.5.15. 宣告,99 da 26221 判决。

予赔偿,此即免责约款。①

第二,有偿运输免责。汽车潜在的危险程度与该汽车用途紧密相关。如上下班用、业务用或营业用汽车,因为使用频率、运行距离、速度或运行地域不同,危险程度亦不同。为此,特设有偿运输免责条款,且效力为学说、判例所认定。一般而言,用途条款的目的是防止危险增加,②保险人以汽车的用途为基础确定保险费,故当投保人违反用途约定时,原则上保险人免责。③ 保险人的免责为完全免责,即对被保险人和被害人皆免责。大法院对此亦采取相同立场,属有偿运输免责的情形时,保险人对对人赔偿责任保险中的被害人有权主张免责。④

第三,家庭成员免责。当保险事故的被害人为被保险人的家庭成员时,因家庭成员不属于对人赔偿责任保险的第三人,保险人可以免责。据汽车保险构成特性,此类危险应由其他保险承保。

---

① 《汽车对人赔偿责任保险约款》第11条第1项第6号规定,属于不予以赔偿的损害有"被保险人本人无证驾驶,得到被保险人明示或默认承认的被保险人的汽车驾驶员无证驾驶时发生事故的,因承担责任而具有的损害"。《汽车对物赔偿责任保险约款》第22条第1项第6号规定也是相同意旨。《自身汽车保险约款》第45条第15项也规定下列情形的损害应从赔偿对象中除外:"投保人、被保险人、上述人的法定代理人、与被保险人一起生活的亲属以及借用被保险人汽车的人或与被保险人汽车有关联的上述人的被雇用者(包括驾驶员)无驾照驾驶或酒后驾驶,因此具有的损害"。《自身事故相关约款》第33条同样规定下列情形属于除外责任:"因被保险人无证驾驶或酒后驾驶中发生的事故本人遭受伤害时"。《伤害保险普通约款》第5条第1项规定"公司不论其直接或间接原因,对如下事由发生的损害不给予赔偿",并在第4项明确了"被保险人的无证驾驶或酒后驾驶"。

② 大森利夫教授亦采相同观点:"就本案,认为事故当时被告汽车被用于营业用有偿运输上,属于营业使用过程中发生的事故,因此否认保险人责任是正当的。"《财产保险判例百选》,第144—145页。参照"自家用机动车的用途变更和全保责任的有无"项目。唯独,违反用途变更通知义务效果对于危险不增加情形没有影响,这时,危险增加是指变更后应缴纳保险费超过变更前保险费。

③ 在日本实践中对于用途变更产生的损害,不论与事故发生的因果关系,全部由保险人负责赔偿。参见东京海上编:《新财产保险讲座》第8卷,第58页。有关通知保险人用途变更并在保险证券中得到承认背书的观点有石田满:《增补的机动车保险的诸问题》,东京财产保险企划1985年版,第75—78页。日本东京地裁1973.11.6判决:私家用并签订对人赔偿责任保险合同的汽车,在本案事故发生当时在有偿运输棉丝返回途中与小型货车相撞致使对方造成伤害一案,由于在本案事故中对方的伤害,是因本案保险标的被告汽车在记载于保险证券以外的用途中造成的,因此保险人不具有赔偿义务。

④ 参见大法院1992.5.22.宣告,91 da 36642判决;大法院1999.9.3.宣告,99 da 10349判决。

大法院 1993.9.14.宣告,93 da 10774 判决:①汽车综合保险中的对人赔偿保险,不同于强制保险中的汽车损害赔偿责任保险,其目的与其说是保护被害人,不如说是赔偿被保险人的全部损害。该保险由投保人自由选择是否投保,为私法自治的领域。被保险人或驾驶员的配偶等因事故遭受损害时,通常于家庭内部处理,并不请求损害赔偿,或者通过另一种险种——自身事故保险得到保护,故不能以约款在对人赔偿保险中将上述情形视为例外情形的规定违反了《约款规制法》(第7条第2项),或因约款的规定有利于经济力强的保险人,而将约款视为无效。

二、汽车对人赔偿责任保险

(一)概述

汽车对人赔偿责任保险,是指当被保险人因使用投保的汽车(被保险汽车),造成第三人死亡或人身伤害,且被保险人应依法承担赔偿责任时,由保险人给予受害人赔偿的责任保险。

汽车保险还包括对物赔偿责任保险、自身汽车保险以及伤害保险等多种类型,但对人赔偿责任保险是汽车保险的核心。

韩国在汽车对人赔偿责任保险制度上采二元结构,即强制保险和自愿保险相结合。

为确保被保险人在汽车保险事故造成他人人身损害时具有民事赔偿能力,韩国《汽车赔偿保险法》强制规定,被保险人必须投保一定限额的汽车责任保险。实践上称为"对人赔偿Ⅰ",作为对受害人的最低限度赔偿,属于有限赔偿责任。

实践中,有限赔偿责任有时无法满足被保险人应承担的全部责任。为满足被保险人的需求,韩国制定了被保险人自愿投保的"对人赔偿Ⅱ:超过强制责任保险的损害"。此任意保险一般设定有多种赔偿标准。

因此,根据《汽车赔偿保险法》,汽车赔偿责任保险可分为作为法定义务投保的强制保险与对超额部分按自身需要自愿投保的任意保险。

---

① 同旨参见大法院1998.6.23.宣告,98 da 14191判决。

值得注意的是,强制保险与自愿保险的赔偿要件并不相同:首先,作为赔偿责任前提的民事责任范围不同;①其次,保险事故的范围不同。

(二) 强制保险与任意保险

1. 强制责任保险

强制责任保险是按《汽车赔偿保险法》(第 1 条相关目的的条款)的规定,强制要求汽车登记人和申报使用人加入的对人赔偿责任保险。即驾驶汽车时,因自己驾驶造成他人死亡或人身伤害时,由保险人对受害人给予一定限度赔付的保险,具有使受害人得到确实救济的社会保障性。通常称为"汽车赔偿责任保险",于约款中表现为"对人赔偿Ⅰ"。

因其强制性,保险人除有特殊事由外(《汽车赔偿保险法实施令》第 13 条),不得拒绝承保(《汽车赔偿保险法》第 20 条)。

该强制责任保险(汽车赔偿责任保险)的被保险人范围如下(《汽车综合保险约款》第 4 条):②

(1) 保险单中记载的被保险人(记名被保险人);

(2) 与记名被保险人共同居住或共同生活,并使用或管理被保险汽车的人;

(3) 得到记名被保险人同意,使用或管理被保险汽车的人;

(4) 记名被保险人车辆的商业使用人(根据承包、委托及其他类似合同处于记名被保险人的商业使用人地位的人),但仅限于记名被保险人将被保险汽车用于业务的情形;

(5) 为上述被保险人驾驶被保险汽车的人(包括驾驶辅助人)。

值得注意的是,被保险汽车的受让人不在被保险人范围内。③

根据《汽车赔偿保险法》第 3 条附文第 2 款的规定,强制责任保险为绝对无过失责任。但是,对投保人、被保险人故意造成的损害,保险人不承担赔偿责任(《自保约款》第 3 条第 1 项)。此时,保险人按照《汽车赔偿保

---

① 参见大法院 1997.6.10. 宣告,95 da 22740 判决;大法院 2008.11.27. 宣告,2008 da 55788 判决。

② 1997 年 8 月,以修改约款为契机,对人赔偿Ⅰ和Ⅱ中被保险人范围得以统一。

③ 参见大法院判决 1993.4.13. 宣告,92 da 8552。

法》第 12 条规定向受害人赔偿后,有权向被保险人追偿(《自保约款》第 3 条第 2 款)。对投保人等故意造成的保险事故,保险人虽可免责,但为了救济受害人,当受害人直接向保险人请求赔偿时,保险人应在汽车赔偿责任保险责任范围内赔偿,于赔偿后可向被保险人追偿。该追偿性质仅为保险人对被保险人的追偿权,并非保险人代位权(韩国《商法》第 682 条)。

被保险人在赔偿受害人损失后,向保险人请求保险金的,保险人应支付全部或部分保险金(韩国《商法》第 724 条第 1 款)。受害人对可归责于被保险人的事由而遭受损害的,可在保险责任范围内直接向保险人请求赔偿(韩国《商法》第 724 条第 2 款正文)。

此外,受害人可向保险人请求损害赔偿金的临时性付款(《汽车赔偿保险法》第 10 条第 1 款,《自保约款》第 7 条),保险人应立即支付(《汽车赔偿保险法》第 10 条第 2 款)。由于确定责任的程序需要相当的时间,为避免受害人因程序太长而遭到迟延救济,遂规定了临时付款制度。受害人直接请求权和临时性付款请求权不得转让(《汽车赔偿保险法》第 32 条)。

被保险人的保险金请求权和受害人的直接请求权及临时付款请求权的消灭时效均为 2 年(韩国《商法》第 662 条,《汽车赔偿保险法》第 33 条)。

2. 任意责任保险

任意责任保险,是指在对人赔偿责任保险中,考虑到造成的人身损害可能超过强制责任保险(汽车赔偿责任保险)的保险范围,允许投保人基于自愿加入的任意型对人赔偿责任保险。

众所周知,汽车事故造成的人身损害事先无法预测。当人身损害超过预想的程度时,限定保险金数额的强制责任保险将无法充分保护受害人。为此,亦为充分确保驾驶人的赔偿能力,制定了任意责任保险,该保险具有完善人身损害赔偿的功能。

任意责任保险分为对人赔偿(对每人赔偿限额有 5000 万韩元、1 亿、2 亿、3 亿、无限等任选)及对物赔偿(对于每一事故赔偿有 2000 万韩元、3000 万、5000 万、1 亿等任选)。对人任意责任保险的种类,又可分为限定一定金额的"有限赔偿责任保险"及不限制赔偿金额的"无限赔偿责任保险"。

"对人赔偿Ⅱ"规定,对于加入无限赔偿责任保险的汽车运行人,由于已经确保了其对受害人的赔偿能力,符合一定条件时,在政策上免除运行人的刑事责任。① 因此,运行人通常均加入对人无限赔偿责任保险。

一般情况下,任意责任保险、自损事故保险及车辆损害相关保险,统称为"综合保险"。综合保险根据保险标的(汽车)的种类,可分为个人用、业务用及营业用综合保险。因个人用和业务用汽车的运行性质不同于以营利为目、收取一定费用运行的出租车、公共汽车和货车,故韩国制定了有偿运输免责的特别规定。

对任意责任保险,韩国《商法》第726条之2规定了保险人应赔偿的被保险人民事责任范围,即"汽车保险(指任意责任保险)合同的保险人应承保被保险人在所有、使用或管理汽车期间发生事故所造成的损害的赔偿责任。"由此可见,与强制责任保险不同,任意责任保险并未限定人身损害必须是因"汽车运行"造成的,而是包括"所有、使用或管理"汽车过程中发生的事故。

(1) 任意保险中的事故

任意责任保险中的事故,是指与汽车运行相关的、造成人身损害的事故。按照判例,拒绝同乘者下车要求,导致乘客在汽车运行过程中坠落死亡的情形,亦属事故。

大法院 1989.10.27. 宣告,89 daka 432 判决:货车驾驶员在承载高中女生行驶过程中,起强奸的犯罪故意。受害人要求下车,但驾驶员仍继续行驶,于是受害人打开右侧车门跳车导致死亡。此情形属运行中发生的事故。

公共汽车司机将对抗其粗暴驾驶的轿车驾驶员悬挂在前挡风玻璃上继续行驶,行驶过程中故意急刹车,致使对方坠落至公共汽车底而受伤的情形亦属于运行中发生的事故。② 同样,驾驶员临时停车、未熄灭发动机并在驾驶员座休息期间,因原因不明的火灾死亡的情形,亦属于事故。

首尔民地 1990.8.30. 宣告,90 gahap 33955 判决(确定):认定为属于

---

① 参见《交通事故处理特例法》第4条(有关已加入保险等情形的特例)。
② 参见首尔民地 1992.6.26. 宣告,92 gahap 16572 判决。

事故的案例:

1. 汽车综合保险承保因汽车的特殊构造、装置和发动机等造成的危险。驾驶员临时停车并将驾驶座后仰,其躺在座位期间,因原因不明的火灾导致死亡时,如果当时汽车未熄灭发动机,则系汽车固有构造的危险,属于上述合同规定的保险事故。

2. 酒后驾车:《汽车综合保险普通约款》之所以将酒后驾驶发生的事故规定为免责事由,是因为酒后驾车属于法律禁止行为,其引发事故的几率极高,故将其从赔偿对象中排除。此处所指的酒后驾车,不仅包括酒后驾驶汽车情形,亦包括司机在酒后操作汽车固有装置的情形,故驾驶员酒后未熄灭发动机而坐在驾驶员座时因不明火灾死亡,应视为酒后驾车中发生的事故。

此外,因汽车上放置的爆炸物造成的损害,亦属于事故。

大法院 1997.8.10. 宣告,95 da 22740 判决:[①]乘坐出租车时,身份不明的人将爆炸物放置在副驾驶座上,爆炸物爆炸并导致受害人受伤,受害人向出租车公司请求损害赔偿金1.8亿韩元,得到肯定判定。出租车公司向保险人请求上述赔偿金时,保险公司以该事故不属于汽车事故造成的损害为由,拒绝赔偿,出租车公司再次起诉。判决要点:《汽车综合保险约款》规定的保险人向被保险人赔偿的"法律上的损害赔偿责任",其范围不同于强制责任保险,不限于民法上的一般不法行为责任,还包括使用者责任等。出租司机由于过失,在停车时未拔下车钥匙或未关好门窗,使不明身份者有机会将爆炸物放置于车内,并造成乘客受伤。对此,根据韩国《商法》第724条第2款规定,对于被雇用人执行职务的过程中,因使用或管理上的相关过失造成的损害,保险人应直接予以赔偿。

(2) 受害人范围

任意责任保险规定,受害人的范围不包括记名被保险人和驾驶员的家属;记名被保险人为法人时,不包括其理事、监事及其家属。原因在于,上

---

① 对于该判决的批判观点,参见[韩]梁承圭:《爆炸物事故造成的损害以及汽车保险人的责任》,载《财产保险》1997年10月,第118页以下。

述人员对被保险人(加害人)不具有损害赔偿请求权,将其认定为受害人的依据不足。故对上述人员遭受的人身损害,保险人不承担赔偿责任(参见《自保约款》第 11 条第 2 款第 1 项、第 3 项)。

对于可认定为受害人的人员,若其可以根据劳动者基准法得到灾害赔偿,亦不属于受害人(《自保约款》第 11 条第 2 款第 4 项、第 5 项)。

对人任意责任保险中,被保险人因汽车交通事故造成他人死亡或者人身伤害所承担的损害赔偿责任,保险人承担赔偿责任(《自保约款》第 10 条第 1 项)。

(3) 保险责任的承担

A. 刑事合议金等

确定损害赔偿范围的依据是民法一般原则,除损害赔偿外,保险人还赔偿各种相关费用(《自保约款》第 15 条)。对于支付时未确定为抚慰金的刑事合议金的法律性质,判例认为,该刑事合议金属于保险人赔偿范围内的损害赔偿金。①

大法院 1996.9.20. 宣告,95 da 53942 判决②(要点):

1. 在对不法行为加害人进行搜查或刑事裁判的过程中,受害人收受加害人以合议金名义支付的金钱,并达成不追究责任的合意时,除达成该合意时明确表示该合议金为抚慰金外,应视为损害赔偿金(财产上的损失额)的一部分。

2. 具有财产上损失额性质的刑事合议金,是作为《汽车综合保险约款》中规定的"因车辆运行发生事故造成他人死亡或人身伤害,承担法律上损害赔偿责任"支付的,其不因不追究刑事责任的意思表示的刑事合议的存在而发生变化。保险人应按照保险合同的约定向被保险人支付相当于刑事合议金数额的保险金。

---

① 赞成该判决宗旨的观点,参见〔韩〕张勇国:《刑事合议金的法律性质》,载《民事判例研究》1998 年,第 7 页。

② 与此意旨相同的判例可参见大法院 1988.5.24. 宣告,87 daka 3133 判决;大法院 1991.8.13. 宣告,91 da 18712 判决;大法院 1994.10.14. 宣告,94 da 14018 判决;大法院 1995.7.11. 宣告,95 da 8850 判决;大法院 1999.1.15. 宣告,98 da 43922 判决;大法院 2001.2.23. 宣告,2000 da 46894 判决。

交通事故的加害人以受害人的遗属为被提存人并以抚慰金的名义提存金钱,上述遗属提取该金钱的,大法院认为,上述提存金具有抚慰金性质,属于《汽车综合保险约款》规定的保险人予以赔偿的范围。①

值得注意的是,保险人赔偿的数额,并非被保险人对受害人承担的损害赔偿额和相关费用的合计额,而是该合计额中超过汽车赔偿责任保险规定部分的金额(《自保约款》第10条、第16条)。

B. 保险金请求权的行使、临时支付保险金等

被保险人和受害人的保险金请求权,只有通过判决确定、裁判上的和解、仲裁及双方书面确定损害额后才能行使(《自保约款》第18条第1项)。该确定过程需要一定时间的,被保险人和受害人可请求支付临时性保险金(《自保约款》第19条)。

C. 不起诉合议

当事人就双方过失比例存在错误时,保险公司再起诉时能否得到法院支持? 对此,大法院认为,上述过失比例属于和解对象——纠纷本身的事项,故纵有错误亦应承认合议的效力。

大法院1992.3.10.宣告,92 da 589判决:

案情概要:"安国火灾保险"承保的汽车综合保险的集装箱货车与另一货车相撞造成严重损失,"安国火灾保险"向对方货车支付了赔偿修理费、运输误工费等约1700万韩元,并达成了"就上述事故,双方放弃所有权利,在任何情形下都不提起民事诉讼"的协议。其后,安国保险发现双方驾驶员均存在过失(过失比例为50∶50),而非仅被保险车辆的驾驶员存在过失。安国保险认为,其法律行为的重要内容存在错误,或合同的重要内容存在错误,故主张撤销上述合意,并依不当得利请求返还该1700万韩元。

判示:原则上,不能以错误为由撤销和解协议。作为例外,和解当事人的资格或和解对象——纠纷存在错误时,可以撤销。而原告和被告之间达成的上述协议内容是双方的过错程度,属于和解目的——纠纷事项本身,因此,不能以其错误为由撤销协议。

---

① 参见大法院1999.1.15.宣告,98 da 43922判决。

三、其他汽车保险种类

(一) 对物赔偿责任保险

对物赔偿责任保险,是指被保险人因汽车交通事故造成他人财物毁损灭失而承担法律上损害赔偿责任的,保险人对其予以赔偿的责任保险(《自保约款》第 21 条)。

该保险中,被保险人的范围与任意对人赔偿责任保险相同(《自保约款》第 23 条),且免责事由亦相同(《自保约款》第 22 条第 1 项)。《自保约款》规定,有下列情形之一的,保险人不承担赔偿责任(《自保约款》第 22 条第 2 项):① 对被保险人或其家属(被保险人为法人时,为理事、监事及其家属)财物造成的损害;② 对被保险人商业使用人财物造成的损害;③ 对装载货车或运输中物品造成的损害;④ 对他人书画、古董、雕刻物及其他美术物件和乘客随身衣物或携带品造成的损害;⑤ 被保险人为施工而使用或管理汽车,造成地下电线、管道及地下设施破损的情形,或者由于地面塌陷、建筑物及构造物坍塌造成的损害。

大法院 1991.12.27. 宣告,91 da 31784 判决:已投保对物赔偿责任险的起重机公司(原告)承租的起重机(未将掌舵绳运载作业承包给起重机公司),在进行船体提升作业时,发生船舶破损事故。造船公司为事故发生时得到记名被保险人即原告的同意而使用或管理起重机的人,属于《自保约款》第 11 条第 3 款所指的"被保险人"。据《自保约款》第 10 条第 3 款第 1 项规定的免责条款(对于被保险人或其父母、配偶及子女所有、使用或管理财物造成的损害),保险人对于因上述船舶破损造成的损害不需承担保险金支付义务。

(二) 伤害保险(自损事故保险)

伤害保险(自损事故保险),是指被保险人自己因汽车交通事故受到伤害时,保险人予以赔偿的一种伤害保险(《自保约款》第 32 条"自己人身事故")。该保险适用所有伤害保险的基本原理。

大法院 1993.9.14. 宣告,93 da 10774 判决:在任意汽车综合保险中的对人赔偿保险不同于强制保险汽车损害赔偿责任保险,前者的目的既为保护受害人,更是承保被保险人的损害赔偿责任。而且,任意汽车综合保险属于私法自治范畴,是否投保由投保人自由决定;当被保险人或驾驶员的配偶等因事故遭受损害时,按照社会观念,一般于家庭范围内进行处理,不会请求损害赔偿,此时,对受害人的保护应适用另一险种——自损事故保险等。《自保约款》就汽车综合保险对人赔偿保险不承保被保险人或驾驶员的配偶损害的规定,并不违反《约款规制法》第7条第2款的规定,同时亦不应以该约款是单方面有利于经济上占据优势的保险人的规定而将其视为无效。

在此仅探讨自损汽车保险特有的问题:

1. 被保险人的范围

自损事故保险的被保险人,不仅包括任意对人、对物赔偿责任保险的被保险人(《自保约款》第34条),亦包括被保险人的家属或按照劳动者基准法可得到灾害赔偿的被保险人的雇员(《自保约款》第34条第1项)。可见,自损事故保险的被保险人范围比任意赔偿责任保险广泛。

2. 保险事故

(1)加害车辆的范围

认定保险事故须有汽车损害的事实。在自损事故中,"汽车事故"是值得注意的问题。

大法院1989.4.25.宣告,88 daka 11787 判决:在驾驶保险合同所记载的汽车时,为了检查破损轮胎而将汽车停在路旁,被保险人在下车时被路过的货车撞倒致死。对此,大法院判定其不属于保险事故。"《汽车综合保险普通约款》中所指的自损事故(汽车事故),是指记载于保险合同中的被保险汽车在按其用途使用过程中,被保险人因该汽车事故遭受伤害或死亡的情形。"

(2)运行的含义

在自损事故保险中,下述案例否认了运行属性:

大法院1994.4.29.宣告,93 da 55180 判决:驾驶员由于长途驾驶,导致睡眠不足进而产生困意,随即将车停在插桥川防潮堤路边休息,驾驶员虽熄灭发动机,变速器也处于休眠状态,但未扣上手动刹车,结果该汽车滑进插桥川淡水湖,驾驶员死于车内。只承保交通事故的《财产保险约款》中所指的"运行",是指按照《汽车损害赔偿保障法》第2条的规定,按"该装置"的用途使用汽车。汽车脱离道路停在路旁绿地期间,因汽车坠入河中导致的事故,不能视为被保险人乘坐在"运行"中的汽车中发生的事故,故不属于上述保险约款所指的保险事故。

3. 免责事由

在2000年4月修改《汽车保险约款》前,被保险人无证及酒后驾驶的情形(《保险约款》第33条第1项第3号)作为免责事由,为自损事故保险的特征之一,然修改后的约款,删除了上述有关无证、酒后驾驶的免责条款。

(三) 车辆保险(保险约款中的"自己车辆损害")

车辆保险,是指被保险汽车因冲撞、接触、坠落、颠覆、偷盗及类似事故而遭受直接损害的,保险人予以赔偿的财产保险(《自保约款》第44条),属一般财产保险,不属于责任保险,因此可能产生部分保险、超额保险及重复保险的问题。

因系一般财产保险,车辆保险的被保险人仅限于被保险人车辆的所有人或用益权人。

1. 保险标的及保险金额

在汽车保险中,保险标的除被保险汽车本身外,亦包括附属品和附属器械装置(《自保约款》第44条)。此处所指的附属品和附属装置,是指安装于汽车上及其他记载于保险合同中的物品。①

保险人以保险金额为基准承担赔偿责任。《自保约款》规定,依据保险人制定的车辆基准价格表签订保险合同时,保险金以事故发生时保险人制订的最新汽车基准价格为准。若无车辆基准价,或以其他价格签订保险合同且保险金额明显超过保险事故发生时汽车价格的,以事故发生时的汽车价格作为保险金额(《自保约款》第47条)。

---

① 英国Seaton v. London General Insurance(1932)判决:汽车为修理被分解为两个部分或其中一部分因修理目的被解除的情形,当然属于保险约款中所指的车辆。See Ivamy, Casebook on Insurance Law, 4th, London: Butterworths, 1984, p.86.

2. 保险事故

保险人承保因冲撞及其他类似事故造成的汽车直接损害(《自保约款》第 44 条),即因偶然事故造成的损害,此处不考虑该偶然事故发生的原因。换言之,汽车保险采总括保险(All Risks)的方式。被保险人仅需证明损害是由偶然事故造成的,而无须举证事故发生的具体原因。

3. 免责事由

《自保约款》第 27 条规定了有关车辆保险的免责事由。其中关于酒后驾驶免责的条款,法院认定有效,此点前已述及。①

4. 保险金的支付

(1) 偷盗情形的处理

保险事故发生时,被保险人有权向保险人请求支付保险金。但汽车被偷盗的,被保险人在向警察官署报案 30 日后,才能向保险人请求支付保险金(《自保约款》第 50 条第 1 款)。此时,保险人接到规定资料应立即结束调查并支付保险金(《自保约款》第 50 条第 3 款)。

但是,实务中存在支付保险金前找回被盗汽车的情形。② 因为《自保约款》第 32 条仅规定在被偷盗汽车报案 30 日后才可请求支付保险金,而在上述期间后保险公司找回被盗汽车的,是否仍应支付保险金?

调停例 91-6(91.1.21)决定:支付保险金前找回汽车的,保险人可向被保险人返还车辆以代替保险金的支付。……本案中,偷盗事故发生后,保险人在支付保险金之前回收了汽车。由于被偷盗汽车的回收,应视为不存在损害。除有特殊事由外,即使因偷盗事故造成相关修理费等属于额外支出,但按照财产保险实损赔偿原理,偷盗财产的保险金也很难得到认定。

但其后的调停例就汽车被偷盗后进行被偷盗申报、旧车注销登记并购置新车同时将旧车保险合同代替背书为新车保险合同后,找回旧车的情形,仍认定保险人应支付保险金。被保险汽车被偷盗后,按照法定程序进行相关申报并用受领的保险金购置新车的,即使其后找回被盗汽车,亦属

---

① 参见大法院 1998.12.22. 宣告,98 da 35730 判决。
② 参见韩国保险监督院纠纷调停局:《就支付偷盗保险金之前回收汽车情形,保险金支付与否》,载《财产保险》1995 年 2 月,第 68 页以下。

通过保险人责任处理的问题。

当被保险汽车非因偷盗,而系违章停车被扣押时,保险人未经确认就按偷盗情形支付保险金的,由于欠缺保险事故要素,被保险人应返还保险金。①

(2) 分担损失的赔偿基准

原则上,保险人的赔偿基准为修理被保险汽车所需费用及其附带费用(如牵引费等)。被保险人自己承担的部分费用应从保险金中扣除。但是,修理费超过被保险汽车市场价而受害人坚持修理汽车的,应如何处理?

大法院 1990.8.14. 宣告, 90 daka 7569 判决:……当修理受害人的汽车所需费用明显高于汽车市场价值时,被保险人向保险人请求的损害赔偿只能相当于事故发生时被保险车辆市场价值减去残余废铁价格后的金额,此为损害赔偿制度的公平原则之要求。因此,当修理费高于车辆市场价且受害人坚持修理汽车时,除有按社会观念可接受该要求的特殊事由外,修理费中超过市场价部分应由受害人承担。

第五节 责任保险

一、责任保险制度概述

(一) 责任保险的概念

根据韩国《商法》第 719 条规定,责任保险是指,以保险期间内被保险人自身过失造成保险事故而向第三人承担的赔偿责任为保险标的的财产保险。

(二) 责任保险的性质

责任保险合同是被保险人为预防以其全部财产承担赔偿责任的危险而签订的财产保险合同,但其具有不同于其他财产保险的特性,主要表现在:

---

① 参见韩国保险监督院纠纷调停局:《就支付偷盗保险金之前回收汽车情形,保险金支付与否》,载《财产保险》1995 年 2 月,第 73 页。

第一,责任保险以赔偿被保险人因对第三人承担赔偿责任而发生的损害为目的,保险标的具有特殊性。

第二,责任保险赔偿被保险人因承担赔偿责任而导致其财产发生的消极损害,具有消极保险性。

由于上述与其他财产保险不同的特性,责任保险存在诸多特殊理论问题需要探讨。

(三)与为第三人合同的区别

有学者认为,可将责任保险合同解释为民法上的"为第三人合同"。[①]虽然根据民法基本原理,未得到被害人同意,不得免除加害人的责任。但从另一角度看,加害人为自己利益所签订的责任保险合同,可理解为是为被害人利益所签订的合同,即为第三人合同。

也有学者认为,如果责任保险合同中包含为第三人合同的有关条款,则该第三人(被害人)的权利是因偶然事故的发生而取得。但是,为第三人合同中并不具有保险合同中保险事故的偶然性,第三人的权利是因自己取得权利的意思表示而发生,与保险合同截然不同。此外,如将责任保险视为为第三人合同,则其将成为一般的财产保险或人身保险,理论上将不存在"责任保险"这一特殊保险形式。故从结构本身看,责任保险并非为第三人合同。

(四)责任保险的分类

1. 根据理论进行分类

(1)对人赔偿责任保险和对物赔偿责任保险

根据第三人遭受损害的类型,可将责任保险分为对人赔偿责任保险和对物赔偿责任保险。前者的赔偿对象为第三人的人身损害,适用人身损害赔偿的有关法理;后者的赔偿对象是标的物之损害。

(2)任意责任保险和强制责任保险

根据投保是否具有强制性,可将责任保险分为强制责任保险和任意责

[①] 参见〔日〕金泽理:《被害者的保险金直接请求权》,载《保险中民事责任的法理》,东京成文堂1966年版,第129页。该主张与责任保险合同中认定被害人对保险人具有直接请求权时,无须当事人明确的意思表示的理论相关联。

任保险。责任保险属于以营利为目的的财产保险,原则上应根据当事人之间的意思表示自由订立,但针对某些特定的危险,国家强制要求当事人签订责任保险合同。

(3) 有限赔偿责任保险和无限赔偿责任保险

根据保险人赔偿责任的限度,可将责任保险分为有限责任保险和无限责任保险。危险规模无法预计,但保险人为避免自己遭受巨大损失,通常设定保险金限额。

2. 根据危险内容进行分类

根据责任主体或危险种类的不同,责任保险可分为制造物责任保险、专业职业责任保险、职员赔偿责任保险、个人赔偿责任保险、营业赔偿责任保险、环境污染赔偿责任保险及体育赔偿责任保险等。此外,韩国《商法》将保险人之间签订的再保险合同,解释为责任保险合同。

责任保险种类繁多,但韩国《商法》对责任保险的规定并不系统。韩国《商法》就一般责任保险以一节内容进行规定(韩国《商法》第四编第二章第五节);而就机动车责任保险新设了3个条文(韩国《商法》第726条之2至4)并于第六节中加以规定。此外,对于根据性质解释为责任保险的再保险合同,韩国《商法》在第661条和第726条中分别予以规定。①

二、责任保险合同内容

(一) 保险标的

一般财产保险的保险标的是动产、不动产等有体物。但通说认为,责任保险的保险标的为被保险人的全部财产,②即责任保险的保险标的是抽象的、观念性的。原因在于,责任保险是为防止因向他人承担损害赔偿责任而导致自身财产减少而签订的保险合同。故如机动车责任保险,被保险车辆并非其保险标的,真正的保险标的是被保险人因驾驶机动车而导致事

---

① 中国《保险法》第65条就责任保险作了一般性规定,第66条就责任保险相应费用承担作了规定。对于再保险,在一般规定中的第28条、第29条加以规定。

② 参见〔韩〕孙珠瓒:《商法(下)》,博英社1997年版,第631—632页;〔韩〕梁承圭:《保险法》,三知院2005年版,第353—354页;郑灿炯教授(《商法讲义(下)》,博英社2000年版,第619页)指出责任保险的保险标的为"被保险人对第三者承担的赔偿责任"(消极财产)。

故发生时应承担的赔偿责任。①

（二）被保险利益的认定

责任保险属于消极保险,因此难以认定其是否具有可用金钱评价的利益,对责任保险是否应认定被保险利益亦存在争议。

1. 肯定说

肯定说认为,在韩国,尽管责任保险属于财产保险,但其赔偿对象不是特定物遭受的损害,而是被保险人全部财产额遭受的损害。因此,责任保险的被保险利益应理解为因发生对第三者承担给付财产的责任而具有的利益。

根据肯定说,被保险利益是指因发生导致被保险人全部财产额减少的保险事故而使被保险人具有的经济利益。也有观点认为,被保险利益是指与被保险人维持财产现状相关的利益。还有观点认为,被保险利益是指因被保险人将责任转嫁于保险人以使其自身避免经济损害而具有的利益。②肯定说为目前韩国学界通说。

2. 否定说

否定说认为,对保险事故承担赔偿责任时,赔偿额有时会超过被保险人的全部财产额,故上述肯定说观点,即被保险利益是因发生导致被保险人全部财产额减少的保险事故而使被保险人具有的经济利益的说法无依据。否定说认为,责任保险中没有探讨被保险利益之必要。③

（三）危险和保险事故

1. 责任保险中的危险

责任保险承保的危险是被保险人对第三者承担的赔偿责任,其责任内容原则上属于法定民事责任。刑事或行政责任不属于责任保险的赔偿对

---

① 当然,在通常情况下,机动车保险包括机动车的灭失、偷盗、损毁等财产综合险和机动车责任保险,在财产综合保险中,机动车本身即为保险合同的标的。
② 参见〔韩〕徐燉珏、郑完溶:《商法讲义(下)》,法文社1998年版,第461页;〔韩〕梁承圭:《保险法》,三知院2005年版,第354—355页;〔韩〕郑灿炯:《商法讲义(下)》,博英社2000年版,第619页;〔韩〕蔡夷植:《商法讲义(下)》,博英社1996年版,第596页;〔韩〕崔基元:《保险法》,博英社1998年版,第395页。
③ 参见〔韩〕孙珠瓒:《商法(下)》,博英社1997年版,第632页。详细内容参见〔韩〕孙珠瓒:《相似法的问题》,博英社1984年版,第309—311页。

象。但韩国《汽车保险约款》规定罚金亦属赔偿范围。

责任保险承保的赔偿责任不仅包括不法行为引起的损害赔偿责任,亦包括违约引起的损害赔偿责任等全部民事赔偿责任。违约责任属责任保险的赔偿对象这一特征在解释为责任保险的再保险中尤为突出。再保险中,无论原保险是财产保险抑或人身保险,再保险人的责任均为担保原保险人的合同责任,再保险合同不涉及不法行为责任问题。

2. 保险事故

如前所述,责任保险属于消极保险,故认定保险事故并非易事。在责任保险中,保险事故一般被解释为"导致被保险人承担民事责任的偶然事故",该定义与积极保险中保险事故的定义略有不同。在韩国,就责任保险的保险事故性质,有以下三种学说:

(1) 损害事故学说

该学说认为,责任保险的保险事故为对被害第三人造成损害的事故(如交通事故、火灾等)。① 该学说的优点在于,能够排他、客观地确定保险事故的发生时间。但该学说存在如下不足:被害人遭受损害却未向加害人请求赔偿的,可能产生被保险人(加害人)的赔偿义务未确定时即可向保险人主张保险金请求权的问题。同样,被害人的损害赔偿请求权因时效而消灭或被害人放弃该权利的,被保险人(加害人)财产减少的危险也随之消灭,但被保险人仍可以保险事故发生为由向保险人主张保险金请求权。

(2) 损害赔偿请求学说

该学说认为,责任保险的保险事故是指遭受损害的第三人向被保险人请求损害赔偿的事实。该学说既符合韩国《商法》第722条"收到第三人的赔偿请求时"的规定,亦符合韩国《商法》第720条的宗旨,即被害人的赔偿请求被确定为无正当理由时,仍由保险人承担有关防御费用。② 但该学说亦存在不足之处,即判断保险事故发生与否须根据被害人的主观意思。

---

① 参见〔韩〕徐燉珏、郑完溶:《商法讲义(下)》,法文社1998年版,第463页;〔韩〕郑灿炯:《商法讲义(下)》,博英社2000年版,第620—621页。

② 法国《保险法》L.124-1条采用了该学说。

(3) 责任承担学说(债务确定学说)

该学说认为,当被保险人(加害人)收到被害人的赔偿请求并承担赔偿责任时,才视为发生保险事故。① 但如适用该学说,将不符合韩国《商法》第 720 条和第 722 条的规定。

三、责任保险合同的效力

(一) 保险人的义务

1. 损害赔偿义务

责任保险中存在并非合同当事人但又与保险合同存在密切联系的第三人——被害人。理论上,保险人、被保险人及该被害第三人之间形成三方法律关系,即被保险人(加害人)与被害第三人之间的损害赔偿责任关系,被保险人(加害人)与保险人之间的责任保险合同关系,及保险人与被害第三人之间支付保险金的间接利害关系。由于被害第三人与保险人之间不存在保险合同关系,修改前的韩国《商法》一直未认定被害第三人对保险人的直接权利。至 1991 年修改韩国《商法》时,立法者意识到救济被害人的重要性,于保险法中认定了被害第三人对保险人的直接请求权,该规定为立法政策对被害人的特殊保护。②

韩国《商法》第 719 条规定:"责任保险合同的被保险人因保险期间发生的事故向第三人承担赔偿责任的,保险人应对此承担赔偿责任。"关于保险人赔偿责任的范围,依据韩国《商法》第 723 条的规定,保险人有义务赔偿被保险人因清偿、承认、和解或诉讼所确定的对第三人的债务。原则上,赔偿责任的范围不仅包括本金,亦包括迟延履行损害赔偿金。

大法院 1994.1.14. 宣告,93 da 25004 判决:本院认为,被害人对被保险人所享有的损害赔偿请求权和被保险人对保险人享有的保险金请求权

---

① 参见〔韩〕李范燦、崔埈璿:《商法概论》,三英社 1992 年版,第 597 页;〔韩〕孙珠瓉:《商法(下)》,博英社 1997 年版,第 634—635 页;〔韩〕蔡夷植:《商法讲义(下)》,博英社 1996 年版,第 559 页。韩国《商法》第 719 条规定的"应承担赔偿情形",也可理解为对该学说的支持。

② 中国 2002 年修订的《保险法》亦未就被害第三人对保险人的直接请求权加以规定,但 2009 年修订的《保险法》基于对被害人的保护,明确了被保险人怠于请求时,被害第三人有权就其应获赔偿部分直接向保险人请求赔偿保险金。

在法律上属于独立的债权。但保险综合约款规定"除了能够证明被害人与被保险人之间通过判决所确定的损害赔偿额对被保险人而言属于不应承担法律责任的不当损害等特殊事由之外,保险人有义务向被害人支付本金和迟延履行损害赔偿金"。须注意的是,被害人与被保险人之间根据特别法(如诉讼促进法等相关特别法)的规定,并依法定利率所发生的延迟履行损害赔偿金,不得被认定为被保险人不应承担法律责任的不当损害。①

根据上述大法院判例,原则上两种请求权的发生原因和性质均不相同,相互之间独立存在、独立行使并因各自固有的事由而消灭。但实际上两种请求权之间存在密切联系,主要体现在被保险人行使保险金请求权的前提为被害第三人向被保险人行使损害赔偿请求权,当损害赔偿请求权因时效等事由消灭时,保险金请求权亦随之消灭。② 尽管理论上保险金请求权对损害赔偿请求权并无影响,但实践中,通过责任关系确定的损害赔偿额常受到通过保险关系所确定的保险金额的制约。

被害第三人与被保险人(加害人)确定损害赔偿金额后,被害第三人根据保险金直接请求权可直接请求保险人赔偿全部损害,被保险人亦可根据保险合同请求保险人支付保险金。当被害第三人和被保险人同时请求保险人支付相关赔偿时,被害第三人的保险金直接请求权优先行使。韩国《商法》第724条第1款对此予以明确规定:"因被保险人的责任造成损害的,在第三人获得赔偿之前,保险人不得向被保险人支付全部或部分保险金。"③

2. 防御义务

在责任保险中,须首先确定加害人有无责任与赔偿金额后,才能确定保险人的赔偿义务。尤其在被害第三人与被保险人的诉讼中,被保险人防御效果的好坏直接影响其赔偿金额的多少,而保险人作为被保险人赔偿责任的实际承担人,通常会直接或间接地介入被保险人与被害第三人之间确

---

① 同旨参见大法院1995.9.28.宣告,95 da 24807判决。
② 参见〔韩〕梁承圭:《保险法》,三知院2005年版,第378页。
③ 中国2009年修订的《保险法》增加了类似规定,该法第65条第3款规定:责任保险的被保险人给第三者造成损害,被保险人未向该第三者赔偿的,保险人不得向被保险人赔偿保险金。

定赔偿金额的活动中(如和解、诉讼等),以保证其赔偿义务的最小化。

在责任保险中,由于被保险人(加害人)最终并不承担赔偿责任,故其对责任确定的防御措施通常缺乏关心。尤其当被保险人同时处于刑事案件被告人的地位时,为减轻或免除刑事责任,其往往倾向于接受较高的民事赔偿金额。甚至,被保险人有可能是保险欺诈的共谋者。因此,为维护保险人的合法权益,保险人有权在确定被保险人责任活动开始时即介入并行使防御权。对于上述保险人的防御权,通过保险合同进行约定。

此外,防御不仅为保险人的权利,亦是保险人的义务。实践中,可能发生第三人向被保险人不当索赔的情形,被保险人对该不当请求所进行自发性的防御一直被认定为被保险人的个人行为。但实际上,事先确定第三人请求的正当性十分困难,被保险人也很难采取适当的防御措施。这些困难亦可看做现代社会所谓的"危险",应属于保险的承保对象。因此,责任保险对被保险人提供的保护不仅包括被保险人应该承担的损害赔偿责任,亦应该包括相关的防御措施,即保险人除应承担保险金给付义务外,亦应承担防御义务。保险人防御义务包括对被保险人行使防御行为所花费防御费用的赔偿和代理被保险人为防御行为等。

(二)被保险人的义务

1. 通知义务

(1)保险事故通知义务

责任保险的被保险人在事故发生时,负有立即通知保险人的义务。该义务的履行有利于保险人确定事故的相关责任、过失比例及确保其取得将来在确定责任的过程中行使防御措施所需的证据。韩国《商法》第722条规定,被保险人收到第三人的赔偿请求时,应立即通知保险人。[①]

(2)债务确定的通知义务

当通过清偿、和解、承认、诉讼等方式确定对被害第三人的债务时,被

---

① 但若保险人已知该事实,则不必通知。参见日本东京高判 1974.10.15 判决:汽车责任保险投保人没有向保险人通知因保险事故发生相关的损害赔偿请求诉讼这一事实,但保险人作为上述诉讼的共同被告应诉时,即没有得到上述通知但已知该事实情形,不能以违反通知义务为由,免于责任。参见〔韩〕梁承圭:《财产保险判例集》,三知院 2000 年版,第 236—237 页。

保险人应立刻通知保险人该事实(韩国《商法》第 723 条第 1 款)。根据该通知,保险人可采取相应措施并及时支付保险金。

(3) 违反通知义务的后果

韩国《商法》在"责任保险"一章中,未明确规定违反通知义务的后果。但延迟通知很可能导致相关人员伪造事故、毁灭证据等道德危险,为立法所不允许。因此,大法院判决认定,此情形适用"保险法通则"第 657 条第 2 款"保险事故通知义务"的相关规定。

大法院 1994.11.24. 宣告,94 da 2145 判决,要点如下:其一,责任保险条款中规定通知义务的目的在于,责任保险的根本宗旨是赔偿被害人受到的实际损害,如因被保险人不适当应诉,导致被害第三人获得高于其损害的赔偿金额时,一方面违反了责任保险的根本宗旨,另一方面使保险人遭受了不利益。故通过被保险人通知义务的履行,可保证保险公司直接或间接参与诉讼过程,并最终确定合理的损害赔偿金额。其二,保险人的赔偿范围,根据责任保险条款的宗旨,对于因被保险人怠于履行通知义务而发生的超过适当损害赔偿额的部分,保险人不承担赔偿责任。

2. 协商义务

韩国《商法》未明确规定被保险人的协商义务,但基于被保险人的损害防止义务,当其通过清偿、承认、和解等方式与受害第三人确定损害赔偿责任时,应与保险人进行密切协商。通过协商,可防止被保险人受到被害人的压力或者避免其与被害人共谋实施保险诈骗,对保险人造成不利。在保险实务中,尤其在交通事故中,被保险人可能同时负有民事责任和刑事责任,被保险人往往倾向于承担较高的民事赔偿责任以减轻其刑事责任,此时无疑加大了保险人的负担,因此允许保险人参与相关协商过程,①防止其遭受不利益。

---

① 中国《保险法》并未对此作出规定,但《保险法(修订草案征求意见稿)》第 50 条对保险人的参与权作出了规定:"未经保险人参与,被保险人直接向第三者承认赔偿责任或者与其达成和解协议的,保险人按照合同约定可以不受其约束。"事实上,几乎所有的责任保险合同均约定了保险人的和解与抗辩条款,确定保险人的参与权。如某雇主责任保险合同条款规定:在未经本公司同意前,被保险人或其代表对索赔事项不能作承认、提议或付款的表示。本公司有权以被保险人名义进行诉讼、追偿,被保险人应全力协助。

根据对《商法》第 723 条第 3 款的反对解释,被保险人未经保险人同意向第三人为清偿、承认或和解时,如该债务确定行为显然不当的,保险人可以免责。原因在于,被保险人通过签订责任保险合同与保险人存在共同利害关系,其完全可与保险人一同确定损害赔偿责任,而非单独作为。对于保险人而言,确定适当损害赔偿金额不仅是其对被保险人的义务,亦是对整个责任保险共同体所负有的义务,损害赔偿金额过于不当,不仅会损害保险人的利益,亦会损害整个保险共同体全体成员的利益。故有必要对被保险人的任意偿还、和解等债务确定行为加以限制。

此外,根据韩国《商法》第 723 条第 3 款的规定,对于尽管数额不当但并不显著的情况,大法院的判决认为,保险人仍应在适当的范围内承担保险金给付义务,而非完全免责。

大法院 1992.11.24. 宣告,92 da 28631 判决:在机动车责任保险中,被保险人未依判决而是通过与被害人的书面和解协议确定赔偿金额的,保险人于根据保险合同约定的保险金给付基准所确定的数额限度内承担保险金支付义务。

3. 协助义务

韩国《商法》第 724 条第 4 款对被保险人的协助义务作了明确规定,即保险人在收到被害第三人的直接请求时,根据保险人的要求,被保险人应协助提供必要的文件、证据、证言或以证人身份出席。

(三) 保险金支付时期和支付限制

韩国《商法》第 723 条第 2 款规定,如无特殊约定,保险人应自收到被保险人债务确定的通知之日起 10 日内支付保险金。为保护被害第三人,韩国《商法》第 724 条第 1 款对保险金的支付加以限制,即在第三人获得赔偿之前,保险人不得向被保险人支付全部或部分保险金。

(四) 免责事由

责任保险适用"保险法通则"所规定的法定免责事由。

(五) 存在数个责任保险的情形

如前所述,在责任保险中,对于是否认定被保险利益存在不同观点,即使承认被保险利益,被保险利益的金钱评价额(保险金额)也无法确定,故责任保险不涉及通过比较保险金额和保险价值而划分的超额保险、不足额保险和重复保险问题。

但是,加害人就同样的保险事故之危险与不同保险人签订数个相同内容的责任保险的,亦会产生重复保险问题。学说和判例认为其同样具有不正当性,法院在处理存在数个责任保险合同的案例中,根据重复保险的原则认定保险人负有连带赔偿责任。修改后的韩国《商法》新设第725条之2,规定责任保险适用重复保险(韩国《商法》第672条、第673条)的有关规定。

首尔民地1989.8.22.宣告,88 gahap 55853判决:购车人购买了已经投保汽车综合保险(包含责任保险)的车辆后,在原汽车综合险的保险期间结束之前又与另一保险人就该车辆签订汽车综合保险合同,其后发生保险事故。法院认为,该情形属于重复保险的情形,各保险人均在各自保险金额限度内承担连带赔偿责任,且因保险合同的保险金额相同,根据韩国《商法》第672条的规定,各保险人应承担的保险金赔偿比例为1∶1。

四、第三人直接请求权

韩国《商法》第724条第2款明确规定:"对于因被保险人的责任造成损害的,第三人可以保险金额为限直接请求保险人予以赔偿。"此即韩国《商法》第三人对保险人的直接请求权。

(一) 直接请求权人的范围

1. 承继人

直接请求权是受害人享有的权利,受害人本人及其代理人、受害人的一般或者特定的承继人均可行使直接请求权。[①] 为他人签订责任保险合同时,即被保险人与投保人非同一人的情形,投保人亦可行使直接请求权。

值得注意的是,同居家属无直接请求权。如任意机动车保险条款中规定,记名被保险人及其父母、配偶、子女,驾驶员及其父母,承担赔偿责任的被保险人及其父母、配偶、子女,承担赔偿责任的被保险人的雇用人(且该

[①] 例外情况:在产业灾害赔偿保险中,将保险金受领人的范围限定为相关劳动者。

雇用人属于根据劳动者基准法可获得灾害赔偿者）伤亡时，保险公司对上述人员不予赔偿。即上述人员不享有直接请求权。

2. 被保险人为数人的情形

被保险人为数人的，只要受害人对其中一人的损害赔偿权得到确认，即使受害人与其他被保险人之间的关系构成保险条款所规定的免责情形，受害人仍可依据该损害赔偿权向保险人行使直接请求权。

大法院1988.6.14.宣告，87 daka 2776判决：在机动车综合普通条款中有关"负有赔偿责任的被保险人的雇用人（且该雇用人属于可根据劳动者基准法取得灾害赔偿者）遭受人身伤亡时，保险人不进行赔偿"的规定，应理解为保险人因承担赔偿责任的被保险人和被害人之间的特殊人身关系和赔偿关系而免责。一个事故中存在数个应承担责任的被保险人的，应分别确定免责事由，因为可能一个或几个被保险人与受害人存在可使保险人免责的特殊关系，而其他被保险人与受害人并不存在该种特殊关系，保险人对于与被保险人不存在该特殊关系的受害人，仍然负有赔偿其损害的义务。

3. 受害人的债权人

须注意的是，韩国《商法》第724条所指的受害第三人仅包括直接遭受损害的第三人，受害第三人的债权人不享有直接请求权。

首尔民地合议15部1995.4.19判决（法律报1995.5.11）：韩国《商法》第724条第2款规定的第三人直接请求权，是指因保险事故遭受损害的受害人请求加害人的保险人在保险金限额内予以赔偿的权利，因医治该第三人而对其享有诊疗费用请求权的医院，不属于上述第三人。

（二）直接请求权的竞合

1. 问题的提出

在责任保险合同中，当同一事故的直接请求权人为数人，如受害人为一人但其权利承继人为数人时，该数人的直接请求权会产生竞合。因每个受害人的权利发生依据、原因均相同，故原则上每个受害人的直接请求权顺位相同，理论上只能按各自的损害赔偿数额比例分配保险金。

此时，若数名受害人的损害合计额未超过保险金额的，不存在争议；但若损害合计额超过保险金,且仅部分受害人行使了直接请求权时,应如何确定各个受害人的赔偿数额?

一般认为,如果保险人仅向行使直接请求权的受害人为赔偿,因尚有其他受害人未获赔偿,保险人支付全部保险金后仍不能免责。因此保险人通常会仔细调查各受害人后再作出支付保险金的决定,但该做法会导致受害人难以及时得到赔偿,有违直接请求制度快速、确定地救济受害人的宗旨。对此,地方法院曾作出以下判决。

2. 判例的态度

有权行使直接请求权的受害人为数人,且保险金额有限时,保险人是否可主张按比例赔偿?地方法院的判例认为,除非存在特殊事由,应在保险金额的范围内,向先行使直接请求权的受害人承担全部赔偿责任。

首尔民地第11部1992.4.2.宣告,91 gahap 51998判决:本案中的保险事故,不仅导致原告(行使直接请求权的受害人)所有的车辆受损,而且导致其他车辆也遭受了损害。因此,被告主张应在20 000 000韩元(保险合同约定的保险金额)的范围内,向原告支付根据其损害额在整个事故损害中所占比例确定的数额,而非向原告支付其受到的全部损害额,其理由是距离各个损害赔偿债权的消灭时效完成之日尚有一段时间,日后仍会有其他受害人持续请求赔偿。

法院认为,不能仅凭将来可能发生的其他受害人的请求权便减轻被告责任,被告的主张并无根据,应先行赔偿原告遭受的所有损失。

(三)共同不法行为人之间的追偿权

1. 直接请求权的代位

韩国《商法》第682条规定,已根据受害人的直接请求权履行赔偿义务的保险人,可对除被保险人外的其他保险事故责任人(与被保险人共同行使不法行为的其他第三人及该其他第三人的保险人)行使代位权。

大法院判例认为,因共同不法行为遭受损害的受害人,通过向共同不法行为人中的某一人或数人的保险人行使直接请求权而获得赔偿并导致全体共同不法行为人共同免责的情形,根据请求权代位法理,履行赔偿义务的保险人可以受害人的直接请求权为依据,对其他不法行为人的保险行使直接请求权。

大法院1999.6.11.宣告,99 da 3143判决(法律报99.6.17):①如果共同不法行为人中的某一人或数人的保险人向受害人支付了保险金而使全体不法行为人共同免责的,根据韩国《商法》第682条保险人代位法理,该保险人取得被保险人对其他共同不法行为人应承担部分的追偿权,并可据此向其他共同不法行为人的保险人行使代位追偿权,该追偿权包括韩国《商法》第724条第2款规定的受害人对保险人的直接请求权。

2. 时效

代位行使的直接请求权消灭时效应为几年?就此问题,因代位权时效等于原权利的时效(参见代位权部分的内容),应据直接请求权的性质进行判断。尽管有判例认为应为5年,②但是,如认定直接请求权的性质为损害赔偿请求权,则其时效应为10年。③

(四)直接请求权条款可否类推适用的问题

根据大法院1999.4.9.宣告,98 da 19011判决,直接请求权的规定不能直接或类推适用于其他性质的保险合同。

(五)直接请求权的时效

如前所述,通说认为,受害人的直接请求权的性质为损害赔偿请求权,故其时效期间适用韩国《民法典》第766条的有关规定。④但韩国《民法典》规定的时效期间对于责任保险而言似乎过长,故有学者认为,可对直接请求权另行规定较短的时效,并将该时效的起算点解释为保险事故发生之日,而非债务确定之日。

此外,韩国《机动车损害赔偿保障法》第33条规定:"受害人直接请求权的时效为自受害人与加害人间的债务确定之日起2年。"该规定以被保

---

① 同旨参见大法院1999.2.12.宣告,98 da 44956判决;大法院1998.9.18.宣告,96 da 19765判决等。
② 参见大法院1998.7.10.宣告,97 da 17544判决。
③ 参见大法院1998.12.22.宣告,98 da 40466判决。
④ 参见韩国《民法典》第766条,(损害赔偿请求权的消灭时效):(一)因侵权行为而产生的损害赔偿请求权,受害人或其法定代理人自知道其损害及加害人之日起3年内未行使的,时效消灭。(二)自实施侵权行为之日起经过10年的,亦同。

险人的保险金请求权时效为2年(韩国《商法》第662条)的规定为依据,但基于受害人直接请求权的损害赔偿请求权的性质,该规定似有不妥之处。

第六节　其他财产保险

一、再保险

(一) 再保险的概念

根据韩国《商法》第661条的规定,再保险,是指保险人将承保的原保险合同规定的全部或部分责任转嫁于再保险人的保险。相对于再保险,原保险人与投保人之间签订的保险合同为原保险合同。① 原保险可以为财产保险或人身保险,原保险中保险人的危险因素都可成为再保险之标的。

(二) 再保险的种类

再保险有很多种险种,择其要者论述:②

1. 任意再保险和特约再保险

任意再保险(特别再保险),是指保险人将保险业务中涉及的全部或部分危险因素向再保险人予以投保的保险。特约再保险(一般再保险),是指再保险人通过一个再保险合同,对原保险人在一定期间内承保的属于特约的所有危险自动进行再承保。特约再保险一方面分散保险人的风险,另一方面因对一定期间内的特约危险自动承保,可节约再保险交易的费用和时间。

实务中,原保险人首先以特约再保险的形式将危险转嫁于再保险人,对于难以通过特约承保的危险可利用任意再保险予以承保。但是,再保险实务中亦有混用上述两种方法的情形。

---

① 在韩国就再保险合同属于保险合同不存在争议,再保险发展初期曾有观点认为,再保险合同属于保险费收入相关的一个经济单位的组合(Partnership)或委托合同。参见〔韩〕郑灿炯:《商法讲义(下)》,博英社2000年版,第633页。

② 参见徐燉珏、郑完溶:《商法讲义(下)》,法文社1998年版,第468页。

2. 比例再保险和非比例再保险

比例再保险,是指原保险人将承保的危险保留一定比例而将剩余部分由再保险人承保的方式。按该方式,保险事故发生时,保险人和再保险人按照一定比例承担赔付保险金的责任。

比例再保险又可分为比率再保险、溢额再保险及两者结合型再保险。比率再保险中,原保险人和再保险人具有共同利害关系,程序简单,任意再保险主要采取该方式。溢额再保险,是原保险人承保的范围中超过一定保留额的溢额部分,由再保险人承担保险责任的保险,主要用于特约再保险中。

非比例保险可分为超过损害额再保险及超过损害率再保险。前者的情形再保险人承担超过原保险人保留额部分的保险责任。该方式出现的时间较晚,但因其节约再保险费,在国际再保险市场中已得到广泛应用。后者作为前者的变形,按照原保险人的年度赔付率,由原保险人承担一定损害率的赔偿责任,超过损害率的部分由再保险人予以承担。近来,非比例保险的适用范围有所扩大。

在比例再保险中,按照原保险费率确定再保险费率,而非比例再保险中按赔付率和再保险市场的条件确定再保险费率。在保险期间,比例再保险中只要一方不通知终止再保险合同,再保险关系就持续,而非比例再保险则不同,一般规定保险期间为1年。

(三) 再保险合同的法律性质

虽然再保险合同以原保险合同为前提,但再保险合同具有其独立性。原投保人与再保险人之间不发生任何法律关系。[①]

再保险合同作为财产保险,通说认为,再保险人承保的是保险人在原保险合同(财产保险合同或人身保险合同)中的保险金给付责任,属于责任保险。[②] 根据韩国《商法》第726条的规定,再保险合同适用责任保险的相关规定(详见第五节相关内容)。

---

① 参见〔韩〕郑灿炯:《商法讲义(下)》,博英社2000年版,第634页。
② 参见〔韩〕李基洙:《保险法·海商法学》,博英社2008年版,第254页。

在责任保险中,保险人一般都直接或间接干预保险事故的处理,但于再保险,原则上,由原保险人处理事故,再保险人较少干预。因此,对于再保险适用韩国《商法》中有关责任保险的规定,亦有反对观点。

二、保证保险

(一) 保证保险的意义

保证保险,是承保因合同债务的不履行或法律义务的不履行而遭受损害的保险。这是对债权人在买卖、金钱借贷、雇用等合同中因债务人不履行债务造成的损害而予以赔偿的财产保险合同。①

以债权为保险标的的保险是"新型保险"的代表。② 从保险发展的历史看,最初金融交易或企业破产等并不属于私保险承保的范围,随着殖民地开发等投资环境的变迁及国家政策对对外贸易关注度的提高,20世纪末产生此类保险,③该保险代替了过去用于担保债权之物的担保或人的保证。

与保证保险类似的有信用保险。两者都以一定债权为前提,均承保信用危险,均以保护债权人的利益为宗旨。然两者亦有区别,在保证保险中,债务人是为债权人签订保险合同(即为他人的保险合同),而信用保险则属于债权人为自己签订的保险合同。④ 信用保险将于下面探讨。

在保证保险中,债务人以债权人为被保险人签订保险合同,债务人可以通过保证保险弥补其信用并对债权人担保。虽然民事保证制度或保证金制度亦可实现此目的,但存在局限性。保证保险人严格评价投保人(即

---

① 参见〔韩〕郑灿炯:《商法讲义(下)》,博英社2000年版,第659页;〔韩〕崔基元:《保险法》,博英社1998年版,第546页;大法院1997.10.10.宣告,95 da 46265判决。
② 参见〔韩〕梁承圭:《保险法》,三知院2005年版,第420页;〔日〕石田满:《保险法》,载《现代法律学讲座》(第19卷),青林书院新社1978年版,第263—265页。
③ See H. A. L. Cockrell, Edwin Green, The British Insurance Business 1547—1970, London: Heinemann, 1976, pp.47—58。
④ 但是,两者都以被保险人的债权作为合同目的以及债务者的债务不履行作为保险事故,职能上,一般不认定为实质性的差异。参见〔日〕仓泽康一郎:《信用保险中保证保险》,载《铃木竹雄古稀纪念现代商法学的课题(上)》,第228页;〔日〕金泽理、西岛梅治等编:《新型汽车保险讲座》第3卷,日本评论社1976年版,第6—9页。

债务人)不履行债务的可能性,并凭借资力雄厚的保证保险人承保该不履行的风险,是债之担保形式的进一步发展。在政府签发的各种合同中,对竞标、履行、质量等进行保证,除使用银行支付保证书或有价证券外,亦可使用保证保险证券。①

在韩国,曾有两家公司专营保证保险,外汇危机后于1998年11月25日合并为一家公司。②

(二)保证保险的种类

由于保证保险种类繁多,为便于理解,可分为支援企业活动的保证保险、支援个人经济生活的保证保险及为民事、刑事案件提供担保的保证保险。

支援企业活动的保证保险主要如下表格所示,其中私债保证保险在调拨企业外部资金时承担重要作用,且在保证保险中所占比重最高。③ 随着电子商务的普遍运用,为加大对网络购物消费者的保护,提高大型购物商家的公信力,增强电子商务交易的活跃性,电子交易(大型购物商场)保证保险也随之出现。④

支援企业活动的保证保险

保险种类	投保目的	投保人	被保险人	参考
履行(竞标)保证保险	为代替买卖、承包合同等各种合同应缴纳的竞标保证金	竞标者	招标者	类似形式:履行(合同)保证保险
履行(质量保证)保证保险	代替各种合同的竣工检查、验收后质量保证期间内的维保需缴纳的质量保证金	质量保证金缴纳义务者	收受质金者	通常保险期间为质量保证期
私债保证保险	公司为了调拨外部资金发行公司债券时,担保对于私债权人的本金偿还	公司债券发行公司	私债权人	通常保险期间为自私债发行日至月利息最终支付日

---

① 参见《以国家作为当事人的合同相关法律》第9条。
② 在日本,通常由财产保险公司经营保证保险,并不存在只经销保证保险的专业公司。
③ 截至2000年3月31日,共受理私债保证保险818件,保证总额超过32兆韩元。
④ 公正交易委员会从保护消费者的角度,正在研究将经营大型购物商家强行加入该保险的方案。

（续表）

保险种类	投保目的	投保人	被保险人	参考
租赁保证保险	保证从租赁公司承租设施的租赁使用者的租赁费的支付	租赁物品利用者	租赁公司	保险期间为租赁期间
分期付款销售保证保险	商品的购买者与销售者之间的分期付款销售合同的商品金额的支付	分期形式购买者	分期形式出售的公司	保险期间为分期付款期间
纳税保证保险	国税基本法、地方税法、关税法等各种租税法令上的纳税义务人的纳税担保	法律上的纳税义务人	关税部和官厅	保险期间为纳税担保期间加算30日（关税无加算期）

支援个人经济生活保证保险包括小额贷款保证保险、个人住宅资金保证保险等、为上班族财政保险的新员保证保险、教育训练费保证保险等。

担保民事、刑事案件的保证保险主要有提存保证保险、保释保证保险等。[①]

（三）保证保险合同的内容

1. 投保人、被保险人

在保证保险中，投保人为债务人。债务人向保证保险人支付一定对价并设定保险关系的权利义务。因此，保证保险担保的债权被转让时，即使在保险金请求权上，为受让人设定了质权，根据保险合同的独立性及保险合同的承继制度宗旨，很难认为保险金请求权亦当然移转于受让人。判例虽给予肯定，[②]但其妥当性遭到质疑。

保证保险是为他人的保险合同，除合同当事人（保险人、投保人）外亦存在被保险人。对于被保险人与投保人之间的关系，判例肯定了未经投保人同意，保险人与被保险人之间达成的保险金支付期间缓期协议的效力。但该协议不视为投保人对消灭时效利益的放弃。

大法院1981.10.6.宣告，80 da 2699判决（要点3）：投保人向保险人

---

① 详细说明参见〔韩〕崔基元：《保险法》，博英社1998年版，第570—571页。另外，为利用信用卡、家计支票等人的信用卡保险、家计支票保险等，其性质不属于保证保险。
② 参见大法院1999.6.8.宣告，98 da 53707判决（法律报99.6.14）；大法院2004.2.13.宣告，2003 da 43858判决；大法院2004.12.24.宣告，2004 da 20265判决：保证保险所担保的债权被转让时，保险金请求权也是否被转让（积极）。

提供的担保物相关权利,由保险人行使,保险人与被保险人(首尔信托银行)之间达成的到期担保物被处分之前,本案保证保险合同所指保险金支付期限缓期协议未得到投保人同意的,投保人不能以未经其同意为由否认上述协议的效力。但同时亦不能将该协议视为投保人事先放弃保险金请求权相关消灭时效利益的约定。因此,既不能认为该协议不利于投保人,又不能认为其违反韩国《商法》第663条和第658条的规定。

2. 告知义务

"保险法通则"中告知义务的相关规定,同样适用于保证保险。在保证保险中的主合同内容为重要事项,须正确告知。

大法院1987.6.9.宣告,86 daka 216 判决:就工程承包合同签订履行保证保险合同时,工程金额和工程期间等一般为确定履行保证对象和判定保险事故发生与否的基准,属于必须告知的重要事项。

3. 保险期间

保险期间,是指保险人承担保证保险合同之相关责任期间,由保险合同当事人约定。保证保险主合同当事人延长主合同履行期(竣工期限)的,并不等于保险期间的变更。

大法院1997.4.11.宣告,96 da 32263 判决(要点):保证保险合同,是指对于因债务人于主合同债务履行期内未履行债务而致被保险人遭受的损害,保险人予以赔偿的合同。若被保险人在保险合同规定的竣工期来临之前,事先延长竣工期限的,并不等于延长了保险公司与投保人的保险期间。因此,各投保人(债务人)在延长的期间以内、保险合同约定的期间以后未履行合同义务的,因保险期间已结束,该不履行不构成保险合同所规定的保险金支付事由。

4. 保险事故

保证保险中的保险事故,是指因债务不履行造成的主合同解除(终止)。在一般财产保险合同中的保险事故须具有偶然性,但在保证保险合同中,保险事故的原因即债务不履行,可能不一定具有偶然性。在一般财产保险合同中,保险人的免责事由包括投保人故意、重大过失等(韩国《商法》第659条第1款),而在保证保险合同中,如将投保人的故意、重大过失作为免责事由,将难以实现保证保险之目的。因此,在保证保险中因投保人的故意或重大过失造成的损害,保险人需承担责任。①

大法院1997.2.13.宣告,96 da 19666判决(要点):1.保险事故,是将保险人的保险金支付责任具体化为不确定的偶然事故。所谓融资租赁(Finance Lease),是指出租人根据承租人的请求,从供给者处购入承租人指定的租赁物并租赁于承租人,在租赁期间收取租赁费,以承租人对租赁物的使用收益及折旧为内容的物质融资。可见,在融资租赁保证保险合同中的保险事故,应根据当事人之间的约定在保险约款及租赁约款的具体内容中分别具体规定。2.在租赁保证保险合同中,租赁费迟延支付的事实本身不能视为保险事故,仅当因租赁费迟延支付造成租赁合同终止时,才发生保险事故。

另外,应当按照保证保险的种类,确定是否属于保险事故。

首尔地法1995.6.26.宣告,94 daka 54773判决:保险事故,是将保险合同中保险人应承担的保险金支付责任的条件具体化为偶然事故。租赁保证保险所指的保险事故,是指投保人的租赁费迟延支付(即使只有一次),因此不能以租赁公司的选择确定保险事故是否发生。

本案中,咸某迟延支付一次租赁费,原告公司应首先规定相当期间,催告其改正违反事项,咸某在该期限内仍未付租赁费的,催告期经过2年后,原告公司有权终止上述租赁合同,并向保险人(被告公司)请求支付约定保险金。但如果自享有上述约定终止权之日起2年内未行使保险金请求权的,该保险金请求权因消灭时效而消灭。即由于咸某迟延支付本应于1992年10月25日交纳的租赁费,原告公司已经享有约定解除权,但原告公司却于催告期间经过2年后(1995年1月3日)才向被告公司申请支付保险金,该保险金支付请求权因时效而消灭……

大法院1998.11.27.宣告,98 da 394040判决:在支付保证保险中,……保险事故因投保人未履行主合同规定的债务而产生,在因主合同被解除而发生的合同金及中途金的返还义务时,不发生保险事故。

---

① 基于上述特性,有观点质疑保证保险的财产保险性质。

（四）保证保险合同的效力

1. 保险人责任的发生要件

由于保证保险属于财产保险，因此发生保险事故，且被保险人由此遭受财产上损害的，保险人责任即发生。

大法院1999.6.22.宣告，99 da 3693判决（要点1）：被保险人因投保人债务不履行而遭受的损害，保证保险人予以赔偿，但须具备以下两个条件：① 须发生保险事故，即投保人不履行主合同债务；② 被保险人由此遭受财产上的损害。此两要件相互独立存在。

2. 免责事由

保证保险约款规定，保险人的免责事由为"由于自然灾害、战争、内乱及其他类似突变，不能履行主合同所造成的损害"。此为韩国《商法》第660条规定的具体化。

在保证保险约款中，因投保人故意、重大过失造成的损失，保险人不免除赔偿责任。对于如何平衡其与韩国《商法》第659条有关免责事由的规定，即投保人故意、重大过失造成的保险事故相关规定之间的关系，前已述及。

保证保险的特别免责事由：

第一，被保险人的责任事由。约款规定，因被保险人"负有责任的事由"造成的损害属免责事由。原因在于，因可归责于被保险人的事由造成的损害，应由被保险人自己承担，若保险人赔偿该类损害，有违诚实信用原则，甚至可能助长保险的赌博化。值得注意的是，约款规定的免责要件，并非限于被保险人的故意、重大过失（参见韩国《商法》第659条），其范围扩大至"负有责任的事由"。

判例认为，此类约款并不违反韩国《商法》第659条第1款、第663条或《约款规制法》第6条、第7条的规定。①

第二，不协助损害调查所造成的损害。在保证保险中，保险事故是投保人债务不履行的事实而造成的合同解除（终止）。因此，被保险人必须

---

① 参见大法院1999.6.22.宣告，99 da 3693判决。

举证该债务不履行的事实,保险事故造成的损害被确定后,才能得到赔偿。因此,有必要对损害进行调查,而调查显然需要被保险人的协助。

除有正当事由外,因被保险人不协助损害调查致损害增加时,如保险人能够证明该事实,即可免除增加部分的损害赔偿责任。

3. 被保险人的损害防止义务

在财产保险中,发生保险事故时,投保人、被保险人应尽力防止或减轻损害(韩国《商法》第680条正文),即防止、减轻损害义务。发生保险事故时,投保人和被保险人若不努力阻止损害扩散,消极不作为,不仅违背保险人的合理期待,亦违反公平及诚信原则。

在保证保险中,对于可以通过被保险人(债权人)与投保人(债务人)之间债权债务相互抵消减少损失,但被保险人与投保人未抵消的情形,是否属于违反损害防止义务,存在争议。就此,目前大法院尚无相关判决,高等法院认为,仅凭债权债务的未抵消,不能认定为违反损害防止义务。

釜山高等法院 1994.2.4. 宣告,93 da 10699 判决:……一般在财产保险中,赋予被保险人上述损害防止义务的理由在于,除了被保险人非故意或重大过失制造保险事故外,保险事故发生后,如被保险人不尽力防止损害反而对损害的发生或扩大束手旁观,这不仅违背保险人的合理期待且违反公平或诚信原则,甚至浪费财产不利于国民经济的发展。

此外,由于不能仅凭投保事实即要求被保险人作出更大努力,故规定被保险人应该作出的防止损害行为程度时,应考虑保险事故的种类、状态及保险事故发生时被保险人的状态等,并根据不同情形的信誉原则,要求只要做到未投保时出于保护自己利益而作出的努力程度即可。从保护被保险人的角度而言,也应规定只有因被保险人的故意或重大过失违反损害防止义务时,方可加以制裁……

保险的目的不是物,其更强调损害防止义务的根据之一——防止国民经济遭受不利益这一公益性要求的不足和保险人与被保险人之间的信赖度和危险分担的公平性。另一方面,鉴于保证保险不同于一般财产保险,具有保险人支付保险金后,仍可向投保人及其保证人行使追偿权的特点。因此在该案中,被保险人的原告虽未抵消债权债务,但不能认为违背了保险人(被告,大韩保证保险)的合理期待,违反了信誉原则。

首尔高等法院 1993.5.27. 宣告,92 da 54663 判决:……原告(东亚报)从某公司接到以原告应向上述公司支付的工程款债务支付迟付劳务费之委托,此时,原告原本应将该债务与预付款债权相抵消后,在剩余债务限度内支付劳务费。但是原告基于能够从被告(大韩保证保险)收受保险金的考虑,未进行上述抵消而直接支付劳务费,这为原告存在归责事由之情形,理论上应该按照保证保险约款……不予赔偿。但是,由于不能认定原告处于符合相抵状况时必须进行相抵的意思表示,故仅凭未进行相抵意思表示的事实,不能认定原告具有归责事由。

保险纠纷调停委员会采取与上述判决相反的观点。

调停决定【案件 93-53 履行(合同)保证保险纠纷】要点:申请人主张,在保险期间结束后向投保人支付的 21 000 000 韩元,是在到期仍未收到货物的状况下,经过催促,在保险期间结束后的 2 月中旬交纳的,相当于 2 千万韩元的货物及其后的交货部分的资源援助金。但鉴于该金额为交货后支付的款项可被视为已付款项。如果将来因投保人(株瑞逸厨房设备)的债务不履行导致该案供货合同被解除的,即使申请人对投保人享有 7 700 000 韩元的返还债权,对于申请人支付的超过该债权的数额,不论其支付名目,仍应视为属于未尽韩国《商法》第 680 条及该保险约款第 5 条规定的损害防止、减轻义务的行为。

4. 保险人对于投保人的代位权和求偿权

在财产保险的保证保险中,能否适用保险人代位请求权(韩国《商法》第 682 条)的相关规定?

首先,在约款规定方面,各种保证保险在"追偿以及代位"下规定"保险公司支付保险金后取得对投保人的追偿权,在不侵害被保险人利益的范围内代位行使被保险人对投保人具有的权利"[1]。可知,约款并未明确保险人在支付保险金后享有权利的性质。

---

[1] 参见《私债保证保险普通约款》第 11 条;《租赁保证保险普通约款》第 12 条;《分期销售保证保险普通约款》第 12 条等。

通说为"包括说"。该说认为,根据保险人代位的相关立法宗旨,即防止被保险人因保险事故获得双重利益及防止造成保险事故之人的不当免责等,保证保险属于"为他人的保险合同",投保人亦属于韩国《商法》第682条所指的"第三人",应按第682条法理解释保证保险。即保证保险约款规定明确了在保证保险中的保险人有权对投保人行使代位权。①

但是少数说("不包括说")认为,韩国《商法》第682条所指的"第三人"不包括投保人,②并将保证保险人支付保险金后取得的对投保人的权利解释为——作为保证人而享有的求偿权(受托保证人的求偿权:韩国《民法典》第441条)。③

就代位请求权对象的范围,判例采不包括说,认为保证保险的保险人对投保人享有的权利性质为求偿权。④

大法院 1992.5.12. 宣告,92 da 4345 判决(要点):

1. 保证保险承保因合同上的债务不履行或法律上的义务不履行所造成的损害,同时具有损害赔偿性和保证性,因此不能以受保证性约束的保险人对投保人及连带保证人的求偿权的约定视为违反保险本质或者视为不公正的法律行为而宣布其无效。

2. 一般在保证保险合同中,为投保人担保偿还债务的保证人,不能及时获悉保险事故(即支付合同上的不履行事实),或保险人的保险金支付的事实。故当保险人向被保险人支付保险金并取得投保人的求偿权时,应立即通知保证人该偿还义务的产生,履行防止损害扩散的诚信义务,当怠于为上述通知致损害扩大的,对于损害的扩大部分,视为与保险人的过失发生竞合,属于过失相抵事由。

---

① 参见〔韩〕崔基元:《保险法》,博英社1998年版,第575页。
② 参见〔韩〕李基洙:《保险法·海商法学》,博英社2008年版,第265页。
③ 参见〔韩〕梁承圭:《保险法》,三知院2005年版,第433页;〔韩〕郑灿炯:《商法讲义(下)》,博英社2000年版,第663页。该观点并不否认保证保险中的代位制度(〔韩〕梁承圭:《保险法》,三知院2005年版,第432页)。虽然存在应怎样理解两种权利之间的关系的疑问,但未就此进行明确说明。
④ 判例认为,该求偿权的消灭时效期间为商行为相关债权的时效期间,即5年(参见大法院1981.10.6.宣告,80 da 2699 判决;大法院1992.11.27.宣告,92 da 20408 判决;大法院2006.1.26.宣告,2002 da 74954 判决。

3. 在保证保险合同中,如果投保人的连带保证人拒绝履行作为保证人的义务,保险人怠于通知保险金支付的事实,也许对损害的扩散并无任何影响,但由于连带保证人很晚才获知保险人已付保险金的事实,可能会发生迟延损害金涨至无法承担的程度而使连带保证人陷入无法应对的局面,因此,不能仅凭连带保证人拒绝履行义务的事实,认定保险人的通知懈怠对迟延损害的扩大无任何影响。

大法院 2000.1.21.宣告,97 da 1013 判决(要点)(法律报 2000.1.27):由于承租人延迟交付租赁费等租赁合同上的债务不履行行为,租赁保证保险的保险人按照租赁保证保险合同,向租赁公司支付规定损失额后,按照偿还者代位法理,有权对租赁公司的租赁物行使相当于所担保部分的求偿权。

判例认为,按照韩国《商法》第 682 条的规定行使代位权的保险人,地位不同于偿还者代位的情形。即保险人支付保险金是对保险合同的债务履行,不仅不属于韩国《民法典》第 480 条(偿还者的任意代位)规定的有权行使代位权的人,[①]亦不属于上的具有应偿还正当利益的人(韩国《民法典》第 481 条:偿还者的法定代位)[②]。因此判例否定保证保险适用韩国《商法》第 682 条代位请求权的相关规定。

但有学者认为,根据保证保险的保证性本质,在其限度内不能适用保险人代位的相关规定(韩国《商法》第 682 条)。但既然将保证保险理解为保险(损害保险)的一种,同时又认为其当然适用保险的相关法理,那么认为保证保险不适用韩国《商法》第 682 条规定的解释亦欠缺依据。[③]

[①] 参见大法院 1995.11.7.宣告,94 da 53327 判决:就经营土木、建筑工程业以及重大机械租赁业的公司(甲)承租已投综合险的另一公司(乙)的起重机并连带司机,在现场作业时造成事故一案。虽然保险人支付了保险金,但由于乙属于保险约款所指的得到记名被保险人准许使用汽车的人(不属于约款上免责事由"汽车维护等经营汽车的事业人,受业务之托使用、管理汽车情形"),甲亦不是《商法》第 682 条所指的第三人。换言之,保险人向受害者支付的保险金,属于作为与乙签订的汽车综合保险合同中的保险人履行合同上的债务,即保险人也不属于韩国《民法典》第 480 条规定的有权行使代位权的人。

[②] 参见大法院 1993.1.12.宣告,91 da 7828 判决:作为自己合同上的债务履行并支付保险金的保险人,不属于韩国《民法典》第 481 条所指的偿还者的代位人。

[③] 参见〔韩〕金星泰:《保险法讲论》,法文社 2001 年版,第 788 页。

综上所述,若保证保险适用韩国《商法》第682条的规定,则仅基于保证保险的债权担保性的考虑,应将保险人能够行使的权利内容限于民法上保证人的求偿权范围。

5. 保险人对于连带保证人的求偿权

在保证保险中,保险人为了确保支付保险金后的权利,一般特别指定连带保证人,此时,保险人享有的求偿权与民法上保证人的求偿权相似。①

(五)保证保险合同的终止

原则上,保险事故发生前,投保人可随时终止全部或部分合同(韩国《商法》第649条第1款)。但对于保证保险,只要主合同的债权、债务未消灭,未经被保险人同意,禁止任意终止保证保险合同。②

投保人等在违反其义务(韩国《商法》第651条至第653条)时,保险人有权终止合同,此亦适用于保证保险。但对于保险人以投保人欺诈为由解除保证保险合同的情形,判例从保护被保险人的立场,对解除的效力加以一定限制,认定被保险人享有保险金请求权。

大法院1999.7.13.宣告,98 da 63162判决(要点):规定投保人(债务人)不履行债务而使债权人遭受损害的,保险人予以赔偿的保证保险合同作为一种财产保险合同,形式上属于以债务人的债务不履行作为保险事故的保险合同,但实质上,与具有保证性的保证合同具有相同的效果。如在汽车分期付款销售保证保险中,被保险人一般基于保证保险签订分期付款销售合同或按照已签订的分期销售合同履行商品的交付义务,这不同于在为他人签订的保险合同中,当保险人以投保人欺诈为由解除保证保险合同时,即使发生保险事故,被保险人亦不能行使保险金请求权的情形。因此在保证保险合同中,保险人交付保证保险合同,被保险人受领保单后,被保险人据此签订新合同或履行已签订合同的义务等,即基于信赖保证保险合同上的债权担保职能,发生新的利害关系的话,有必要保护被保险人的此种信赖。虽然主债务人(投保人)在签订合同时欺骗了保险人,保险人可以基

---

① 就此的详细争议参见〔韩〕韩昌熙:《保证保险的法律考察》,载《保险学会志》1989年第33卷,第219—220页。
② 相同意旨以及详细内容参见〔韩〕崔基元:《保险法》,博英社1998年版,第576页。

于错误签订保证保险合同为由解除签订合同,但如果当时作为该保证保险合同的被保险人的债权人基于信赖上述担保功能,已发生了新的利害关系,则除了下述情形:(1)被保险人事先知道该欺诈行为的事实;(2)事先约定被保险人为保险人审核投保人提交的签订保证保险合同相关资料的真伪,且保险人必须经过上述审核后签订保险合同,但被保险人在审核资料时存在未尽必要的注意义务的过失;(3)保险人履行保证责任后不能确保求偿权等特殊理由外,禁止以解除上述签订合同的意思表示对抗被保险人。

上述判决态度是基于对保证保险合同的债务担保功能的重视。但根据保险法理,保险合同的解除与任意终止(受韩国《商法》第649条第1款附文限制)不同。既然保证保险人合法解除与投保人签订的合同,按照解除法理,保险关系变成了消极的无效,即保险金支付义务亦将随之消灭。对于上述判决是否妥当,仍存争议。

为正确处理保证保险中的法律关系,应事先对其性质、当事人的法律地位及保险人代位制度的认定与否等进行充分的研讨,并有必要在立法和《商法》保险编中将其作为财产保险的一种特殊形式加以明确规定。

三、信用保险

(一)信用保险的意义

信用保险,是指基于信用而提供物品或劳务的人(债权人),为因债务人(接受上述提供的人)支付不能或履行延迟时而遭受的损害能够得到赔偿而自愿加入的保险。该保险与保证保险皆为与信用相关的代表性险种。

与信用保险相对应的为信用危险。保险人不仅在投保时对债务人进行信用评价,在保险期间也通过构筑、运用信用危险管理体系,有效防止因债务人信用恶化造成的追加损害。信用保险的投保人一般为概括协议的团体。

与保证保险不同,信用保险通常以信用危险较低的交易为对象,债权人会为信用状态良好的债务人主动投保。原则上由保险人赔偿债权人的部分损害,投保人(债权人)亦承担部分损害。上图为信用保险的实际应用例。

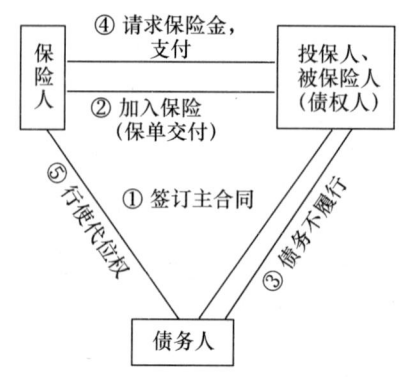

(二) 信用保险的种类

根据投保债权的不同,信用保险可分为诸多种类。韩国目前主要有商业信用保险、按揭信用保险和小额贷款信用保险三种信用保险商品。

1. 商业信用保险

该保险对基于信用而购买物品或劳务的人支付不能或履行延迟等债务不履行行为而致债权人遭受的损害予以赔偿。主要适用于各种物品、劳务供给合同、使用费合同及装备租赁合同等。

2. 按揭信用保险

该保险对因按揭购买物品人支付不能或履行延迟等使债权人遭受的损害予以赔偿。主要应用于汽车、电脑、移动电话等按揭购买合同。实践中,消费者无法一次性支付购买的高额资产而采用分期付款交易的现象极为普遍,该保险正是为降低该类合同中债权人所承担的危险而设立。

3. 小额贷款信用保险

该保险对债权人因从金融机关等贷款或借款的人支付不能或履行延迟遭受的损害承担赔偿责任。一般作为加计资金贷款约定等保险的附加险。

此外,在住宅租赁合同中,承租人返还租赁费保证金的年租金保障信用保险,亦备受实务关注。

(三) 信用保险的性质

为方便理解信用保险的性质,现将其与保证保险进行对比,如下表:

与保证保险的比较

比较项目	保证保险	信用保险
基本性质(赔偿对象)	债权保全功能(不履行主合同等确定的债务而遭受的损害)	担保信用合同中的危险(支付不能及履行延迟遭受的损害)
结构	为他人的保险(投保人:债务人;被保险人:债权人)	为自己的保险(投保人兼被保险人:债权人)
投保形态	团体(概括)合同	个别签订
保险费的性质	保证手续费	信用危险的代价
赔偿方式	全额赔偿	原则上赔偿部分(50%—90%)损害(提供对于被赔偿部分债权的追审服务)
保全保险人的追偿权	根据债务人的信用度,需要连带保证人或担保	原则为信用

（四）信用保险合同的内容

1．协议、赔偿对象

为了保险合同的有效运用,可签订包含债务人资格要件,保险费确定方法,告知、通知义务,损害分担方法,保险事故,权利转让方法,违反协议的制裁等内容的协议(《保险约款》第3条)。

信用保险的赔偿对象是因债务人不履行记载于保险合同(主合同)规定的债务使债权人(被保险人)遭受的损害(《保险约款》第1条)。保险事故有以下两种:① 债务人倒闭、交易停止、解散、破产以及其他事由引起的支付不能;② 协议中特别规定的期限届满(《保险约款》第15条),债务人仍延迟履行。

2．免责事由

在信用保险中,除战争免责外,被保险人的故意、重大过失引起的损害,因主合同销售的物品存在瑕疵而遭受的损害,违反包括协议造成的损害,伪造或变造资料、未协助损害调查造成的损害等,亦不予以赔偿(《保险约款》第2条)。

3．权利转让

保险人支付保险金后,原则上被保险人应向保险人转让其对债务人的权利(《保险约款》第20条)。值得注意的是,在信用保险中没有保险人代位的有关规定(韩国《商法》第682条)。

第三章　人身保险总论

第一节　绪　　论

一、立法概述

人身保险作为相对于财产保险的另一重要险别,于韩国《商法》第四编"保险法"的第三章中设有具体规定。第三章"人身保险"细分为三节:第一节"通则",主要涉及"保险人对于人身保险的责任""人身保险保单记载事项""禁止对第三人的保险代位"等;第二节"生命保险",主要涉及"保险人对于生命保险的责任""对他人生命的保险""禁止对未满15岁的人等的合同""因重大过失引起的保险合同""指定或者变更保险受益人""保险受益人指定权等的通知""养老保险""年付养老金保险""团体保险""返还保险储蓄的义务"等;第三节"伤害保险",主要涉及"保险人对于伤害保险的责任""伤害保险保单""准用生命保险的规定"等。按照通说,人身保险的保险事故为与人的生命、身体相关的事故,包括生命保险、伤害保险和疾病保险(健康保险)等。

疾病保险作为人身保险的重要组成部分,韩国《商法》"保险法编"中却未有任何涉及,此为立法缺陷。目前在韩国,疾病保险只能类推适用保险格式条款、保险通则以及人身保险、伤害保险的相关规定。但是,疾病保险作为人身基本保险类别具有存在的必要性,为此韩国的社会保险对其进行了全面规定,以补充韩国《商法》的不足。根据韩国《国民健康法》出台的医疗保险即为针对被保险人的疾病、受伤、分娩以及死亡等支付保险金的人身保险。①

二、人身保险合同的概念

按照韩国《商法》第 727 条的规定,人身保险合同是指,投保人向保险人支付保险费,当发生与被保险人生命或身体相关的保险事故时,保险人按照约定支付保险金以及承担其他给付义务的保险合同。人自出生时起就伴随着各种各样的危险,并可能因意外疾病、伤害以及死亡等事故遭受经济、生活上的痛苦,人身保险旨在通过支付保险金,为被保险人等提供一定的经济保障。人身保险以与人的生命、身体相关的事故为保险事故,包括生命保险、伤害保险以及疾病保险(健康保险)等,区别于承保物或财产遭受损害风险的财产保险。

三、人身保险的特性

商法首先将保险分为财产保险和人身保险两大类,后者又可分为生命保险和伤害保险。通过人身保险与财产保险的比较,可以得出人身保险的特性。

1. 人身保险的保险标的和保险事故

人身保险的保险标的是人,并且以人的生命、身体相关事故作为保险事故,此不同于以物或其他财产所遭受的事故为保险事故的财产保险。人身保险的保险事故,是指人的生存、死亡、伤害以及疾病等。其中伤害和疾病的发生与否和发生时间皆不确定,此与财产保险的保险事故类似;唯独死亡的发生是确定的,只是发生的时间不确定,此与财产保险的保险事故有本质上的区别。

2. 定额保险和不定额保险

人身保险(尤其在生命保险中)主要属于定额保险,一旦发生保险事故,保险人就需支付保险合同约定的保险金额,此点亦不同于以赔偿保险事故造成的损害为目的的财产保险。鉴于不能对人的生命、身体进行金钱

---

① 参见韩国《商法》第一节通则。

评估,立法者将人身保险归属于定额保险,但考虑伤害保险、疾病保险的特殊性,伤害保险和疾病保险并不必然归类于定额保险。在某些情形下,伤害保险、疾病保险的保险金根据伤害程度或治疗时间计算,有时则事先约定赔偿医疗费或被保险人因受伤或疾病所遭受的经济损失,此时显然属不定额保险。

3. 被保险利益

在财产保险中,被保险利益可以理解为与保险事故相关的,被保险人对于保险标的具有的经济上的利害关系。而人身保险的保险标的是人,保险事故与人的生命、身体相关,故异于财产保险,通常不使用上述有关被保险利益的概念。但人身保险的最终目的与财产保险并无差别,均在于实现保险的意旨、执行保险的根本职能,即解除或减轻因偶然事故造成的经济生活上的不安定状态。鉴于此,有韩国学者认为,应界定人身保险合同中的被保险利益的概念,以投保人或保险受益人与被保险人之间的血缘或经济上的利害关系作为其内容。理由在于,在人身保险中,被保险人发生死亡、受伤或疾病等保险事故时会给特定人造成经济负担或产生经济上的不利影响,此经济上的不利可视为对被保险人具有的利害关系。这样的被保险利益概念可以防止人身保险赌博化以及预防道德风险,可资借鉴。[①]

第二节　人身保险保单记载事项

订立人身保险合同时,依照韩国《商法》第 640 条的要求,保险人应即时制作保单并交付投保人。在人身保险的保单中,除了载明韩国《商法》第 666 条所规定的有关财产保险保单的载明事项外,依照韩国《商法》第 728 条的规定还需载明:(1)保险合同的种类;(2)被保险人的住所、姓名以及出生日期;(3)存在保险受益人时,该受益人的住所、姓名以及出生日期。其中依照韩国《商法》第 733 条的规定,保险受益人也可以在合同订立

---

① 韩国《商法》第 731 条规定,以他人的死亡为保险事故的保险合同中,在签订保险合同时须经被保险人的书面同意,该规定正是考虑到投保人和被保险人之间的特殊关系而设。

后再行确定。韩国《商法》修改时要求人身保险的保单中除需记载被保险人和保险受益人的住所、姓名外,还需记载出生日期,其理由有二:第一,生命保险的保险金以生命表中被保险人的年龄估算出的死亡率为基础;第二,为避免与其他同名同姓者发生混淆,需以出生日期为依据。

第三节　人身保险与保险人代位

一、保险人代位禁止原则

韩国《商法》第729条规定:"人身保险的保险人不得代位行使因保险事故所产生的投保人或者保险受益人对第三人的权利。"即原则上禁止在人身保险中行使保险人代位权。这说明即使在生命保险中被保险人因第三人的不法行为死亡,保险人支付保险金后也不能取得对加害人的损害赔偿请求权。从理论上讲,在人身保险中准许保险人行使代位权并非完全不可,但是,就如同在财产保险中为避免被保险人获得额外收益而赋予保险人代位权,在人身保险中禁止保险人代位以保护受益人之利益,亦是人为的政策选择。

二、保险人代位禁止原则的例外

韩国《商法》第729条之但书规定:"在签订伤害保险合同的情形下,若当事人之间另有约定,保险人可以在不损害被保险人权利的范围内代位行使该项权利。"即在人身保险中,保险人虽不拥有财产保险中保险人的法定代位权,但其可以获得约定的代位权。此条规定可以视为是伤害保险合同的财产保险性质的体现。发生伤害保险合同的保险事故时,保险人支付医疗费和药品费与财产保险的损害赔偿性质类似,此时约定保险人的代位权不会损害保险受益人的利益。

第四章 人身保险分论

第一节 生命保险

一、生命保险合同概述

(一) 生命保险合同的含义与特殊性

根据韩国《商法》第730条的规定,生命保险合同是投保人按照保险合同的约定向保险人支付保险费,保险人按保险合同约定,因合同相对方或者第三人的生死支付一定金额的保险合同。

生命保险是以人的生命为保险标的的保险,属于人身保险的一种。与财产保险不同,生命保险作为定额保险,不适用财产保险中的赔偿原则,因此,亦不存在重复保险或者部分保险的问题。生命保险合同的特殊性表现在如下三个方面:

第一,生命保险合同的当事人,包括对保险人负有支付保险费义务的投保人和在出险时对受益人负有支付保险金义务的保险人。发生保险事故时可以受领保险金的人为保险受益人,受益人不是生命保险合同的当事人。

在财产保险中,被保险人作为保险事故发生时接受保险金的人,法人和自然人均可。而在生命保险中,由于以人的生命为保险标的,因此,被保险人只能是自然人,法人因其性质不能成为被保险人。

当投保人与被保险人为同一人时,该生命保险为自己的生命保险;投保人以他人为被保险人时,为他人的生命保险。

第二,在生命保险中,保险事故为被保险人的生存或死亡。因此,以伤害或疾病为保险事故的保险不属于生命保险。

第三，一般保险中，由投保人、被保险人或者受益人的故意或重大过失造成保险事故的，保险人应当免责（韩国《商法》第659条之1）。但在以被保险人的死亡为保险事故的保险（包括死亡保险合同和混合保险合同）中，事故因投保人、被保险人或者受益人的重大过失引起时，保险人不可免责（韩国《商法》第732条之2）。此为保险人不免责的特殊情形，是出于保护死者继承人利益的政策考量。

（二）生命保险合同的种类

1. 根据保险事故

（1）死亡保险。死亡保险是以被保险人的死亡为保险事故的保险，又可以分为被保险人在一定期间内死亡的定期死亡保险和被保险人不定期死亡的终生死亡保险。

（2）生存保险。生存保险是以被保险人生存达到一定时限或者达到一定年龄为保险事故的保险，如养老保险等。

（3）生死混合保险。又称生死两全保险，是以被保险人在保险期限内死亡或期满生存为保险事故的保险。

2. 根据保险金额给付方式

（1）资金保险。资金保险是保险事故发生时，除投保人与保险人有特别约定外，以保险人一次性支付保险金为原则的保险，也称为"一次金额保险"。

（2）年金保险。年金保险是将保险金以年金的形式支付的保险（韩国《商法》735条之2）。此支付方式一般以被保险人在一定时期内生存为前提。在被保险人生存的一定期间内，保险人每年支付被保险人一定金额的是定期年金，支付至死亡的为终生年金保险。

3. 根据被保险人的人数

（1）单生保险，是以个别被保险人的生死为保险事故的保险。

（2）连生保险，是以夫妻、兄弟等数人为被保险人，当其中一人死亡时支付生存者保险金的保险。

（3）团体保险，是将属于该团体内的多数成员作为被保险人的保险。

与此相对的保险称为"个别保险"。在团体保险合同中,团体的代表人为投保人,团体成员的全部或部分为被保险人。因此,该保险亦属为他人的生命保险。值得注意的是,在团体保险中,为使保险合同有效成立,即使以被保险人的死亡为保险事故,也无须被保险人同意(韩国《商法》第735条之3第1款)。保险单亦仅须交付于投保人,即团体的代表人(韩国《商法》第735条之3第2款)。

二、生命保险合同的内容

(一) 承保前的保险保护

韩国《商法》规定,在投保人发出投保要约后,保险人承保前,若保险人已收取投保人部分或者全部保险费的,为保护投保人合理的期待利益,对保险人承诺之前所发生的保险事故,除保险人有可拒绝该要约的特殊事由(如保险标的不适格)外,保险人均应承担保险责任。[①] 但该规定不适用于人身保险中,规定被保险人应当接受体检而被保险人未体检的情形,即此时可免除保险人的责任。[②]

大法院1991.11.8.宣告,91 da 29170判决:在该案中,投保人6月2日发出要约,保险人尚未承保,6月4日被保险人李某即因摩托车事故身亡。在此案中,大法院首先认定,根据该案保险合同的约定,禁止为从事1级至2级危险职业的人投保。本案中被保险人李某从事的是金属窗框制作工作,自1998年6月至该事故发生期间,为业务方便,一直驾驶一辆125cc的摩托车。而原告(投保人)在发出保险要约时,隐瞒事实虚假告知保险人李某不骑摩托车。李某死亡后,原告(投保人)请求被告(保险人)承担保险责任,保险人以李某骑摩托车为由,拒绝给付保险金,并将已收取的第一次保险费返还给投保人。鉴于上述事实,大法院认为,原告(投保人)与被告(保险人)之间签订的保险合同,因被告有合法的事由而拒绝承诺,导致合同不成立,故不支持原告的主张。

---

① 参见韩国《商法》第638条之2第3款本文。
② 参见韩国《商法》第638条之2第3款但书。

此外，上述生命保险（太阳保险合同）格式条款第 2 条第 2 款规定："保险公司接到投保要约时收取第一次保险费的，自第一次保险费缴纳之日起，对承保前所发生的保险事故，按照本格式条款规定承担保险责任。但保险公司能够证明缴纳第一次保险费时被保险人不适格的，可免责。"

而该条的第 3 款又规定："不考虑第 2 款的规定，如果因附表 2 所规定的事由导致保险事故发生时，无论被保险人是否适格，也无论被保险人体检是否完成，保险人自收取第一次保险费开始，承担该格权式条款规定的保险责任。"

对上述格式条款第 2 条第 3 款的规定，应解释为，当保险人接到保险要约并收取第一次保险费时，如在保险人承诺之前发生属于附表 2 规定的应支付保险金的偶发性外来事故时，即使被保险人不适格，保险人也应当支付保险金。而不能解释为在非因偶发性外来事故和灾害，而是因与不符合承保规定的危险职业直接关联的事故而造成损害的情形，亦须支付保险金。

（二）保险事故

1. 保险事故的内容

生命保险中的保险事故，是指被保险人的生存或死亡。因此，对于以伤害或疾病为保险事故的保险，不属于生命保险。

此处所指的死亡，在原则上是指被保险人的生命终结，或者与此相当的死亡事实被确认的情形。

大邱高法 1985.10.25.宣告，85 da 50 判决认定：保险合同格式条款规定的死亡，是指宣告失踪或死亡事实已被确定的情形。本案中，仅凭被保险人下落不明未能生还、户籍上登记为死亡的事实，尚不能确定为死亡。

2. 保险事故的通知

有关保险事故的通知义务，在涉及实际损害的财产保险中，对于防止损害的扩大具有重要的实际意义，但在人身保险中，由于被保险人的生存或者死亡是既定事实，不存在减少损害的可能性，因此该通知义务（即死亡或生存事实的通知）除作为请求保险金的当然前提外，并无其他特殊意义。

三、生命保险合同的效力

生命保险中保险人应承担以下义务:

（一）支付保险金

保险事故发生后,保险人必须向受益人支付约定的保险金（韩国《商法》第 730 条）。在死亡保险中,如果被保险人生存时保险期间届满,保险人不承担责任。但双方亦可约定支付保险金,此种保险称为"生死混合保险"或"养老保险"（韩国《商法》第 735 条）。

1. 免责事由

保险人在保险事故发生后,应当支付保险金,但在下列情形下,保险人可免除责任:第一,保险事故是由战争及其他军事动乱造成时,保险人不承担责任（韩国《商法》第 660 条）。第二,在死亡保险中,如保险事故是因被保险人自杀或者投保人、受益人故意造成的,保险人将不承担保险责任,但被保险人的死亡非因投保人、被保险人或受益人的故意,而是因其重大过失造成的,不得免除保险人支付保险金的责任（韩国《商法》第 732 条之 2）。韩国《商法》该规定体现了死亡保险对遗属等保险受益人的人道主义保护。

当受益人为数人时,该故意免责事由适用于个别受益人而非全体受益人,即仅对实施故意行为的受益人不承担保险金支付义务。[①]

首尔高法 1985.11.7. 宣告,85 da 1266 判决:该案中作为继承人之一的妻子将丈夫（被保险人）杀害,法院认定,除该妻子外,保险人应当向其子女（其他继承人）支付其应得部分的保险金。[②]

2. 自杀条款

在保险实务中,保险合同生效满一定期间（一般为 2 年）后,被保险人自杀的,保险人亦应承担保险责任（《生命保险标准格式条款》第 8 条第 1

[①] 中国 2002 年修订的《保险法》第 65 条规定了受益人故意造成被保险人死亡、伤残或者疾病的,保险人免除保险责任。2009 年修订的《保险法》则对该规定作出了相应修改,规定受益人故意造成被保险人死亡、伤残或者疾病的,保险人不再免除保险责任,而是受益人丧失受益权。应当说这一修正在保护无过错者利益上,具有进步意义。

[②] 与该判例意旨相同的还有首尔高法 2000.5.24.宣告的判决（民事六部）。

款),此类约定并不违反不利益变更禁止原则(韩国《商法》第663条),应当认定其效力。

(二)返还义务

1. 积立金[①]返还义务

在生命保险中,人的死亡率与年龄成正比,理论上,根据投保人的年龄逐年计算和收取与死亡率相对应的保险费(即"自然保险费",其将随着时间逐渐变高)更为合理。但实际上,每年计算和收取保险费不仅程序上太过繁琐,而且随着投保人年龄的增长,投保人将难以承受愈渐提高的保险费,可能导致无法履行保险合同等情形的发生。因此,在保险实务中,一般根据被保险人在整个保险期间平均年龄的死亡率来计算保险费,均匀分配于各年龄阶段,投保人以相同数额缴纳各期保险费(即"均衡保险费")。简言之,在保险期间前期缴纳高于自然保险费数额的保险费,该超额部分是对后期低于自然保险费部分的补充。

保险人以保险费积累基金的方式,储存保险期间前期投保人缴纳的上述超过自然保险费部分的金额,该部分金额在保险期间终了之前将逐渐减少,但如果投保人中途终止保险合同,应当将该积立金返还于投保人。换言之,投保人缴纳的保险费所积累的基金部分,从经济角度看,可视为保险人以储蓄方式积累的投资。

如上所述,由于投保人缴纳的保险费中包括了保险期间后期对自然保险费的补充部分,该剩余部分的积累即为保险费积立金,该积立金以未经过的保险费和责任准备金形式储存,如果不返还该积累的金额,会导致保险人不当利益,因此,韩国《商法》规定保险人必须将其返还给投保人。

在保险人免除保险金给付责任时,有下列情形之一的,保险人应当向受益人返还储存的积立金:第一,保险事故发生前,投保人有权随时终止保险合同(韩国《商法》第649条),投保人终止保险合同后,保险人应当返还积立金;第二,由于投保人不支付保险费,导致合同终止时,保险人应当返还积立金(韩国《商法》第650条第2款);第三,由于投保人违反告知义

[①] 此处的积立金相当于中国保险法上的保险单现金价值。

务,导致合同终止时,保险人应当返还積立金(韩国《商法》第651条第1款);第四,由于危险的变更、投保人重大过失导致危险程度增加,保险人终止合同时应当返还積立金(韩国《商法》第652条第1款);第五,由于投保人等故意或重大过失导致危险增加的,保险人终止合同时应当返还積立金(韩国《商法》第653条);第六,保险人破产,投保人终止保险合同的,保险人应当返还積立金(韩国《商法》第654条);第七,保险人因法定免责事由得以免除责任时,应当返还積立金(韩国《商法》第659条和第660条)。

但是,当保险事故是由投保人等故意或重大过失造成时,保险人可以免除保险金支付责任,也无须返还该積立金(参见韩国《商法》第659条),除另有约定外,亦不承担返还保险费义务(韩国《商法》第736条附文)。

保险人的积累基金返还义务的消灭时效为2年(韩国《商法》第662条)。

2. 终止返款义务

保险事故发生之前,投保人有权随时终止合同(韩国《商法》第649条)。按照保险格式条款的规定,保险人在扣除一定费用后,应当将为受益人储存的责任准备金的剩余部分返还给投保人,此即为保险人的终止返款义务。

值得注意的是,保险人在合同终止并支付各类返款后,保险合同不能恢复(韩国《商法》第650条之2)。

(三) 保单垫付义务

生命保险格式条款规定,投保人有权以保单作担保,请求保险人在终止返款的限度内支付垫付款。垫付后,如发生保险人支付保险金或终止返款的事由时,保险人可扣除已垫付的数额以及利息。保单垫付既是保险人为投保人提供的一项金融服务,又是保险资产的一种运用方式。

对于上述保单垫付的法律性质,韩国学界存在分歧。有学者认为,其性质为终止返款的部分预付款,[1] 也有学者认为其是一种特殊的消费

---

[1] 参见〔韩〕郑灿炯:《商法讲义(下)》,博英社2000年版,第680页。

借贷。①

（四）利益分红义务

对于分红保险，保险人应向投保人分配其营业利益。此时，保险人应按照格式条款规定的方法及程序进行分红，约定利益分红的保险合同实际上意味着保险费的降低。

对于生命保险，不论保险公司的形式如何，每年均应结算当期利益（利润）。该利益来源于作为确定保险费基础的整体危险的预定率和实际率之间的差额。

近代生命保险以收支平衡、给付和反对给付均等原则为基础，才得以确保保险制度的稳定性并克服射幸性。保险人根据死亡率、经费率以及对将来利率的预测确定保险费率，并以收取的保险费支付保险金总额和运营经费。此外，通过依据保险费率，吸引多数投保人投保，才能寻求经营的安定，使投保人愿意缴纳一定的保险费，从而在将来安心获取保险保护。

因保险以上述结构为前提，所以确定保险费率的基准只能通过较为保守的方式，尤其在长期的生命保险合同中，为便于投保人参保，故采取均衡保险费的缴纳方式。

鉴于上述理由，即使保险公司为股份制形式，保险人也不能将全部利益分配给股东。在生命保险事业的长期发展过程中逐渐形成的、向投保人分配利益的方式来自保险技术基础的平衡观念。此外，这也是因为生命保险中，将投保人的分配解释为概算保险费的结算返款。②

对于利益分红的法律性质，学界持不同观点。有观点认为，该利益分红是股份公司向投保人分配利益的一种期待权，也有观点认为利益分红只是保险人的一种经营策略。

1. 期待权

股份公司型的生命保险以营利为目的，即保险事业者的经营目的为向股东分配收益。此时保险公司和投保人的关系为个人性、债权性交易关

---

① 参见〔韩〕孙珠瓒：《商法（下）》，博英社1997年版，第672页；〔韩〕崔基元：《保险法》，博英社1998年版，第603页。

② 参见〔韩〕奥田宏：《保险契约者配当》，载《法学家》1981.4.15（No.783），第87—92页。

系,具体内容则根据保险格式条款而定。认定对投保人分配的红利,亦依据保险格式条款的规定。此外,在签订保险合同时,并未确定分红的金额,只有在保险事业产生利益后才能确定,因此,该利益分红仅是一种债权的期待权。

在相互保险型公司的情形下,由于投保人在加入保险团体时即取得了社员资格,因此,当保险事业产生盈利时,投保人当然可以社员的身份要求分配利益。一般认为,该分配关系与股份公司向股东分配利益的法律性质相同。

2. 商品政策

值得注意的是,保险公司的形式与其是否分红之间,不存在理论上的必然关联。每个保险事业者都有权在相关法规允许的范围内,自由决定应按何种比例分配盈利,这仅仅关乎保险事业者的经营或销售战略,是商品政策问题。

四、生命保险合同的复效

根据韩国《商法》第650条之2的规定,保险合同当事人可以事先约定,在投保人未缴纳保险费导致保险合同失效时,投保人在一定条件下可以订立与此前保险合同内容相同的保险合同。生命保险合同的复效是保险合同当事人之间就保险合同因一定事由失效后,恢复至未失效时效果的约定。法律赋予生命保险合同投保人复效权利的原因在于,生命保险合同是一个长期存续的合同,在此期间内,投保人可能因各种原因发生不能及时缴纳保险费,如直接认定保险合同失效而不给投保人提供救济,于投保人不公,之后投保人可能因为通货膨胀或者被保险人不适格等原因无法购买同类保险。因此,法律规定在特定条件下,投保人可选择恢复原保险合同的法律效力。

五、他人的生命保险

他人的生命保险,是指投保人以他人为被保险人签订的生命保险。在他人的生命保险中,投保人与被保险人不为同一人。根据保险事故的种类,可将其分为他人的生存保险和他人的死亡保险。

他人的死亡保险,是指投保人以他人为被保险人并以被保险人的死亡为保险事故签订的保险合同。因此,死亡保险之道德风险较高,易为犯罪分子利用骗取保险金。大法院也曾在案例中指出,他人的死亡保险,有危害他人生命的可能,有悖于公序良俗。

大法院1989.11.28.宣告,88 daka 33367判决中认为:韩国《商法》第731条第1款的规定为强行法规,不论被保险人以何种方式同意,保险合同发生法律效力均必须以被保险人的同意为前提。因此,判定"立法宗旨除包括排除保险赌博危险性和被保险人被杀危险性外,还包括排除因未经受害人同意将其死亡作为合同条件而滋生的侵害公序良俗的危害性……"

实践中曾出现过在为他人签订死亡保险合同后杀害被保险人的案例。因此,韩国法律试图通过限制他人的死亡保险合同的效力,排除道德危险。下文试述之。

(一) 限制方式

对于生命保险中的道德风险,立法例一般从以下几个方面予以控制:

1. 利益主义。利益主义,要求投保人以对被保险人的生存具有一定的利害关系作为保险合同的要件之一,即投保人对被保险人具有被保险利益,否则保险合同无效。在生命保险中贯彻利益主义以限制保险合同的效力,可有效抑制生命保险中的道德风险。

2. 亲属主义。亲属主义将保险受益人的范围限定于被保险人的继承人或者一定范围内的亲属。日本旧商法即采用亲属主义。但此方法也有限制生命保险适用范围之虞,不利于保险事业的发展。

3. 同意主义。采用同意主义的立法例认为,以他人的死亡为保险事故的保险合同,应当将得到被保险人的同意作为合同有效的必要条件之一。现代各国大多采用此方法,如德国、法国、瑞士以及修订后的日本商法,韩国也不例外。韩国《商法》第731条第1款规定:"签订以他人的死亡为保险事故的保险合同时,须经该他人的书面同意。"①

(二)被保险人的同意

1. 要求被保险人同意的情形

对于以他人的死亡为保险事故的保险合同,即他人的死亡保险,韩国《商法》规定,在投保人签订保险合同时、受益人转让权利时,以及指定、变更保险受益人时,均应获得被保险人的同意。以下分情形详细论述。

(1)签订保险合同时

原则上,在签订以他人的死亡为保险事故的保险合同时,必须经其同意。因此,在死亡保险和生死两全的保险中,由于涉及他人的死亡,必须得到被保险人的同意,保险合同方有效。

大法院 1996.11.22. 宣告,96 da 37084 判决:②该判决中,被保险人以"《商法》第731条第1款规定的宗旨仅是保护他人,而不是保护保险人,因此,保险人在以该案保险合同有效的前提下征收保险费,发生保险事故时,却以未经被保险人书面同意为由,主张保险合同无效,该行为违反诚实信用原则"为由,提起上诉。

大法院认为,……《商法》规定,以他人的死亡作为保险事故的保险合同,必须得到他人的书面同意,此规定属于强行法规定,违反该规定签订的保险合同无效。而该规定的立法宗旨,除排除保险的赌博性以及被保险人被杀的危险性外,还包括排除来自未得到受害人同意而将其死亡作为合同条件的侵害公序良俗的危害性,因此,如果以'违反《商法》第731条第1款规定签订合同的人主动主张合同无效的,违反了诚实信用原则或禁反言原则'为由排除该条款的适用的话,将完全否定上述立法宗旨,有鉴于此,除极端情形外,不能认为保险人之主张违反诚实信用原则或禁反言原则……

---

① 中国《保险法》第31条可以看作是对人身保险道德风险控制的相关规定,其内容为:投保人对下列人员具有保险利益:(一)本人;(二)配偶、子女、父母;(三)前项以外与投保人有抚养、赡养或者扶养关系的家庭其他成员、近亲属;(四)与投保人有劳动关系的劳动者。除前款规定外,被保险人同意投保人为其订立保险合同的,视为投保人对被保险人具有保险利益。可见,我国保险法兼采了上述三个原则。然而该做法是否有重复适用之嫌,即同意主义是否吸收了利益主义与亲属主义,利益主义是否与亲属主义有所重合,值得探讨。

② 关于该判决的评论参见〔韩〕李基洙:《他人的生命保险合同》,载《判例通卷》第43号(1997.3),第123页以下。

大法院1999.12.7.宣告,99 da 39999判决:仅凭保险业者违反保险格式条款的明示、说明义务或征收保险费的事实,不足以说明保险业者主张保险合同无效违反了诚实信用原则或者禁反言原则。

在他人的生存保险中,由于生存保险具有强大的储蓄性质,保险费总额与保险金额没有太大的差异,且保险事故为被保险人的生存,受益人一般也为生存的被保险人,发生道德危险的可能性较小。因此,在订立该种生存保险合同时,无须被保险人的同意。

然而,对团体保险,立法态度亦有所变化。韩国修改前的《商法》规定,团体代表人以所有团体成员为被保险人,签订一揽子生命保险合同时,需要得到每个被保险人的同意。

大法院1989.11.28.宣告,88 daka 33367判决:……在大型团体保险中,由于该团体代表人或使用人将其所有成员作为被保险人签订一揽子保险合同,因此,不能以不存在赌博危险或被保险人的被杀危险性为由,违反要求被保险人书面同意的大型团体保险格式条款的通用要求。

而1991年修订后的韩国《商法》规定,作为例外情形,以全部或部分成员为被保险人签订死亡保险合同时,鉴于道德危险极小,取得全体成员的同意不具有实际意义且增加成本,因此,在团体保险中排除韩国《商法》第731条的适用(韩国《商法》第735条之3第1款),保险单交付投保人即可生效(韩国《商法》第735条之3第2款)。

(2) 受益人向非被保险人转让权利时

韩国《商法》规定,保险受益人将取得的保险合同的权利转让给非为被保险人的第三人时,应当再次取得被保险人的书面同意(韩国《商法》第731条第2款)。①

但此处的"转让",必须于保险事故发生前转让。原因在于,保险事故发生后,被保险人已死亡,无法予以同意,且此时转让亦没有危害性,因保险事故的发生而确定的保险金请求权属于一般性的金钱债权,权利人(保

---

① 按照英国Policies of Assurance Act(1867),可以通过记载于保险证券或按照一定方式转让。而且受让人必须以书面形式通知保险人(Written Notice)后才能行使对于保险人的权利。Merkin, Robert ed., Colinvaux's Loaw of Insurance(7th. ed.), pp.16—32.

险受益人)当然可以自由转让、处分。因此,保险事故发生后转让的,不适用韩国《商法》第731条第2款之规定,无须被保险人的同意。

(3) 保险受益人指定、变更时

韩国《商法》规定,保险合同签订后,投保人指定或变更受益人时,由于受益人的选择对被保险人有重大影响,亦必须得到被保险人的同意(韩国《商法》第734条第2款)。但也有例外情形,即投保人将被保险人指定、变更为受益人时,无须被保险人的同意。①

但是,此规定的合理性遭到学界质疑。因为,即使将被保险人指定或变更为受益人,发生保险事故时,被保险人死亡,事实上仍由被保险人的继承人受领保险金(韩国《商法》第733条第4款),其结果与将他人指定、变更为保险受益人的情形并无不同。按该观点,很难认同以下案例(生命保险合同的受让)的结论。

事实关系:保险人和甲于1991年10月8日签订养老年金保险(生死两全保险)合同,以甲为投保人以及保险受益人、丙(甲的丈夫)为被保险人,当甲缴纳第13期(1992年10月)保险费(471 000韩元/月)后,拟以家庭经济情况恶化为由终止保险合同,此后,作为该合同募集人的乙受让了该合同,并提交甲用以变更投保人的印章证明,将自己(乙)变更为投保人以及保险受益人,并得到保险人同意。1994年1月1日被保险人在钓鱼时死亡后,乙请求给付死亡保险金。

保险人主张:乙变更合同的行为属于乙利用因自己作为募集人的身份所获取的信息,给予经济窘迫的原投保人(甲)少量经济保障并受让以生命为保险事故的保险合同的行为,本次变更中,根据韩国《民法典》第104条的规定,超过原合同范围的部分无效。同时,此时等同于将人的生命作为买卖对象,根据韩国《民法典》第103条的规定,亦当然无效。

判例94-18(养老年金保险)认定在生命保险合同中,变更死亡保险合同的受益人,可能会给对被保险人生死不具有保险利益的人带来不当利益。但此案中,对于保险事故发生前乙提出的变更合同申请,保险人有足

---

① 参见〔韩〕崔基元:《保险法》,博英社1998年版,第591—592页。

够的机会予以拒绝……且保险合同要求最大诚信义务……不仅要求投保人，而且要求保险人也要承担防止保险副作用的责任，而保险人自己忽视了此义务并予以承保……就应承担支付保险金的责任。

综上所述，在死亡保险中，当受益人向非被保险人转让权利，以及指定、变更受益人时必须获得被保险人的同意。原因在于，被保险人在合同订立之前，应当有权充分考虑受益人对自己是否有危害才予以同意。而此后这些关系发生重大变化时，对被保险人亦有重大影响，当然必须再次得到被保险人的同意。

2. 同意的法律性质及同意的方式

同意，是指被保险人对特定行为（必须经过同意的三种情形）表示不存在异议并向相对方发出的意思表示，其法律性质为准法律行为。类推适用韩国《民法典》有关意思表示瑕疵的一般原则（韩国《民法典》第107条以下）。

要求被保险人同意的规定属于强行性规定，禁止当事人之间通过约定排除其适用。①

被保险人的同意不是保险合同（或者转让以及受益人的指定、变更）的要件，而是生效要件，被保险人同意之前，保险合同不发生效力，因此，理论上保险合同成立前后被保险人均可为同意的意思表示。但根据以下案例，韩国《商法》只认可事前同意的效力，事后同意无效。

大法院1989.11.28.宣告，88 daka 33367判决：②《商法》第731条第1款规定的签订以他人的死亡为保险事故的保险合同时，必须得到被保险人的同意，该条款属于强行法规，并认定被保险人的同意是保险合同的生效要件。

如前所述，被保险人的同意必须为事前同意，并且须以书面形式作出。以下分述之：

---

① 参见〔韩〕孙珠瓉：《商法（下）》，博英社1997年版，第666页；〔韩〕郑灿炯：《商法讲义（下）》，博英社2000年版，第672页；大法院91 da 47019判决。

② 同旨参见大法院1998.11.27.宣告，98 da 23690判决；大法院2006.4.27.宣告，2003 da 60259判决。

第一,事前同意。为明确被保险人的意思表示,稳定合同关系,修订后的韩国《商法》明确规定,订立合同前必须取得被保险人的同意(韩国《商法》第731条第1款)。因此,签订以他人的死亡为保险事故(包括生死混合保险)的合同时,必须在签订合同之前取得他人的同意。

第二,书面同意。同意必须以书面形式作出(韩国《商法》第731条第1款)。1991年修订韩国《商法》时,考虑到同意的重要性,为防止纠纷,仿效德国和法国的立法例,在法律上只认可书面形式的同意,且在法律要求同意的三种情形下(签订合同,转让保险金请求权,以及保险受益人的指定、变更时),须分别取得被保险人的书面同意。

值得注意的是,被保险人同意的意思表示应当向保险人而非投保人作出。保险实务中,一般在保险要约中设置被保险人的同意栏。

此外,立法论认为,同意书中应当记载保险金的数额,以便被保险人获悉。①

然而,在保险实务中对于同意尚有疑问。如在通过网络达成的电子交易中,根据《电子署名法》,经过认证机关认证的电子文书上的"同意",是否属于韩国《商法》第731条第1款所指的"同意"?该问题在实务上引发争论。根据《电子交易基本法》第5条规定,除有特别规定外,电子文书与一般文书具有相同效力,但根据韩国《商法》第731条的立法宗旨,以电子署名代替被保险人的同意不妥当。因此,对该问题有必要通过立法加以完善。

另外,被保险人可否通过代理人为同意的意思表示?尽管代理人可以代为制作单纯的书面同意书,但全面委托代理人进行判断,不符合保险法的立法宗旨。② 被保险人为15周岁以上的未成年人(韩国《商法》第732条)的情形,亦应由未成年人自行作出同意,法定代理人无权代理其同意。

---

① 参见法国保险法 L.132-1 条第1款。
② 上述大法院 1996.11.22. 宣告,96 da 37084 判决似乎认同被保险人可以委托投保人或保险受益人代理其行使同意,但该观点亦难赞同。详细内容参见〔韩〕郑浩烈:《他人的生命保险》,载梁承圭、张德祚:《保险法的争论点》,法文社2000年版,第474—477页。

3. 未经同意的转让或指定、变更的效力

上述转让或受益人的指定、变更，如果未经被保险人的同意，应如何处理？对此，解释上存在分歧。韩国通说认为，合同成立时未经被保险人同意的，该合同本身无效，而未经被保险人同意的转让或指定、变更，与保险合同本身的效力无关，无效的效果仅及于该转让或指定、变更的行为。

4. 同意的撤回

在要求被保险人同意的三种情形下，被保险人可以撤回其同意，但撤回仅限于合同成立之前，或者转让或指定、变更之前。① 为保护投保人、保险受益人、保险人的期待权，因被保险人同意而保险合同生效后，不能撤回。

但若被保险人能够证明保险受益人试图造成被保险人生命危险的，即使合同已成立生效，被保险人亦得撤回其同意。原因在于，存在谋杀或者婚姻关系的解除等正当事由时，如果继续让合同存续，无异于助长道德危险的滋生。

被保险人撤回同意时，通知保险人和投保人后，合同（转让或受益人的指定、变更）即归于无效。此时若要求被保险人通知全体保险受益人，对被保险人而言，负担过重。

（三）合同的禁止

1. 将无行为能力人作为被保险人的死亡合同

在被保险人同意的情形下，投保人是否可将任何人指定为死亡保险的被保险人？对此韩国《商法》规定，以未满15周岁的未成年人、心神丧失或心智薄弱者的死亡为保险事故的保险合同，即使被保险人同意，亦绝对无效（韩国《商法》第732条）。该规定的宗旨在于保护判断能力不健全的人群，由于上述人群作为被保险人无法理解同意的真正含义，即使得到其同意，亦毫无意义。

值得注意的是，伤害保险不适用韩国《商法》第732条的规定（韩国

---

① 也有观点认为，同意的撤回需要保险受益人和投保人的同意。参见〔韩〕孙珠瓒：《商法（下）》，博英社1997年版，第666页；〔韩〕郑灿炯：《商法讲义（下）》，博英社2000年版，第673页。

《商法》第739条)。因此,将未满15周岁的人指定为伤害保险的被保险人的,则无须征得其同意。① 此外,因为通说不承认"为他人的伤害保险",所以没有理由限制投保人将损害保险金请求权赋予被保险人的保险合同。即尽管在伤害保险合同中,投保人一般指定自己为被保险人,但是也认可以他人为被保险人的伤害保险。不过,对于他人的伤害保险,未经该他人的同意,不能将被保险人以外的人(包括投保人)作为保险受益人。②

考虑到伤害保险的目的在于保证受到伤害时及时获得保险金救助,保险金请求权当然应属于被保险人,所以上述解释具有正当性,立法上应当予以明确。③

2. 有权同意者年龄的下调

由于就业年龄降低、学生团体保险等现实的需求,1991年韩国《商法》修订时,将无效的投保年龄从18周岁下调至15周岁。④

(四)以欠缺同意为由主张无效和诚实信用原则

保险人签订合同时未提出任何异议,发生保险事故后受益人请求保险金时,则以欠缺被保险人的同意为由拒绝给付保险金,能否认为保险人违反了诚实信用原则?

实务中,在保险人签订合同时,首先从形式上判断是否同意承保,不能期待处理大量保险合同的保险人对所有合同都一一进行实质审查。曾有发生保险事故后在调查过程中发现合同订立时被保险人的同意存在瑕疵,以此为由认定保险合同无效的案例。近年大法院也持相同观点。

大法院1999.12.7.宣告,99 da 39999 判决(要点):韩国《商法》第731条第1款有关死亡保险须被保险人同意的规定为强行性法规,违反该规定签订的保险合同无效。该规定的立法宗旨不仅是为了排除保险的赌博性以及被保险人被杀害的危险性,还包括排除来自未得到受害人同意将其死

---

① 梁承主教授认为,应限制将心神丧失者作为伤害保险之被保险人。参见〔韩〕梁承主:《保险法》,三知院2005年版,第482页。
② 参见〔韩〕梁承主:《保险法》,三知院2005年版,第483页。
③ 参见德国VVG第179条。
④ 中国《保险法》规定了投保人不得为无民事行为能力人,投保以死亡为给付保险金条件的人身保险,保险人也不得承保。可见,中国的无效投保年龄为10周岁以下。

亡作为合同条件的侵害公序良俗的危害性。因此,如果违反该规定签订保险合同的人自行主张保险合同无效时,如认定其违反诚实信用原则或禁止反言原则,则将完全否定上述立法宗旨。有鉴于此,除有特殊理由外,不能认为保险人之主张违反诚实信用原则或禁止反言原则。

六、为他人的生命保险

(一) 概述

为他人的生命保险,是指以投保人以外的人为保险受益人的生命保险。由于韩国法律不要求在生命保险中存在被保险利益,因此,生命保险可以将投保人以外的第三人指定为受益人(韩国《商法》第733条第1款)。如投保人指定其配偶或子女为受益人。

根据被保险人的身份,为他人的生命保险可以分为以下三种:被保险人为投保人,被保险人为受益人,以及被保险人为除投保人、受益人之外的第三人。后两种保险既是"为他人的生命保险",又是"他人的生命保险"。

在生命保险中,享有保险金请求权的人为保险受益人,但生命保险中的受益人不同于财产保险中具有保险金请求权的被保险人,不要求受益人与被保险人之间有特殊关系,即被保险利益,此点尤为特殊。由于生命保险合同是一个长期存续的合同,因此,通常考虑投保人、被保险人等多种因素后再确定保险受益人。

(二) 保险受益人的权利和义务

1. 权利

(1) 固有权利

在为他人的生命保险中,指定受益人时无须事先征得受益人的同意,即使受益人未作出受益的意思表示,也当然取得保险金请求权(韩国《商法》第639条第1款后段)。因此,从被指定为受益人开始,受益人即原始取得保险金请求权,该请求权在保险事故发生后被具体化。可见,受益人的保险金请求权是受益人的固有权利。[1]

---

[1] 参见日本大审院1931.2.20判决。

(2) 权利的内容

由于受益人不是保险合同的当事人,因此不享有保险合同中的保险单交付请求权、减少保险费请求权、保险费返还请求权、合同终止权、终止还款请求权、累积基金返还请求权等其他权利。

(3) 权利的转让性

受益人的保险金请求权可否转让?此问题因保险事故发生前后有所不同。保险事故发生前,保险金请求权作为未来权益,无论指定受益人的变更权是否保留,均不能转让。而保险事故发生后,受益人的保险金请求权转变为确定的金钱债权,当然可以转让。

2. 义务

由于在为他人的生命保险中,受益人与投保人不为同一人,因而受益人无须承担保险合同上的义务。但是,应当支付保险费的投保人破产或者延迟支付保险费时,受益人如果不愿放弃其受益人的地位,则应当承担支付保险费的义务,此为受益人承担保险合同义务的特殊情形(韩国《商法》第639条第3款)。

此外,保险事故发生时,受益人应当及时通知保险人(韩国《商法》第657条)。受益人为了行使保险金请求权,也应当通知保险人保险事故发生的事实。

(三) 保险受益人的指定、变更

在为他人的生命保险中,受益人由投保人指定。投保人除可指定受益人外,还可变更已指定的受益人。除非投保人有放弃指定或变更受益人的特殊意思表示,应视为投保人保留了受益人的指定权和变更权。

投保人既可以在保险合同签订前指定受益人,又可以在保险合同签订后指定受益人,但必须在保险事故发生前指定。因为保险事故发生后,保险受益人的权利即被确定。

调停例78-5(78.6.12保险纠纷):指定或变更受益人必须在保险事故发生前作出,尚未指定受益人时发生保险事故、被保险人死亡的,被保险人的继承人取得保险金请求权。①

以下就指定、变更权的法律性质、行使方式及权利的限制作简要介绍。

1. 指定、变更权的法律性质

(1) 指定、变更行为为单方行为

保险受益人的指定、变更属于保险合同内容的变更,应尊重作为保险合同当事人之一的保险人的意思。但通说认为,由于保险人与保险受益人的指定、变更之间不存在利害关系,因此,该指定、变更行为作为单方行为,不要求保险人与投保人的合意。②

但韩国《商法》第734条第1款规定,投保人在指定、变更受益人时,应当通知保险人,以此作为对抗要件。原因在于,在某些特殊情况下,保险人可请求受益人承担第二顺位的保险费缴付义务;且根据韩国《商法》第649条第1款附文的规定,在为他人的保险合同中保险事故发生前投保人终止保险合同的,应当征得受益人同意;此外,保险金受领人确定后,保险人可避免为双重给付。

此外,变更受益人时,无须曾经被指定的受益人之同意。

(2) 指定、变更权具有非专属性

有观点认为,指定、变更受益人的权利属于专属权利。该制度的设立,首先是基于对投保人的意思自由的尊重,其次是保护受益人的权利不受投保人的债权人侵犯(多数情形受益人为投保人的家属或被抚养人)。

但是根据韩国《商法》第733条第2款附文规定,投保人的继承人可行使指定、变更权,因此,该指定、变更权应为非专属性权利。

2. 指定、变更的方式

受益人既可以是自然人,又可以是法人,且没有人数限制。通常指定、变更受益人可以采用记载受益人姓名的方法,也可以记载"继承人""配偶""子女"等抽象性代称。对于继承人以何时间点为标准确定的问题,因

---

① 相同意旨,参见日本东京地判1912.6.29判决:约定就被保险人死亡支付保险金的保险合同,鉴于该合同的性质,保险人在被保险人死亡后必须支付保险金,同时也需要确定该合同保险金的受益人,因此,应至少在确定被保险人的死亡事实的同时确定保险金的请求权人,且在保险事故发生后禁止变更保险受益人的权利。

② 参见〔韩〕郑灿炯:《商法讲义(下)》,博英社2000年版,第675页。

保险金请求权以保险事故的发生为前提,通说认为,确定继承人的时间点不是指定之时,而应当是保险事故发生时。①

3. 指定、变更权的限制

如前文所述,下列情形投保人行使指定、变更权的,需被保险人同意。在他人的死亡保险中,将被保险人以外的第三人指定、变更为受益人时(韩国《商法》第734条第2款),或者虽然不属于对投保人的指定、变更权的限制,但在他人的死亡保险中,受益人将经被保险人同意成立的保险合同的相关权利转让给被保险人以外的其他人时(韩国《商法》第731条第2款)亦同。

(四)保险受益人的确定②

1. 未指定保险受益人的情形

未指定保险受益人的情形,在以自己为被保险人的生命保险和以他人为被保险人的生命保险中又有所不同。

(1) 以自己为被保险人的生命保险

投保人以自己为被保险人时,若未指定保险受益人的,除特殊情形外,应解释为投保人指定自己为受益人,此时即为"为自己的保险合同"。作为被保险人的投保人死亡时,应由投保人的继承人继承保险金请求权。③

(2) 以他人为被保险人的生命保险

在该类生命保险中,由于以投保人以外的他人为被保险人,若未指定保险受益人的,应视为"为被保险人的继承人的保险"。当被保险人死亡时,通说认为"被保险人的继承人"为受益人。④

首尔地法1979.9.11.宣告,79与338判决:保险合同未指定受益人且投保人死亡的,除有特殊情形外,应将被保险人视为受益人。

2. 受益人的指定、变更权

在为他人的生命保险合同中,当投保人已指定或拟指定(保留)他人

---

① 参见〔韩〕梁承圭:《保险法》,三知院2005年版,第458页。
② 参见〔韩〕张庆焕:《保险受益人被确定为继承人的时点》,载《保险法研究》第1卷。
③ 参见〔韩〕梁承圭:《保险法》,三知院2005年版,第455—456页。
④ 参见〔韩〕梁承圭:《保险法》,三知院2005年版,第456页;〔韩〕郑灿炯:《商法讲义(下)》,博英社2000年版,第677页。

为受益人时,受益人才被认定。指定受益人后,因保险事故的发生而产生的保险金请求权归属于该受益人。

首尔地法 1975.12.23.宣告,75 kahab 1771 判决:死亡保险的受益人已指定时,即使是被保险人的财产继承人,亦不得向保险人请求支付保险金。

首尔高法 1974.7.4.宣告,73 na 2464 判决:保险合同中,受益人为被保险人以外的第三人时,基于该保险合同的性质,被保险人的法定继承人不具有保险金请求权。

投保人的指定、变更权是根据单方意思表示使法律关系发生变动的权利,无须保险人、原受益人或现受益人的同意,其性质上属于形成权,该指定、变更通知自到达保险人起对保险人发生效力。① 因此,既是投保人又是被保险人者为变更通知,并在该通知到达保险人之前死亡时,该变更不对保险人产生效力。②

下文将分别探讨受益人的指定、变更问题,除有特殊情形外,应视为投保人保留对受益人的指定、变更权。

(1) 保留指定、变更权的情形

只要投保人保留了指定、变更受益人的权利,其即可于任何时候指定或变更受益人。即使已指定特定人为受益人,具有变更权的投保人仍可不经保险人和原受益人的同意,变更受益人。生命保险合同属于长期合同,韩国《商法》第 733 条第 1 款明确规定,投保人有权根据实际情况变更受益人。③ 此外,投保人指定自己为受益人(为自己的保险合同)后,也可以变更受益人为第三人。可见,在指定、变更权被保留时,受益人的地位并不稳定。

投保人死亡时,未行使指定权的,则被保险人为受益人(韩国《商法》第 733 条第 2 款本文前段),如果在保单中受益人一栏记为"继承人"时,应理解为被保险人的继承人,而非投保人的继承人。

---

① 参见日本东京高判 1938.10.27 判决。
② 参见日本大审院 1940.12.13 判决。
③ 参见德国 VVG 第 166 条第 1 款。

但须注意的是,如果保险合同约定"投保人死亡时,继承人有权行使指定、变更权"时,则不受上述条款本文的约束,可由继承人指定、变更受益人(韩国《商法》第 733 条第 2 款附文)。法律认可该约定的原因在于,该指定、变更权并非专属投保人一人的权利,在投保人死亡后,由支付保险费的继承人继承该权利亦属合理。

投保人死亡时,未行使变更权的,视为已指定为受益人的权利被确定(韩国《商法》第 733 条第 2 款本文后段)。

此外,在投保人行使指定或变更权之前发生保险事故的,如果尚未指定受益人则被保险人的继承人为受益人(韩国《商法》第 733 条第 4 款:修改后的韩国《商法》新设);如果投保人在受益人死亡后重新指定受益人之前发生保险事故的,已死亡的受益人的继承人为受益人(韩国《商法》第 733 条第 4 款:修改后的韩国《商法》新设)。①

投保人签订合同后指定、变更受益人,未通知保险人的,则不得以该指定、变更事由对抗保险人(韩国《商法》第 734 条第 1 款),以避免保险人为双重给付。不过,只有投保人有权为指定、变更的通知,被保险人和受益人为通知无效。②生命保险格式条款的对抗要件的规定更为严格,除要求投保人通知外,还要求保险人在保险单为认可背书。该类格式条款不仅为了保护保险人,也是为了预防支付保险金时发生纠纷,并使保险事故得以迅速处理,故应认定其有效。③

投保人有权以任何方式指定、变更受益人,因此,即便因投保人未通知保险人而不得对抗保险人时,后继受益人仍可通过证明变更事实,请求之前的受益人返还保险金。

(2)未保留指定、变更权的情形

在未保留指定、变更权的情形,因受益人的地位已经确定,所以投保人

---

① 参见美国 Rountree v. Frgee(1968)判决:与被指定为受益人的妻子离婚后,作为投保人又是被保险人的丈夫未变更受益人并死亡情形,虽然妻子失去了受益人的地位,但是仍具有受益人权利。

② 相同意旨,可参见日本东京地判 1934.2.5 判决。

③ 崔基元(《保险法》,博英社 1998 年版,第 599 页)解释,该格式条款上的要件仅为对抗要件,不为效力要件。

不得再行变更受益人。但在被保险人与保险受益人不为同一人时,在保险期间受益人死亡的,投保人可行使再指定权(韩国《商法》第733条第3款前段);投保人未行使再指定权而死亡的,受益人的继承人成为受益人(韩国《商法》第733条第3款后段);在指定原受益人死亡之后,投保人指定新的受益人之前发生保险事故的,已死亡的受益人的继承人成为受益人(韩国《商法》第733条第4款新设)。

七、生命保险与继承、税法

(一) 生命保险金的固有财产性

保险金属于被保险人的继承财产还是属于受益人的固有财产?当保险金数额较大,且被保险人、受益人各自存在债权人时,是否允许扣押?实务中这类问题常导致纠纷的发生。①

发生生命保险合同约定的保险事故,保险受益人即取得生命保险金请求权,该权利是否受被继承人的其他债权人等其他权利人的影响?下文分别进行探讨。

1 特定保险受益人的情形

在为他人的保险中,受益人被指定后,当然有权请求保险金(韩国《商法》第639条第2款前段),此时,保险金请求权属于受益人的固有权利。无论投保人、被保险人的继承人,或投保人、被保险人的债权人,均不得行使保险金请求权或对保险金采取其他措施。

首尔高法1974.7.4.宣告,73 na 2464判决(要点):被保险人为受益人时,被保险人死亡的,保险金可作为继承财产由其继承人继承;但受益人为被保险人以外的其他人时,被保险人的法定继承人不享有保险金请求权。

如果被确定为受益人的人同时亦为继承人时,其享有的死亡保险金请求权是基于投保人的指定,而非继承。被指定为受益人的继承人通过固有权利取得保险金请求权(固有财产)的,即使放弃继承权也可以请求支付

---

① 参见〔韩〕陳英蔡:《放弃继承与保险金请求权》,载《保险法律》第34号(2000.8.15),第9—11页。

保险金。①

2. 指定"继承人"为受益人的情形

受益人被指定为"继承人"时会产生何种结果？此时,继承人放弃继承权,是否也可以受领保险金？鉴于继承人放弃继承权时,被继承人的债权人会将死亡保险金视为继承财产申请扣押等,极易引发纠纷,故在理论上具有重要的研究价值。

对此有观点认为,作为受益人的继承人,与民法上的继承人的概念,在职能或范围上均有所不同,作为受益人的继承人只不过是被保险人死亡时确定受益人的一个标准,且保险金不是继承财产,而是受益人（即保险证券上记载为"继承人"之人）的固有财产。因此,因放弃继承权或欠缺继承资格等导致发生民法上继承顺序变更的,仅对财产继承造成影响,而不应对因保险事故而确定的受益人的权利造成任何影响。②

3. 受益人为数人时,保险金请求权的比例

受益人为数人时,应如何分配保险金？该问题在本质上属于对投保人意思进行解释的问题。如果投保人未规定每个受益人的份额,则各受益人均分保险金。当笼统地以"继承人"为受益人时,每个继承人按照其继承比例取得保险金请求权。

（二）税法方面

1. 对于生命保险金等的课税问题

保险制度作为广义上金融制度的一部分,属于国家租税政策调整的对象。与人保险相关的税收涉及诸多方面,如针对个人投保人的保费所得扣除制度,③针对到期保险金征收的继承税以及赠与税制度,针对团体保险加入者的税制,以及针对保险收益的税制等。④ 此处仅探讨保险金相关税收中与死亡保险金相关的问题。

---

① 参见〔韩〕龙明元：《生命保险和继承财产》,生协1996年6月刊,第38—39页。
② 相同意旨,参见下级审判例：首尔地法75与1771判决；首尔地法73与667判决。〔韩〕金光洙：《保险金继承相关纠纷案例》,载《保险法律》第34号（2000.8.15）,第12—16页。
③ 韩国的保费所得扣除制度属于一种保险税制优惠制度,劳动者本人或家属加入保障性保险的,其每年缴纳的保费,可在一定金额范围内,作为经费从所得额中予以扣除。
④ 详细内容参见〔韩〕吴昌洙、金庆熙：《生命保险论》,博英社2002年版,第30页以下。

死亡保险金通常数额较大。如前所述,死亡保险金请求权为保险受益人的固有权利,因此不属于继承财产。尽管理论上存在冲突,但政府出于一定的政策考量,仍然规定在一定范围内将保险金作为继承财产予以征税。①

2. 被视为继承财产的保险金

根据《继承和赠与税法》,当作为投保人的被继承人死亡时,继承人受领的保险金视为继承财产,应当征收继承税金。但是,被视为继承财产的保险金,因被继承人的保险费缴纳状况而不同。被继承人(死者)缴纳全部保险费时,继承人受领的保险金全部属于继承财产;被继承人只承担、缴纳部分保险费,剩余部分由继承人缴纳的情形,继承人取得的保险金中,被继承人缴纳保险费比例的相当额,视为继承财产。②

第二节　伤　害　保　险③

一、伤害保险合同

(一)伤害保险保单记载事项

韩国《商法》第738条规定,在伤害保险的情形下,被保险人和投保人不为同一人的,在保单的记载事项中,可不记载第728条第2款(被保险人的住所、姓名及出生日期)所要求的事项,只记载被保险人的职务或职位。基于此规定,在企业为员工所投保的团体伤害保险中,即使具体员工发生变化,处于团体内一定职务或职位的员工仍可受到该团体保险合同的保护。

---

① 参见韩国《继承和赠与税法》第8条。
② 参见韩国《继承和赠与税法》第34条第3款。
③ 人身保险,通常包括生命保险、伤害保险和疾病保险三大领域。韩国《商法》"保险编"仅涉及生命保险和伤害保险,未对疾病保险加以规定,此系立法缺陷。虽然韩国《商法》"保险编"专节规定伤害保险,但只有简略的三个条文,因此对于伤害保险、疾病保险仍主要适用保险通则、生命保险以及保险约款的规定,此外相关判例亦起重要作用。本节及第三节将对伤害保险、疾病保险分别加以论述。

（二）伤害保险的保险事故

1. 概述

在伤害保险中，对于保险事故的认定最为困难。以被保险人死亡为保险事故的生命保险中，由于在特定时点对死亡或生存的事实容易确定，认定保险事故发生与否并不困难。但在以"伤害"为保险事故的伤害保险中，如何认定保险事故的发生则并非易事。"伤害"是指因外来偶然性突发事故所遭受的人身损害。认定是否构成保险事故，须仔细辨别伤害所导致的人身缺陷、异常，或生理功能的障碍，以及伤害是否因突发的、偶然的、外来的事故造成等问题。

此外，在生命保险中死亡时点非常明确，但在伤害保险中伤害发生时间的确认却常有争议。另外，伤害所引发的后遗残疾或死亡是否属于伤害等问题，亦存争议。

2. 保险事故的要件

在伤害保险中，认定人身伤害或死亡是否构成保险事故，必须同时具备突发性、偶然性以及外来性三个要件，缺一不可。从导致人身损害或死亡的原因和结果两个层面看，伤害保险事故的要件如下：

（1）突发性

突发性，是指造成保险事故的原因至产生保险事故的结果（造成伤害）之间不存在时间间隔，突然发生保险事故。易言之，突发性要求在突然或比较短时间内发生不可预知的事故。这有别于逐步进行或经过一定期间逐渐增加强度的事故。根据该性质，可将单纯的自然原因（如衰竭或疾病等）从造成伤害的原因中予以排除。鉴于此，在一般约款中规定，伤害包括一时吸入、吸收或摄入有毒燃气或毒性物质所产生的中毒症状，而不包括细菌性食物中毒或习惯性吸入、摄取或吸收所产生的中毒症状。

调停例（83.6.1）中，被保险人与朋友在长时间内持续四次大量饮酒后，因急性酒精中毒死亡时，不属于外来偶然性突发事故。[①]

[①] 该判例在韩国成为处理常见的吸食强力胶、丁烷气体等事故的参考依据。

(2) 偶然性

偶然性,是指事故必须是由被保险人事先无法预料的原因(如交通事故、坠马等)造成。此类事故必须是偶然的、无法预料的,包括因第三人行为或被保险人自己的无意行为造成的伤害,但不包括自残、自杀或打斗造成的死亡或伤害。换言之,被保险人故意行为引起的事故或被保险人可以预想到的事故造成的伤害,除被认定为正当防卫(韩国《刑法》第21条)或人命救助行为造成的伤害外,不构成此处所指的伤害。

(3) 外来性

外来性,是指保险事故来自身体外部。故疾病等身体内部原因所造成的事故,因缺乏外来性亦不构成伤害,疾病只有在疾病保险中才成为保险事故。但是外来性只强调伤害原因来自外部,其事故的结果可包括内伤和外伤。即外来性并不强调必须具有身体外部的损伤。比如,举重物或捡重物导致脱臼、骨折的情形,伤害结果虽然在身体内部,但同样符合外来性的要求。

对于外来性的认定,大法院强调,外来事故是指所遭受的伤害是由于来自外部的原因,而非因被保险人疾病或体质的原因,因此,如烂醉、熟睡期间因呕吐物堵住气管,造成气管堵塞导致急性呼吸不畅致死的情形,认定为符合外来性。①

大法院1998.10.13.宣告,98 da 28114判决(要点):②本案推定为过量饮酒,处于烂醉状态期间,因呕吐物进入气管,导致呼吸功能发生急性障碍。由于是因"饮酒烂醉"这一外部原因导致睡觉期间发生的事故,属于上述保险约款规定的"因外来事故身体遭受伤害的情形"。

反之,一般认为,在休闲或运动以及在步行中发生的事故,很难认定具

---

① 持有反对意见参见调停例93-15(93.4.13):工作至深夜身心疲劳的状态下,吃乌冬面立即入睡,期间因未消化的呕吐物堵住气管窒息死亡一案;被保险人在自家就寝时,凌晨2点处于晕厥状态,被急救车送往医院途中死亡一案。外来事故,是指保险事故的原因到结果的过程中,因某外部因素造成的身体损伤,即造成身体伤害的原因在于被保险人身体外在因素而不是内在……",判定不属于外部因素造成的伤害。

② 同旨参见大法院1998.10.13.宣告,98 da 28114判决;大法院2001.8.21.宣告,2001 da 27579判决;大法院2003.11.28.宣告,2003 da 35215,35222判决;大法院1998.10.13.宣告,98 da 28114判决。

有外来性。

调停例 91-52（海外旅行保险）：在乘坐游乐场设施后发生眩晕症状并接受应急治疗后住院期间，因脑中风死亡的，由于脑中风属于动脉硬化或高血压等引发的疾病，所以不属于外来事故导致的症状。

调停例 88-61（88.7.26 长期伤害纠纷）：游泳后在椅子上休息时突然倒地死亡的，虽然具备偶然性和突发性，但很难认定属于外来事故。

调停例 90-19（90.4.30 积累伤害纠纷）：一般而言，身体健康者在行走时突然倒下，并因地面碰撞头部后受剧烈冲击死亡的，极为罕见。又鉴于被保险人在生前患有心房细动（心律不齐）、心脏肥大等疾病，并接受过治疗等事实，本案的死亡应视为内在原因所致而非外在原因。

(4) 身体的损伤

构成保险事故的伤害，必须同时具备上述三种性质（突发性、偶然性、外来性）。因疾病、体质因素或精神打击遭受的损害，不构成伤害保险中的伤害。如中暑或如厕时因颅内出血死亡的情形，①不属于伤害保险事故。

调停例 91-72（91.11.4 21 世纪综合保险）：被保险人由于长期从事排水作业，过度疲劳加之财产损失等精神打击，导致脑出血死亡一案，不属于外来突发性偶然事故。

调停例 88-60（88.7.26 学生安全保险）：仅凭被保险人为了通过赛前体重检查，在浴室试图减轻体重后再称重的过程中晕厥猝死这一事实，不足以认定为因外来突发性偶然事故的死亡。

随着近年来医学技术的发展，脏器移植等手术也日益增多。如果事故导致辅助装置以外的身体部位受到伤害的，当然构成伤害。但移植的人工心脏、关节、筋腱等人工附着物因突发、偶然、外来事故受损时，是否也属于身体伤害，尚存争议。笔者认为，如果上述人工辅助装置附着、结合于身体并辅助、维持身体固有功能的过程中，发生破损事故的，应视为身体伤害。

调停例 95-66（家庭综合保险）：被保险人在运动过程中，前部烤瓷牙破损，随后被保险人重新修复烤瓷牙并请求保险人支付伤害保险金。但保

---

① 参见首尔高法 1985.12.4.宣告，85 da 2788 判决。

险人提出,伤害保险以"身体的伤害"作为保险金的支付要件,被保险人破损的牙齿是假牙而非正常牙齿,因此不属于被保险人身体的一部分,不予赔付。

对此,判决认为:补牙,是指将损坏的牙齿进行修补,使其能够行使与正常牙齿相同的功能,修补后的牙齿与正常牙齿有机结合,构成身体的一部分并行使其功能,很难从身体分离,应视为身体的一部分,认定保险人需履行保险金支付义务。

但是,若人工装置是在与身体分离的状态下破损的,比如,从口中拿出假牙放置于桌上,期间掉落破损的情形,则不属于伤害。如果约款规定对于这些损害也予以赔偿时,即属于通常所指的财产保险。保险人将仅对购入该辅助装置的实损给予赔偿,并且可根据特别约定,行使代位权。

3. 因果关系

(1) 讨论因果关系的必要性

在生命保险中,关于死亡结果是否在保险期间内发生易引发争议。但在伤害保险中,因保险人仅承保外来突发性偶然事故造成的死亡或身体损伤,事故与死亡或身体损伤间因果关系的确定则成为难题。

大法院1996.11.22.宣告,95 da 50943判决:68岁老人随团至印度观光旅游,在中巴后座睡觉时因路面不平中巴晃动摔倒在通道上,导致右侧耻骨、下肢骨折以及右侧胸部挫伤,其后由旅行社职员协助,完成旅行。回国后住院接受8周稳定治疗及观察后出院。其后在自家卫生间滑倒后症状恶化,再次住院接受治疗时死亡。

法院认为,虽然一般患者由于长期患病、缺乏运动等,可能引发恶性高钙血症,但被保险人经过3个月的住院治疗,并在出院后10日内再次住院之前,除了在卫生间滑倒外并未发生其他事故,因为很难认定该高钙血症是因过去住院期间长期静养治疗、缺乏运动引起。

法院最后判定,除有特殊情形外,不能认定死者在旅行过程中遭受的耻骨骨折等伤害和死者死亡之间存在一定的因果关系,保险人无须承担死亡保险金支付义务。

此外,因遭受伤害继而死亡时,就伤害与死亡之间是否存在因果关系这一问题,亦存争议。一般认为,此时应采"相当因果关系说"。① 但也曾有判例采纳"条件因果关系说",但该判决的妥当性饱受争议。

大法院1998.9.18.宣告,97 da 47507判决(要点):某一事故的受害人因另一事故死亡,且该两次事故之间存在如果没有前一事故就不会发生后一事故的条件关系时,前一事故的加害人应不考虑受害人因后一事故死亡的事实,赔付受害人恢复正常生活为止的"逸失收入"②。因此,受害人在因小儿麻痹后遗症导致右侧骨关节残疾,并在遭受交通事故后不能正常使用双腿,因悲观、终日酗酒导致体力下降、行动不便等的状态下在家中浴室摔倒死亡时,交通事故和死亡事故之间存在条件因果关系,交通事故肇事者应支付受害人恢复正常生活之前的"逸失收入"。

(2) 举证责任

有关死亡、身体损伤与伤害之间是否存在因果关系,由被保险人一方举证。

调停例(87.3.25伤害保险纠纷):被保险人于1981年1月31日加入伤害保险,该保险合同第10条第2款约定"当被保险人乘坐的飞机、船舶遇难或下落不明之日起90日后仍未发现被保险人时,推定为死亡并支付死亡保险金"。1981年8月23日,被保险人参加中级教师夏季研修教育,从丹阳乘坐高速巴士前往青州后,因不明原因下落不明。即使1986年11月4日宣告失踪后,法律上已经认定其死亡,但在查明死因之前,保险人不承担赔偿责任。

对此,有韩国学者认为,应由保险人举证偶然性要件,即应由保险人证明保险事故的发生与被保险人等意思无关。③ 为保护被保险人并考虑到举证的难度等,原则上在保险事故发生时,推定其具有偶然性,保险人提出相反主张的,应由保险人进行反证。

调停例91-8(91.2.11伤害保险纠纷):被保险人在汉江溺亡一案,属于因外来突发性偶然事故造成的死亡,除非保险人能够证明被保险人因自

---

① 参见〔韩〕金星泰:《保险法讲论》,法文社2001年版,第867页。
② 在韩国保险合同中的"逸失收入",是指受害人原本应该取得的,但因交通事故导致行动不便未能取得的收入,相当于我国保险合同中的误工费。
③ 崔基元教授(《保险法》,博英社1998年版,第621页)指出,"对伤害原因的外来性和突发性,应由请求者等举证",好像有关偶然性的举证责任在于保险人。但是该解释的妥当性遭质疑。

第四章 人身保险分论

杀身亡外,其应承担赔偿责任。

此外,关于由保险人对突发、偶然、外来性等要素分别举证是否妥当曾遭质疑。判例认为,由被保险人举证死亡、伤害是因伤害(具备突发性、偶然性、外来性三要件)造成的,更为妥当。

调停例(94.4.26 有关已签订伤害保险合同的纠纷):被保险人与山岳会员一起登山并且比同行人员提前下山,当同行人发现时,被保险人已躺在山谷里,同行人员试图急救,但此时被保险人已经死亡。根据发现当时裤腿一侧浸湿之事实,推定其因失足受惊引发心脏麻痹死亡(尸检医师意见:推定为失足引发心脏麻痹)。

判定认为:……为获得赔偿,必须存在因外来突发性偶然事故使身体遭受伤害且死亡的事实,对该事实的举证责任,由主张赔偿的投保人一方承担。但是根据申请人提交的资料,仅能确认事故当时被保险人因意外伤害突然死亡的事实,未能提供能够认定其死亡是因外来的身体伤害所造成之证据,因此不支持申请人的主张,即被保险人死亡非因保险约款规定的伤害事故所造成……

调停例(88.12.31 有关已签订伤害保险合同的纠纷):被保险人出门上班,下楼过程中突然发出"哎哟"之声,申请人(家属)打开房门发现被保险人已摔倒在地,家属将其搀扶进屋并照顾其服用了常备药品,虽然被保险人表现略有异常,但申请人以为其能恢复,并未将其送往医院,随后被保险人死亡。申请人主张,被保险人平日身体健康,不常去医院,一直正常上班,因此属于外来事故造成的死亡,请求支付保险金。但保险人主张,根据验尸医师的陈述,验尸当时并未发现异常,且根据被保险人女儿的陈述,死亡当时看似并没有受到特殊伤害等情形,因此,不能认定为被保险人死于外来原因,拒绝承担责任。

判定认为:……按照约款第 1 款规定,在保险期间内因外来突发性偶然事故造成身体损害时,对于其遭受的损害,保险人予以赔偿。本案中,只有能够证明被保险人死于外来的突发性偶然事故时,被申请人(保险人)才承担赔偿责任。但是根据申请人确认书等相关资料,虽然能够确认被保险人在下楼梯时摔倒及死亡的事实,但无法证明其死因为外来突发性偶然事故。因此,不支持申请人的赔偿请求。

4. 与疾病之间的区别

(1) 区分的难度

伤害,理论上是区别于疾病的另一种保险,但实际上区分两者并非易事。大法院1992.2.25.宣告,91 da 30088 判决(要点):①即便被保险人在农田作业时死亡,但如果死亡原因为既往高血压恶化引起的脑中风,则不属于外来的突发性偶然事故。

(2) 病史与突发事件合并作用的情形

如果护送急救患者的救护车因闯红灯发生冲撞、颠覆,致使患者死亡的,该死亡是否属于伤害的范畴?如果将其视为伤害,则在确定保险金数额时是否需考虑既往病史?对此,实务调停例的判断并不一致。

调停例(84.6.25):患有高血压和糖尿病病史的被保险人在驾车过程中因交通事故遭受冲击失去意识致死的,该死亡属于交通事故的直接后果,保险人应予以赔付。

调停例(81.6.25):患有糖尿病病史的被保险人在右侧下腿部烧伤后接受治疗期间,由于病情恶化进行了下肢切除手术。如果认定烧伤部位坏死以及既往糖尿病导致烧伤伤部位久而不愈,并进而引发蜂窝织炎及骨髓炎症状的,保险人有义务按照该烧伤对下腿部切除结果作用的比例支付后遗残疾保险金。

但是,大法院认为,不能仅凭被保险人的体质等对保险事故造成的后遗残疾造成影响,即当然认为应该减免伤害保险金。

大法院1999.8.20.宣告,98 da 40763,40770 判决(要点):除了伤害事故发生前,保险人以被保险人违背告知义务、隐瞒重大病史签订保险合同为由终止保险合同,或者事先在伤害保险约款中约定,签订合同之前已存在的身体障碍或疾病对于伤害程度造成严重影响时,保险人可支付相当于未造成影响时数额的保险金等情形外,保险人不得以被保险人体质等因素对保险事故造成的后遗残疾存在影响为由减免保险金数额。

---

① 同旨参见,大法院1998.10.27.宣告,98 da 16043 判决;大法院2001.7.24.宣告,2000 da 25965 判决。

二、保险人的责任

（一）责任的内容

1. 保险金的种类

伤害保险通常约定，保险人应支付死亡保险金（死亡时）、治疗费、后遗残疾保险金等，并根据伤害程度限定保险金支付期间。

调停例 83.9.27 判定：当约款规定仅对事故之日起 180 天内发生的后遗残疾予以赔偿时，则在该期间之后发生后遗残疾或已经发生的后遗残疾进一步恶化的，保险人不予追加赔付。

关于赔偿额的标准，死亡时，根据约定的具体数额支付；发生后遗残疾时，则按照残疾等级确定的后遗残疾保险金处理。

2. 后遗残疾保险金请求权的消灭时效起算点

发生后遗残疾时，后遗残疾保险金请求权的消灭时效起算点的计算甚为重要。根据韩国《民法典》规定的消灭时效一般原则（韩国《民法典》第 166 条），消灭时效从能够行使权利时起算。如果根据该一般原则，因身体遭受伤害取得损害赔偿请求权时，权利人何时可行使权利？对此，判例认为，"损害发生时"即可行使权利，相应的，因发生后遗残疾取得损害赔偿请求权时，消灭时效起算点则为"因后遗残疾造成的损害发生之时"。

大法院 1992.5.22. 宣告，91 da 41880 判决（要点）：1. 因身体遭受伤害取得的损害赔偿请求权一般不同于合同上的债务不履行造成的损害，事先无法预测损害的内容、程度等，且在通常情况下债务不履行时点和损害发生时点之间存在时间间隔，因此，此时将韩国《民法典》第 166 条规定的"能够行使权利时"理解为"损害客观、具体发生之时"较为妥当。2. 受害人受伤后，一般需经过较长时间才会出现后遗症状。此时可能需要接受受伤时医学上未采用的治疗方法进行治疗，并支付额外的治疗费。此时，因后遗残疾发生的损害赔偿请求权的消灭时效从该后遗症残疾造成的损害发生时起算。对于发生时期，应由主张消灭时效的人举证。

（二）免责事由

1. 重大过失

在伤害保险中，在死亡以外的单纯人身伤害的情形下，对于重大过失造成的保险事故,保险人免除责任(韩国《商法》第732条之2、第739条)。

2. 无证驾驶、酒后驾车免责

该问题在汽车保险等部分已经详述,此处仅简单介绍判例的观点。

(1) 无证驾驶免责

大法院1990.5.25.宣告,89 daka 17591判决:伤害保险被保险人无证驾驶死亡案:1. 虽然无证驾驶属于受刑事处分的故意犯罪行为,但无证驾驶具有的故意性,除有特殊情形外,仅与无证驾驶行为本身有关,并不会直接导致死亡或伤害,其不同于自杀或故意自残行为,也不同于受益人杀害或伤害被保险人等违背伦理性的行为。因此,即使赔偿其损害,亦不违背保险合同当事人的善意性、伦理性。2. 无证驾驶事故免除责任约款的规定旨在将保险事故视为一个整体,不仅故意造成保险事故的情形免责,而且被认定为过失(包括重大过失)造成事故的情形亦包含在内。根据该宗旨,一旦被认定为造成保险事故发生的过失行为,保险人即可免责。但考虑到韩国《商法》第659条第2款[①]和第663条的规定,上述免责条款将对被保险人或受益人造成不利益,应属无效。即使该保险约款已经取得财务部长官的认可,亦同样无效。

(2) 酒后驾车免责

韩国《商法》曾规定,关于在伤害保险中保险人免责事由之一的酒后驾车,仅当其成为交通事故的主要原因致使被保险人伤害或死亡的情形时,保险人方可免责。而单纯的以酒后驾车作为免责事由的伤害保险约款,因违反韩国《商法》而无效。但是近来,大法院的态度发生显著转变。

大法院1995.7.26.宣告,95 da 21693判决要点:伤害保险约款规定的酒后驾车免责条款,并未将酒后驾车作为事故的发生原因,而是强调事故发生当时处于酒后驾车状态这一违法事实,并以此为由免除保险人的责任。此时,不应适用韩国《商法》第732条之2对于被保险人等重大过失不免责的规定,亦不适用韩国《商法》第663条的规定。[②]

---

① 1991年修改的韩国《商法》已经将第659条第2款删除。
② 参见韩国现代海上损害核定部:《伤害保险酒后驾车免责判决》,载《财产保险》1995年10月,第45页以下。

3. 其他免责事由

在保险实务中,如前文所述,因吸入有毒气体(如煤气等)等造成的事故,亦构成免责事由。

三、准用规定

(一) 生命保险相关规定的准用

由于生命保险与伤害保险均为以自然人发生的相关事故作为保险事故的人身保险,具有共同点。因此,伤害保险在原则上亦准用韩国《商法》中生命保险的有关规定(韩国《商法》第739条)。

首尔民地1995.8.3.宣告,95 daka 9025判决:伤害保险的被保险人在驾照被吊销期间驾车并引发交通事故、发生死亡的情形时,如果该事故非因故意行为造成,保险人应予以赔付。韩国《商法》第732条之2规定,以死亡为保险事故的保险合同中,对于因投保人、被保险人或受益人的重大过失造成的事故,不得免除保险人支付保险金的责任。根据韩国《商法》第739条之规定,该规定亦适用于伤害保险合同。此外,韩国《商法》第663条规定禁止通过当事人之间的特约将同编其他规定变更为不利于投保人或被保险人以及受益人的规定。该案保险合同以伤害作为保险事故,亦适用上述规定。因此,只要事故非因故意行为造成,被告人即应支付保险金。本案被保险人金某虽然在驾驶证被吊销期间驾车死亡,但由于无法认定该事故是因金某故意造成,因此被告应向受益人(原告)支付保险金。

投保人将他人作为被保险人签订伤害保险合同的情形(他人的伤害保险),准用他人的生命保险的有关规定(韩国《商法》第731条),亦当然应事先得到被保险人的同意。

但是,韩国《商法》第732条禁止未满15周岁的未成年人签订合同的规定不适用于伤害保险,因此未满15周岁的未成年人、心神丧失者或心神薄弱者都能够成为伤害保险的被保险人。

(二) 财产保险规定准用的可能性

1. 重复保险

在伤害保险中,不存在被保险利益、保险金额的概念,因此不会发生超额保险、部分保险以及重复保险的问题。不仅如此,在实务中还规定伤害保险的保险金最高限额(15亿韩元),而且考虑投保人的特性,规定了不同层级投保人的投保限额。

但是,如前文所述,如果允许投保人就同一保险事故加入数个伤害保险,并重复受领保险合同规定的保险给付,易引发道德危险。对此,可将其作为告知、通知义务(韩国《商法》第651条、第652条)的违反问题加以处理。

首尔民地1990.10.31.宣告,90 da 15905 判决:"投保人……已经签了具有伤害保险性质的积累伤害保险以及长期驾驶福利保险合同,在签订伤害保险合同时未对保险人通知其他两个保险合同的内容,且其亦未将与其他数个保险人签订具有相同伤害保险性质的保险合同之重复投保的事实告知保险人。因此,认定投保人违反了保险合同规定的告知义务(注:或通知义务),保险人以此为由终止保险合同的,合法的……"

也有观点认为,此时可以类推适用财产保险的重复保险之相关规定。[①] 易言之,当投保人与数个保险人签订伤害保险合同,且保险人人数超过限度或保险金数额超过医疗实际费用时,应按照重复保险规定的比率(韩国《商法》第672条)予以赔偿,否则可以欺诈为由(韩国《商法》第672条第3款),认定保险合同无效。

有学者认为,该问题的关键在于定额给付。只要投保人一方在签订伤害保险合同时,如实将其他保险合同的内容告知或通知保险人,保险人亦同意其加入的,保险人将无理由限制重复投保的申请。此时,若对已经为告知或通知义务的投保人施加预想外的制裁,将违背投保人的期待。对此,是否仍应援用原来的重复保险理论,存在疑问。不仅如此,当保险业与其他行业合作时,还存在自动投保的情形(如购入一定物品,即自动加入伤害保险),此时,将很难期待投保人告知或通知加入其他伤害保险的事实。因此,在未告知或通知的情形下,应通过立法,允许适用重复保险的理论。[②]

---

① 梁承圭教授主张,应通过立法论积极收容。
② 参见[韩]金星泰:《保险法讲论》,法文社2001年版,第879页。

2. 韩国《商法》第 739 条的立法论

对于伤害保险,不仅准用生命保险的有关规定,在合理范围内亦应类推适用财产保险的相关规定。鉴于此,立法论应将韩国《商法》第 739 条的规定修改为"'在不违反其性质的范围内'准用生命保险的规定"。

第三节 疾病保险

一、概述

疾病保险合同作为人身保险合同的三大险种之一,是指以被保险人的身体(健康利益)所发生的事故作为保险事故的保险合同。该类保险以赔偿因疾病而支付的医疗费或丧失的收入为目的。包括重大疾病保险合同、住院医疗保险合同、手术保险合同、意外伤害医疗保险合同等。

随着社会经济的发展和人民生活水平的提高,因患病而支出的医疗费用会严重影响患者本人及其家庭的经济状况,甚至患者会因失去劳动能力而陷于生活困难之中。疾病保险合同通过向被保险人、受益人提供保险金,帮助其摆脱生活困难。因此,疾病保险合同作为应对社会的需要,提供保险保障的有效手段,被列入各国实施国民保健和社会保障制度的组成部分,用以安定人心、确保社会稳定。因此,社会经济愈发达的国家,疾病保险合同亦愈发达,在保险市场中占有更重要的地位。

二、构成要件

从上述概念看,疾病保险的承保范围与伤害保险截然不同,它是以身体内部原因引起的生理或精神伤害、经济损失为保险责任,主要包括四项:因疾病所致医疗费用和收入损失;因分娩所致医疗费用和收入损失;因疾病、分娩致残;因疾病、分娩致死。疾病保险所承保的疾病应符合以下构成要件:

第一,该疾病必须是由非外来因素造成。疾病保险所承保的疾病,应当是人体内在原因导致的精神或肉体上的病痛或不健全,而非被保险人因外来、急剧、偶然的事故而遭受的身体伤害。某些疾病可能由外界原因诱发，如病菌的传播、气候的骤变、误服药物等，但此外来因素，与意外伤害的外来因素有本质上的区别，其作用往往是缓慢的、长期的，只有引起身体内部的变化时才会致病，起决定作用的仍是身体内部。

第二，该疾病必须在合同成立后形成。疾病，是指身体由健康状态转变为不健康状态。此转变须发生在保险期间，保险人才承担相应责任；先于保险合同存在的疾病，自然应当排除在疾病保险范围之外。当然，如属遗传因素或潜伏较深的病症，合同订立前并未显现，合同有效期间才由潜伏转为明显的疾病，亦可列入疾病保险范围。因此，对于家属中的遗传病史，投保人应当在订立合同时如实告知。此外，并非患有某种疾病绝对不能投保，保险人通常采取弱体承保的方式，将已患疾病及其可能引起的相关病症，排除在保险责任之外。

第三，该疾病必须是由非自然原因造成。人的生命周期都要经历成长和衰老的过程。趋于衰老期间的一些病态作为必然的生理现象，属于自然现象，不能成为疾病保险中的疾病。此外，也不能将为增强体质、延缓衰老的保健费用纳入疾病保险的范围。

三、疾病保险合同的法律特性

疾病保险合同具有与其他人身保险相同的属性，也具有不同于生命保险合同和伤害保险合同的自身特征。具体表现如下：

（一）疾病保险合同一般是赔偿性保险合同

以疾病保险合同的保险事故为标准，可以概括为疾病、分娩以及因疾病、分娩所致的伤残和死亡等四大类。其中，前两类以赔偿医疗费用的损失作为主要目的，在保险实务中又称为"单纯的疾病保险合同"。第三类则是在赔偿医疗费用外还赔偿被保险人因疾病、分娩所致伤残的经济收入损失，应属于伤残保险合同。第四类赔偿因被保险人的死亡而支出的丧葬费及其遗属的生活费，其在实际上属于生命保险合同中的死亡保险合同。基于疾病保险合同的赔偿性质，有些国家将其归入财产保险合同的范围而非人身保险合同予以管理，由财产保险公司经营。

(二)疾病保险合同是综合性保险合同

由于疾病保险合同涉及的医疗技术十分复杂,而且有关患病率、治愈率、死亡率、致残率的确定具有较大的难度,导致其经营风险极大,利润不高。因此,在保险实务中,虽然疾病保险合同作为一种独立的人身保险业务,但是一般的商业保险公司很少经营单纯的疾病保险业务,往往采取综合保险的经营方式,与其他人身保险业务相结合成综合保险险种。例如,在生命保险合同中附加疾病保险条款或者分娩保险条款,在意外伤害保险合同中附加医疗保险等。有些国家甚至将疾病保险合同作为非营利性保险业务,实施政府经营或者相互保险形式经营。

(三)疾病保险合同承保的风险具有特殊性

健康保险合同所承保的风险,必须是被保险人身体的内在原因引发的疾病损害被保险人的身体健康。排除了由于外来剧烈原因造成的被保险人损害,而区别于伤害保险合同;排除了先天性或者自然原因导致的身体功能的减弱或者丧失,而区别于生命保险合同。

(四)疾病保险合同具有定值保险和不定值保险的双重属性

从本质上讲,疾病保险合同作为人身保险合同属于定值保险合同,在发生保险事故时按照保险合同约定的价值给付保险金。该定值性质对于疾病、分娩而导致被保险人死亡、伤残时,表现最为典型。但是,对于因疾病、分娩所支出的医疗费用和工资损失的赔偿,则表现为不定值性质,保险人在保险金额范围内根据实际发生的数额给付保险金。

(五)疾病保险合同一般为短期保险合同

一般以1年作为保险期限,区别于长期性的生命保险合同。因此,疾病保险合同在保险期限届满时,被保险人可以申请办理续保手续,保险人作为双方法律行为的一方当事人有权决定是否同意续保,而且在续保过程中当事人可以变更保险费率和其他合同条款。

附　　录

韩国商法——保险编

第一章　通　　则

第 638 条　（意义）

保险合同,因约定当事人一方支付约定的保险费,另一方在对方财产、生命、身体发生不确定事故时支付一定的保险金及为其他给付而发生效力。

第 638 条之 2　（保险合同的成立）

1. 无其他约定时,保险人应自收到投保人填写的投保要约书和相当于全部或部分保险费的金钱之日起 30 日内,向对方作出承诺与否的通知。但人身保险合同的被保险人需要体检的,该期间自接受体检之日起计算。

2. 在第 1 款规定的期间内,保险人怠于作出承诺与否的通知的,视为承诺。

3. 在保险人收到投保人填写的投保要约书和相当于全部或部分保险费的金钱之后,在作出承诺之前,发生保险合同规定的保险事故的,如无拒绝要约的正当理由,保险人应当承担保险合同规定的责任。但人身保险合同的被保险人应当体检而未体检的除外。

第 638 条之 3　（保险约款①的交付、明示义务）

1. 签订保险合同时,保险人应向投保人交付保险约款,并告知其约款的重要内容。

2. 保险人违反第 1 款规定的,投保人自保险合同成立之日起 1 个月

---

① 此所谓约款相当于我国的格式条款。

内,可撤销该合同。

第 639 条　（为他人的保险）

1. 投保人可经他人委托或不经他人委托,为特定的或不特定的他人签订保险合同。但在财产保险合同中,若未经他人委托,投保人应将该事实告知保险人,未告知的,不得以他人不知已签订保险合同的事实为由对抗保险人。

2. 第 1 款的情形,该他人当然享有保险合同的利益。但在财产保险合同中,投保人已向该他人赔偿因保险事故造成的损失时,投保人可在不损害该他人权利的范围内,请求保险人支付保险金。

3. 第 1 款的情形,投保人负有支付保险费的义务。但当投保人被宣告破产或未及时支付保险费时,若该他人不放弃合同权利,该他人亦应承担支付保险费的义务。

第 640 条　（交付保单）

1. 保险合同成立后,保险人应即时制作保单并交付投保人。但投保人未支付全部或首期保险费的除外。

2. 延长或变更保险合同时,保险人可将该事实记载于保单上,以此代替保单的交付。

第 641 条　（保单中异议条款的效力）

保险合同的当事人可约定自保单交付之日起一定期间内,可就该保单的内容提出异议。该期间不得超过 1 个月。

第 642 条　（重新交付保单的请求）

保单灭失或显著毁损时,投保人可请求保险人重新交付保单,该保单的制作费用由投保人承担。

第 643 条　（保险的溯及力）

保险合同可约定将合同签订之前的某一时期作为保险期间的始期。

第 644 条　（保险事故客观确定的效果）

保险合同签订时,保险事故已经发生或不可能发生的,该合同无效。但当事人双方和被保险人不知情的除外。

第 645 条　（删除）

第 646 条 （代理人知情的效果）

委托代理人签订保险合同的,代理人已知的事由视为本人已知。

第 647 条 （因特别危险消除请求减少保险费）

签订保险合同时当事人预料会发生特别危险而确定保险费的,如果在保险期间该特别危险已经消除,投保人可请求减少保险费。

第 648 条 （因保险合同无效请求返还保险费）

保险合同全部或部分无效时,投保人和被保险人善意且无重大过失的,可请求保险人返还全部或部分保险费。投保人和保险受益人善意且无重大过失的,亦同。

第 649 条 （事故发生之前的任意终止）

1. 保险事故发生之前,投保人可任意终止全部或部分保险合同。但在第 639 条规定的情形下,投保人未经他人同意或未持有保单的,不得终止合同。

2. 尽管因发生保险事故保险人已经支付保险金,但若该保险合同的保险金额并未减少的,保险事故发生之后,投保人亦可终止合同。

3. 第 1 款的情形,如当事人之间无其他约定的,投保人可请求返还未到期的保险费。

第 650 条 （保险费的交付和迟延的效果）

1. 保险合同签订后,投保人应立刻交付全部或首期保险费;投保人未交付保险费的,如无其他规定,自合同成立之日起经过 2 个月,视该合同已解除。

2. 在约定的期间未交付续期保险费的,保险人可催告投保人于一定期间内交付。投保人在该期间内仍未交付的,保险人可终止合同。

3. 为特定他人投保的情形,投保人延迟交付保险费时,保险人亦须催告该他人在一定期间内交付保险费,未经催告,不得解除或终止合同。

第 650 条之 2 （保险合同的复效）

根据第 650 条第 2 款的规定,保险合同已终止但未支付终止返还金的,投保人在一定期间内,支付保险滞纳金及约定的利息,则可请求恢复该合同。第 638 条之 2 的规定适用于此情形。

第 651 条 （因违反告知义务终止合同）

签订保险合同时,因投保人或被保险人的故意或重大过失未告知重要事项或告知虚假信息的,保险人自得知该事实之日起 1 个月内或合同签订之日起 3 年内,可终止合同。但签订保险合同时保险人已知该事实或因重大过失未能得知的除外。

第 651 条之 2 （书面质询的效力）

保险人书面质询的事项,推定为重要事项。

第 652 条 （危险变更增加的通知与合同终止）

1. 保险期间,投保人或被保险人得知保险事故发生的危险显著变更或增加的,应立刻通知保险人。怠于通知的,保险人自得知该事实之日起 1 月内,可终止合同。

2. 保险人自收到第 1 款的通知之日起 1 个月内,可请求增加保险费或终止合同。

第 653 条 （因投保人等的故意或重大过失导致危险增加与合同终止）

保险期间,因投保人、被保险人或保险受益人的故意或重大过失导致保险事故发生的危险显著变更或增加的,保险人自得知该事实之日起 1 个月内,可请求增加保险费或终止合同。

第 654 条 （保险人的破产宣告与合同终止）

1. 保险人被宣告破产的,投保人可终止合同。

2. 依第 1 款规定尚未终止的合同,自破产宣告之日起经过 3 个月,丧失效力。

第 655 条 （合同终止与保险金请求权）

保险事故发生后,保险人根据第 650 条、第 651 条、第 652 条和第 653 条的规定终止合同的,不承担支付保险金的责任并可请求返还已支付的保险金。但证明违反告知义务或危险显著变更、增加的事实对保险事故的发生并无影响的除外。

第 656 条 （保险费的交付与保险责任的开始）

若无其他约定,保险人的责任自其收到首期保险费时开始。

第657条 （保险事故发生时的通知义务）

1. 投保人或被保险人、保险受益人得知保险事故发生的,应立刻通知保险人。

2. 投保人或被保险人、保险受益人怠为第1款的通知导致损失增加的,保险人不承担该增加损失的赔偿责任。

第658条 （支付保险金）

有关保险金的支付,约定期间的,保险人应在该期间内支付;未约定期间的,保险人在收到第657条第1款的通知后应立刻确定需要支付的保险金额,并自金额确定之日起10日内向被保险人或保险受益人支付保险金。

第659条 （保险人的免责事由）

1. 因投保人或被保险人、保险受益人的故意或重大过失导致保险事故发生的,保险人不承担支付保险金的责任。

2.（删除）

第660条 （战争危险的免责）

因战争或其他骚乱导致保险事故发生的,若无特别约定,保险人不承担支付保险金的责任。

第661条 （再保险）

保险人可就应承担的保险责任与其他保险人签订再保险合同。再保险合同不影响原保险合同的效力。

第662条 （消灭时效）

保险金请求权以及保险费或公积金的返还请求权2年内不行使的,保险费请求权1年内不行使的,消灭时效完成。

第663条 （禁止对投保人等不利的变更）

本编的规定,不得依当事人之间的特别约定,为不利于投保人、被保险人或保险受益人的变更。但再保险、海上保险以及其他类似保险的除外。

第664条 （相互保险）

本编的规定,在其性质不相冲突的限度内准用于相互保险。

第二章 财产保险

第一节 通 则

第 665 条　（财产保险人的责任）

财产保险合同的保险人,对被保险人因保险事故所造成的财产上的损害承担赔偿责任。

第 666 条　（财产保险保单）

在财产保险保单上,应记载下列事项,并由保险人签名或盖章：

（1）保险标的；

（2）保险事故的性质；

（3）保险金额；

（4）保险费及其支付方式；

（5）约定保险期间的,其起止日期；

（6）无效和失权的事由；

（7）投保人的住所、姓名或商号；

（8）订立保险合同的年月日；

（9）保单的制作地、制作日期。

第 667 条　（不计入损失额的利益等）

若无其他约定,被保险人因保险事故而丧失的应得利益或报酬,不计入保险人应赔偿的损失额。

第 668 条　（保险合同的标的）

保险合同的标的,限于可以金钱计算的利益。

第 669 条　（超额保险）

1. 保险金额显著超过保险标的的价值时,保险人或投保人可请求减少保险费或保险金。但保险费的减少仅对未来生效。

2. 第 1 款规定的价值,应以保险合同签订时的价值为标准计算。

3. 保险期间,保险价值显著减少的,适用第 1 款的规定。

4. 第 1 款的情形,因投保人的欺诈而签订保险合同的,该合同无效。但保险人可请求自合同签订时起至得知欺诈事实时的保险费。

第 670 条　（已估价保险）

当事人双方已确定保险价值的,推定该价值为保险事故发生时的价值。但该价值明显超过事故发生时的价值的,应以事故发生时的价值为保险价值。

第 671 条　（未估价保险）

当事人双方未确定保险价值的,应以事故发生时的价值为保险价值。

第 672 条　（重复保险）

1. 就同一保险标的、同一保险事故,同时或依次签订数个保险合同的,如果保险金总额超过保险价值,保险人应以各自的保险金为限承担连带责任。在此情形下,各保险人应按各自保险金的比例承担赔偿责任。

2. 就同一保险标的、同一事故签订数个保险合同的,投保人应向各保险人告知保险合同的内容。

3. 第 669 条第 4 款的规定,准用于本条第 1 款的保险合同。

第 673 条　（重复保险中放弃对其中某一保险人的权利）

根据第 672 条的规定签订数个保险合同的,放弃对其中某一保险人的权利的,不影响其他保险人的权利义务。

第 674 条　（不足额保险）

签订不足额保险合同的,保险人应按保险金额和保险价值的比例承担赔偿责任。但当事人另有约定的,保险人应以保险金额为限承担损害赔偿责任。

第 675 条　（保险事故发生后标的灭失与赔偿责任）

保险标的发生保险人应承担责任的损害时,即使之后该标的非因保险人应当承担责任的保险事故而灭失的,亦不得免除已经发生的保险人的损害赔偿责任。

第 676 条　（损失额的计算标准）

1. 保险人应赔偿的损失额,应根据损失发生时所在地的价格计算。但当事人另有约定的,应根据该财产的新品价格计算损失额。

2. 计算第 1 款损失额的费用,应由保险人承担。

第 677 条　（保险费滞纳与赔偿额的扣除）

保险人应赔偿损失的情形,若存在尚未收取的保险费的,即使该保险费尚未到支付期,亦可从赔偿额中予以扣除。

第 678 条　（保险人的免责事由）

因保险标的的性质、瑕疵或自然损耗而发生的损害,保险人不承担赔偿责任。

第 679 条　（保险标的的转让）

1. 被保险人转让保险标的的,推定受让人承继保险合同的权利义务。

2. 第 1 款的情形,保险标的的转让人或受让人应立刻将该事实通知保险人。

第 680 条　（损害防止义务）

1. 投保人和被保险人应尽力防止或减轻损害,但因此而支出的必要或有益的费用和赔偿金,即使超过保险金额,仍应由保险人承担。

2. （删除）

第 681 条　（与保险标的有关的保险代位）

保险标的全部灭失时,支付全部保险金的保险人取得被保险人对该标的的权利。但是,不足额投保时,保险人可取得的权利,应按保险金和保险价值的比例确定。

第 682 条　（对第三人有关的保险代位）

损害是因第三人的行为而发生的,已支付保险金的保险人,以其支付的金额为限,取得投保人或被保险人对该第三人的权利。但保险人仅支付应予赔偿的部分保险金时,以不损害被保险人的权利为限,行使该权利。

第二节　火灾保险

第 683 条　（火灾保险人的责任）

火灾保险合同的保险人,承担因火灾发生的损害赔偿责任。

第 684 条　（因消防等措施发生的损害赔偿）

为救火或减少损失而采取必要措施所引发的损害,保险人应承担赔偿责任。

第 685 条　（火灾保险保单）

在火灾保险保单上,除了记载第 666 条中所列的事项外,还应记载下列事项:

(1) 保险标的为建筑物的,其所在地、结构及用途;

(2) 保险标的为动产的,其存放地的状况及用途;

(3) 确定保险价值的,该价值。

第 686 条　（集合保险标的）

将集合之物概括作为保险标的时,被保险人的家人和雇主的物品亦包含于保险合同标的之内。此时,该保险同样可被视为为家人或雇主所签订的保险。

第 687 条　（同前条）

将集合之物概括作为保险标的时,即使属于保险标的的物品在保险期间内随时替换的,保险事故发生时现存的物品仍包含于保险合同标的之内。

第三节　运输保险

第 688 条　（运输保险人的责任）

若无特别约定,运输保险合同的保险人应对自其受领运输货物时起至交付收货人时止发生的货物损害承担赔偿责任。

第 689 条　（运输保险的保险价值）

1. 在运输保险中,保险价值包括发货时和发货地的货物价值、到达目的地的运输费及其他费用。

2. 如有约定,可将因运输物的到达而获得的利益,计入保险价值。

第 690 条　（运输保险保单）

在运输保险保单上,除了记载第 666 条中所列的事项外,还应记载下列事项:

(1) 运输路线及方式;

(2) 承运人的住所、姓名或商号;

(3) 运输物品的收取和交付地点;

（4）确定运输期间的，该期间；

（5）确定运输保险价值的，该价值。

第 691 条 （运输的中止、变更以及合同的效力）

若保险合同未作其他约定，因运输之必要，临时停止运输或变更运输路线及方式的，不影响保险合同的效力。

第 692 条 （运输辅助人的故意、重大过失和保险人的免责）

发货人或收货人的故意或重大过失导致保险事故发生的，保险人不承担因此发生的损害赔偿责任。

第四节 海上保险

第 693 条 （海上保险人的责任）

海上保险合同的保险人，承担与海上业务有关的保险事故的损害赔偿责任。

第 694 条 （共同海损赔偿额的赔偿）

保险人承担被保险人应承担的共同海损的赔偿责任。但保险标的的共同海损分担金额超过保险价值时，保险人对该超额分担金额不承担赔偿责任。

第 694 条之 2 （救助费的赔偿）

保险人对被保险人为防止保险事故引发的损害而支付的救助费用承担赔偿责任。但应承担的救助费用超过保险价值的，保险人对该超额分担金额不承担赔偿责任。

第 694 条之 3 （特别费用的赔偿）

对于为保证保险标的安全或保存而支出的特别费用，保险人在保险金额范围内承担赔偿责任。

第 695 条 （海上保险保单）

在海上保险保单上，除了记载第 666 条中所列事项外，还应记载下列事项：

（1）为船舶投保的，该船舶的名称、国籍、种类及航海范围；

（2）为运载货物投保的，船舶的名称、国籍、种类、确定装货港、卸货港

以及装运地和目的地时,该地点;

(3) 确定保险价值的,该价值。

第 696 条　（船舶保险的保险价值和保险标的）

1. 船舶保险中,保险人责任开始时的船舶价值为保险价值。

2. 第 1 款的情形,船舶的属具、燃料、样式以及其他航海所必需的物品均属于保险标的。

第 697 条　（海上运载货物保险的保险价值）

在海上运载货物保险中,保险价值包括装船时和装船地的货物价值、装船及与保险有关的费用。

第 698 条　（预期利益保险的保险价值）

在因货物的到达而获得利益或报酬的保险中,若合同未确定保险价值,推定保险金额为保险价值。

第 699 条　（海上保险保险期间的开始）

1. 按照航海单位为船舶投保的,保险期间自着手装运货物或者压舱货时起算。

2. 为海运货物投保的,保险期间自着手装船时起算。但约定承运地点时,应自该地点着手运输时起算。

3. 着手装运货物或压舱货之后签订第 1 款或第 2 款的保险合同的,保险期间自合同成立时起算。

第 700 条　（海上保险保险期间的终止）

第 699 条第 1 款的情形,保险期间于到货港卸下货物或压舱物时结束;第 2 款的情形,保险期间于卸货港或到货港交付时结束。但非因不可抗力而迟延卸货的,视正常卸货时保险期间结束。

第 701 条　（航海变更的效果）

1. 船舶未从合同中规定的起行港出港的,保险人不承担责任。

2. 船舶驶向合同未规定的其他到货港的,同第 1 款。

3. 保险人的责任开始后,变更保险合同规定的到货港的,自决定变更航海时起,保险人不承担责任。

第 701 条之 2　（脱离航线）

船舶无正当理由脱离合同中规定的航线的,保险人自脱离时起不承担责任;船舶在发生损害之前回到原航线的,亦同。

第 702 条　（迟延启航或航行的效果）

被保险人无正当理由迟延启航或航行的,对于迟延启航或航行后发生的事故,保险人不承担责任。

第 703 条　（船舶变更的效果）

为运载货物投保时,因可归责于投保人或被保险人的事由导致船舶变更的,保险人对变更后发生的事故不承担责任。

第 703 条之 2　（船舶转让等的效果）

为船舶投保时,保险合同因下列事由结束。但保险人同意的除外：

（1）转让船舶的；

（2）变更船舶等级的；

（3）更换至新船舶管理人的。

第 704 条　（未确定船舶的运载货物预定保险）

1. 签订合同时未确定运载货物的船舶的,投保人或被保险人得知该货物已装船时,应立刻通知保险人该船舶的名称、国籍、货物的种类、数量及价值。

2. 怠于为第 1 款的通知的,保险人可自得知该事实之日起 1 个月内终止合同。

第 705 条　（删除）

第 706 条　（海上保险人的免责事由）

保险人对下列损害和费用不承担赔偿责任：

（1）为船舶或运费投保的,因船舶起航时未作安全航海所必要的准备或未备置必要的文件而发生的损害；

（2）为运载货物投保的,因船舶工作人员、发货人或收货人的故意或重大过失造成的损害；

（3）引船费、入港费、灯塔费、检疫费或与运载货物有关的航海中通常所需的费用。

第 707 条　（删除）

第 707 条之 2 （船舶部分损害的赔偿）

1. 因船舶部分毁损而修缮该毁损部分之全部的，对于所支付的修缮费用，保险人仅对单次事故并以保险金额为限承担赔偿责任。

2. 因船舶部分毁损而修缮该毁损部分之部分的，保险人对所支付的修缮费用和未修缮而导致的价值减少承担赔偿责任。

3. 船舶部分毁损但尚未修缮的，保险人对因此导致的价值减少承担赔偿责任。

第 708 条 （运载货物部分损害的赔偿）

作为保险标的的运载货物毁损后到达卸货港时，保险人应按该货物毁损状态的价值和未毁损状态的价值的比例对保险价值的部分承担损害赔偿责任。

第 709 条 （因售出运载货物而产生的损害赔偿）

1. 航海途中，因不可抗力而售出保险标的的，保险人应对从货款中扣除运费及其他必要费用后的余额与保险价值的差额承担赔偿责任。

2. 第 1 款的情形，买受人未支付货款的，保险人应代为支付。保险人支付后取得被保险人对买受人的权利。

第 710 条 （保险委付的原因）

下列情形，被保险人可将保险标的委付给保险人并请求其支付全部保险金：

（1）被保险人因保险事故丧失自己船舶或运载货物，并推测无法恢复或恢复所需费用超过恢复后的价值的；

（2）因保险事故导致船舶严重毁损时，推测修缮所需费用超过修好后的价值的；

（3）因保险事故导致运载货物严重毁损时，推测修缮所需费用与将货物运至目的地的费用之和超过运载货物到达之时价值的。

第 711 条 （船舶失踪）

1. 经过 2 个月，船舶存在与否仍旧不明的，则该船舶视为已失踪。

2. 第 1 款的情形，推定为全损。

第 712 条 （更换船舶继续运输与委付权的消灭）

第 710 条第 2 款的情形,若船长立刻利用其他船舶继续运输所运载货物的,被保险人不得委付该货物。

第 713 条　（委付的通知）

1. 被保险人拟进行委付时,应在一定期间内通知保险人。
2. （删除）

第 714 条　（委付权行使的要件）

1. 委付不得附条件。
2. 委付应针对保险标的的全部进行。但委付的原因发生于部分标的之上时,仅可对该部分进行委付。
3. 不足额保险的情形,仅可按保险金和保险价值的比例进行委付。

第 715 条　（关于其他保险合同等的通知）

1. 被保险人进行委付时,应通知保险人有关保险标的的其他保险合同、有无属于该标的应负担债务及其种类和内容。
2. 保险人收到第 1 款的通知之前,可拒绝支付保险金。
3. 约定保险金的支付期间的,该期间自收到第 1 款的通知之日起计算。

第 716 条　（同意委付）

保险人一旦同意委付,即不得对该委付提出异议。

第 717 条　（不同意委付）

保险人不同意委付的,若被保险人无法证明委付的原因,则不得请求保险人支付保险金。

第 718 条　（委付的效果）

1. 保险人因委付取得被保险人对保险标的的全部权利。
2. 被保险人委付时,应向保险人交付与保险标的有关的一切文件。

第五节　责任保险

第 719 条　（责任保险人的责任）

责任保险合同的被保险人因在保险期间内发生的事故向第三人承担赔偿责任的,保险人应对此承担赔偿责任。

第 720 条 （被保险人支出的防御费用的负担）

1. 被保险人为防御第三人的请求而支出的诉讼或诉讼外的必要费用，应包含于保险标的之内。被保险人可请求保险人预先支付该费用。

2. 提供担保或提存可避免审判执行的，被保险人可请求保险人以保险金额为限提供担保或提存。

3. 依保险人指示实施第 1 款或第 2 款行为的，即使上述费用和损害额的总和超过保险金额，保险人亦应承担。

第 721 条 （营业责任保险的标的）

以被保险人经营活动有关责任为保险标的的，被保险人的代理人或经营活动监督人对第三人的责任亦应包含于保险标的之内。

第 722 条 （被保险人的事故通知义务）

被保险人收到第三人的赔偿请求时，应立刻通知保险人。

第 723 条 （被保险人清偿等的通知与保险金的支付）

1. 因清偿、承认、和解或诉讼确定对第三人的债务的，被保险人应立刻通知保险人。

2. 如无特殊约定，保险人应自收到上述通知之日起 10 内支付保险金。

3. 被保险人未经保险人同意向第三人为清偿、承认或和解时，即使已经约定免除保险人的责任，若该行为并非显著不当，保险人亦不得免除赔偿责任。

第 724 条 （保险人与第三人的关系）

1. 对于因被保险人的责任造成损害的，在第三人获得赔偿之前，保险人不得向被保险人支付全部或部分保险金。

2. 对于因被保险人的责任造成损害的，第三人可以保险金额为限直接请求保险人予以赔偿。但保险人可以对被保险人的抗辩事由对抗第三人。

3. 保险人收到第 2 款的请求时，应立刻通知被保险人。

4. 第 2 款的情形，在保险人提出要求时，被保险人须协助提供必要的文件、证据、证言或以证人的身份出席。

第 725 条 （保管人的责任保险）

承租人及其他保管他人物品者,为了其可能支付的损害赔偿而为该物品投保的,该物品的所有人可直接请求保险人赔偿其损失。

第 725 条之 2 （数个责任保险）

同时或依次为被保险人就同一事故而向第三人承担的赔偿责任签订数个责任保险的,当保险金总额超过被保险人对第三人的损害赔偿额时,准用第 672 条和第 673 条的规定。

第 726 条 （准用于再保险）

本节规定准用于再保险合同。

第六节 汽车保险

第 726 条之 2 （汽车保险人的责任）

汽车保险合同的保险人对被保险人在所有、使用或管理汽车期间发生的事故所造成的损害承担赔偿责任。

第 726 条之 3 （汽车保险保单）

在汽车保险保单上,除了记载第 666 条中所列的事项外,还应记载下列事项:

（1）汽车所有人及其他保有人的姓名、出生日期或商号;

（2）被保险汽车的登记编号、车辆号码、车型年度样式及机械装置;

（3）确定车辆价格的,该价格。

第 726 条之 4 （汽车的转让）

1. 在保险期间内被保险人转让汽车的,仅保险人同意后,受让人方可承继保险合同的权利义务。

2. 收到受让人受让事实的通知的,保险人应立刻作出同意与否的通知。自收到通知之日起 10 日内,保险人未作出通知的,视为同意。

第三章 人身保险

第一节 通则

第 727 条 （人身保险人的责任）

人身保险合同的保险人,在生命或身体发生保险事故时,依据保险合同的规定,承担支付保险金及其他给付的责任。

第728条　（人身保险保单）

在人身保险保单上,除了记载第666条中所列的事项外,还应记载下列事项：

(1) 保险合同的种类；

(2) 被保险人的住所、姓名及出生日期；

(3) 确定保险受益人的,其住所、姓名及出生日期。

第729条　（对第三人保险代位的禁止）

保险人不得代位行使因保险事故所产生的投保人或保险受益人对第三人的权利。但在伤害保险合同的情形下,若当事人之间另有约定,保险人可在不损害被保险人权利的范围内,代位行使该项权利。

第二节　生命保险

第730条　（生命保险人的责任）

发生与被保险人生命有关的保险事故的,生命保险合同的保险人承担支付约定保险金的责任。

第731条　（他人生命的保险）

1. 签订以他人的死亡为保险事故的保险合同时,须经该他人的书面同意。

2. 将因保险合同产生的权利让与被保险人以外之人的,同第1款。

第732条　（未满15岁者等的合同禁止）

以未满15岁的人、心神丧失者或心智薄弱者的死亡为保险事故的保险合同无效。

第732条之2　（因重大过失引发的保险事故）

在以死亡为保险事故的保险合同中,即使因投保人、被保险人或保险受益人的重大过失引发事故的,亦不得免除保险人支付保险金的责任。

第733条　（指定或变更保险受益人的权利）

1. 投保人有权指定或变更保险受益人。

2. 投保人尚未行使第 1 款的指定权即已死亡的,以被保险人作为保险受益人;投保人尚未行使第 1 款的变更权即已死亡的,保险受益人的权利视为已确定。但已经约定投保人死亡时,由其承继人行使第 1 款权利的除外。

3. 保险受益人在保险存续期间死亡的,投保人可重新指定保险受益人。此时,如果投保人未行使指定权即已死亡的,以保险受益人的继承人为保险受益人。

4. 投保人行使第 2 款和第 3 款的指定权之前发生保险事故的,以被保险人或保险受益人的继承人为保险受益人。

第 734 条　（保险受益人指定权等的通知）

1. 投保人在签订合同之后指定或变更保险受益人的,如未通知保险人,投保人不得以此对抗保险人。

2. 第 731 条第 1 款的规定,准用于第 1 款的指定或变更。

第 735 条　（养老保险）

在以被保险人的死亡为保险事故的保险合同中,亦可约定不发生保险事故且在保险期间届满时,保险人支付一定的保险金。

第 735 条之 2　（年金保险）

发生与被保险人生命有关的保险事故时,生命保险合同的保险人可根据约定,以年金的形式分期支付保险金。

第 735 条之 3　（团体保险）

1. 根据团体规章以团体的全部或部分成员为被保险人签订生命保险合同的,不适用第 731 条的规定。

2. 签订第 1 款的保险合同时,保险人仅向投保人交付保单。

第 736 条　（保险公积金返还义务等）

1. 根据第 649 条、第 650 条、第 651 条以及第 652 条至第 655 条的规定终止保险合同时;根据第 659 条和第 660 条的规定免除保险人支付保险金的责任时,保险人应向投保人返还为了保险受益人所积累的金额。但是,若无其他约定,因可归责于投保人的事由导致第 659 条第 1 款规定的保险事故发生的除外。

2. （删除）

第四节　伤害保险

第 737 条　（伤害保险人的责任）

伤害保险合同的保险人,在发生与身体伤害有关的保险事故时,承担支付保险金及其他给付的责任。

第 738 条　（伤害保险保单）

在伤害保险中,被保险人和投保人并非同一人的,在其保单的记载事项中,可以被保险人的职务或职位代替第 728 条第 2 项所规定的事项。

第 739 条　（准用规定）

伤害保险,准用有关生命保险中除第 732 条之外的规定。

主要参考书目

中文书

奚晓明主编:《〈中华人民共和国保险法〉保险合同章条文理解与适用》,中国法制出版社 2010 年版。

许崇苗、李利:《最新保险法适用与案例精解》,法律出版社 2009 年版。

温世扬主编:《保险法》,法律出版社 2007 年版。

韩长印、韩永强:《保险法新论》,中国政法大学出版社 2010 年版。

韩文书

徐憲濟:《对外通商环境的变化和法制》,集文堂 1996 年版。

梁承圭:《保险法》,三知院 2005 年版。

梁承圭:《判例教材》,法文社 1985 年版。

金星泰:《保险法讲论》,法文社 2001 年版。

崔基元:《保险法》,博英社 1998 年版。

孙珠瓒:《商法(下)》,博英社 1997 年版。

郑灿炯:《商法讲义(下)》,博英社 2000 年版。

李基洙:《保险法·海商法学》,博英社 2008 年版。

蔡夷植:《商法讲义(下)》,博英社 1996 年版。

徐燉珏、郑完溶:《商法讲义(下)》,法文社 1998 年版。

李范燦、崔埈璿:《商法概论》,三英社 1992 年版。

郑熙哲:《商法学(下)》,博英社 1990 年版。

沈载斗:《海上保险法》,吉安社 1995 年版。

吴昌洙、金庆熙:《生命保险论》,博英社 2002 年版。

日文书

田边康平:《现代保险法》,东京文真堂 1987 年版。

石田满:《商法Ⅳ》(保险法),青林书院新社 1978 年版。
金泽理、西岛梅治等编:《新型汽车保险讲座》第 3 卷,日本评论社 1976 年版。
汽车保险费率确定会:《汽车保险论》,东京财产保险事业研究所 1986 年版。
《财产保险判例百选》,有斐阁 1980 年版。

后 记

本书为国家重点学科华东政法大学法律史学科建设项目的结项成果。本书的出版得到了华东政法大学外国法与比较法研究院的大力支持,在此表示由衷的谢意。此外,对于韩国法研究中心成员赵美玲、徐秀佳在本书校对工作中所付出的辛劳,表示衷心感谢。

崔吉子

2012 年 12 月 18 日